传统精神和文化价值观念与人权的本土源头

Traditional Spiritual and Cultural Values as Sources of Human Rights

——第五届跨文化人权国际研讨会论文集

Proceedings of The Fifth Cross-Cultural Seminar on Human Rights

主 编：常健 汤姆·茨瓦特（Tom Zwart）
副主编：贾卓威 马原

跨文化人权研究中心
Cross-cultural Human Rights Center
南开大学人权研究中心
Center for the Study of Human Rights at Nankai University
荷兰人权研究所
The Netherlands School of Human Rights Research

五洲传播出版社

图书在版编目（CIP）数据

传统精神和文化价值观念与人权的本土源头 / 常健,(荷兰) 汤姆·茨瓦特主编. -- 北京：五洲传播出版社,2018.7
ISBN 978-7-5085-3993-5

Ⅰ. ①传… Ⅱ. ①常… ②汤… Ⅲ. ①传统文化－世界－文集②人权－世界－文集 Ⅳ. ①G11-53 ②D815.7-53

中国版本图书馆CIP数据核字(2018)第178161号

传统精神和文化价值观念与人权的本土源头——第五届跨文化人权国际研讨会论文集

主　　编	常　健　汤姆·茨瓦特（Tom Zwart）
出 版 人	荆孝敏
责任编辑	高　磊
助理编辑	李嘉欣　高倩倩
装帧设计	岳　琪
出版发行	五洲传播出版社
地　　址	北京市海淀区北三环中路31号生产力大楼B座6层
邮政编码	100088
发行电话	010-82005927，010-82007837
网　　址	www.cicc.org.cn　www.thatsbooks.com
印　　刷	中煤（北京）印务有限公司
版　　次	2018年9月第1版第1次印刷
开　　本	787mm×1092mm　1/16
印　　张	16
字　　数	250千
定　　价	58.00元

前　言

尊重和保障人权是现代国际社会面临全球性的共同威胁所达成的普遍价值共识，体现在《联合国宪章》、《世界人权宣言》、联合国核心人权公约以及一系列人权宣言和公约中。由于欧洲国家在现代世界发展中走在了前面，人权概念也是由西方国家最先提出，因此人们自然地就将人权观念与西方文化联系起来。但应当指出的是，作为国际社会普遍共识的人权理念，其文化源泉不仅来自于欧洲传统文化，而且也吸收了各种不同民族和国家传统文化的养分。只有将人权理念与各种不同的文化传统相结合，才能使人权在不同文化中扎根和生长。也只有通过各种不同文化的碰撞、对话和交流，才能形成真正具有普遍性的人权共识。在这个意义上，不应将多元文化传统视为人权理念发展的障碍，而应将其视为促进人权共识和人权理念发展的源头活水。

跨文化人权研究中心就是为了促进人权的多元文化交流与对话而建立的，其成员包括来自亚洲、非洲、美洲和欧洲的人权研究机构和专家学者。2016年12月2—3日，第五届跨文化人权研讨会在中国南开大学举行，承办单位是南开大学人权研究中心和荷兰人权研究所。会议的主题是"传统精神和文化价值观念与人权的本土源头"。来自中国、荷兰、南非、加纳、牙买加、英国、澳大利亚、罗马尼亚、津巴布韦、新加坡、越南、赞比亚、巴哈马、布隆迪、安提瓜和巴布达等国家的60余名人权专家学者参会。学者们在发言中探讨了儒家、道家、佛教、伊斯兰教、基督教和非洲传统文化中蕴含的与人权有关的文化因素，并深入分析了这些传统文化因素如何转化为当代人权的滋养土壤，以及如何在现实中促进了各国的人权保障。与会者一致认为，各种文化中都存在着能够滋养人权的思想和观念。人权理念的形成和发展源自多元文化的相互碰撞和相互汲取，是各种不同文化面临现代威胁和困境所达成的文化共识。人权共识既是各种文化自我超越和发展的产物，同时自身也处于发展的过程中，需要来自多元文化源头活水的滋养和浇灌。在对人权的文化解读中，特别应当防止单一文化霸权，应当通过多元文化在相互尊重基础上的平等对话使人权理念不断丰富和发展。

本论文集汇集了与会者提交并允许发表的25篇论文。南开大学人权研究中心的研究人员承担了外文论文的翻译工作。希望本论文集的出版能够促进对各国传统文化与人权理念之间关系的更广泛和深入的研究，促进人权理念在多元文化的对话中不断获得新的发展生机，成为保障世界和平与发展的具有建设性的普遍价值共识。

对为此次会议的成功举行而作出贡献的人权研究机构、与会专家学者、志愿服务人员和翻译人员表示衷心感谢，也感谢中国人权研究会对此次会议和会议论文集的出版给予的大力支持！

常　健

2017年7月23日于南开大学

目 录

第一篇 传统文化与当代人权
TRADITIONAL CULTURES AND CONTEMPORARY HUMAN RIGHTS

论人权理念发展的多元文化源头
On the Multi-Cultural Sources of Human Rights Ideas
常 健..2

致力于文化多样性
——联合国教科文组织对于人权的贡献
Investing in Cultural Diversity: UNESCO's Contribution to Human Rights
Lionel Veer...8

国际刑事法院的辩诉交易
——将文化视为人权源头的一条可能路径
Plea Bargaining at the International Criminal Court: A Possible Way to Recognize Culture as A Source of Human Rights
Phoebe Oyugi..12

文化认同、精神价值和对话
——宗教和世界观专业人士的多信仰培养与增强社会弹性
Cultural Identity, Spiritual Values, and Dialogue: Multi-Faith Training of Religious and World-view Professionals as A Breeding Ground for Societal Resilience
Willem Janse..18

探究人权的文化维度
Exploring the Cultural Dimensions of Human Rights
Peter J. Peverelli (李彼德)...26

人权理念的传统文化线索与渊源
Comparative Cultural Clues and sources in Human Rights Ideas
杨 光 35

第二篇　中国传统文化中的人权源头

THE SOURCE OF HUMAN RIGHTS IN CHINESE TRADITIONAL CULTURE

传统文化与当代中国人权观念
Traditional Culture and Human Rights Concept in Modern China
李云龙 42

中国文化的和谐思想与人权
Harmonious Thought in Chinese Culture and Human Rights
张晓玲 50

中华传统文化与国际人权法的一致性
The Consistency of Chinese Traditional Culture and International Human Rights Law
赵建文 54

中国文化的自由、民主、人权观念
——兼论劳动权利作为现实的人权赖以充分实现的历史前提
Freedom, Democracy and Human Rights Perspective in Chinese Culture
周可真 78

和平权：中国传统的和平主义思想与当代外交实践的贡献
The Right to Peace: The Contribution of Chinese Traditional Pacifism to Modern Diplomatic Practice
罗艳华 89

论张彭春多元主义人权观的文化渊源
The Cultural Source of Mr. Pengchun CHANG's Pluralistic Human Rights Theory
孙平华 95

《礼记》人权文化基因的辩证思考
A Dialectical Review on the Human Right Cultural Gene in The Book of Rites
鲜开林……………………………………………………………104

儒家文化视域下的中国集体人权观的传承与发展
The Inheritance and Development of Chinese Collective Human Rights from The perspective of Confucian Culture
茹 宁……………………………………………………………116

中西人权思想的分野
——孔子"仁"与苏格拉底"善"
The Interfluve Between Oriental and Western Human Rights Thoughts: Confucian "Benevolence" and Socrates' "Charity"
陈·巴特尔 李双龙………………………………………………126

"忍"：从国民性格特征展望中国人权事业的一个角度
"Ren": A National Character Perspective for China's Human Rights Career
李 累……………………………………………………………135

中庸之道是中国人权自信的文化之根
The Golden Mean is The Cultural Root of China's Confidence in Human Rights
李淑英……………………………………………………………139

先秦儒家人权观念的历史演变
Historical Evolution of Confucian Human Rights Ideas in Pre-Qin Period
刘新军 隋燕飞…………………………………………………147

试论儒学传统对现代受教育权的促进与保护
Tentative Discussion on Relations between Traditional Confucianism and Promotion and Protection of Right to Education
张 弦……………………………………………………………161

中国传统文化促进世界人权发展的障碍、机遇与基因
Obstacles and Opportunities of Chinese Traditional Culture in Promoting the World's Human Rights
黄爱教……………………………………………………………167

第三篇 非洲、欧洲和美洲国家传统文化中的人权源头
THE SOURCE OF HUMAN RIGHTS IN CHINESE TRADITIONAL CULTURE

作为人权源头的非洲传统精神和文化价值观念
African Traditional Spiritual and Cultural Values as Sources of Human Rights
Augustine Hungwe..180

乌班图（Ubuntu）：在现代南非推进人权的一种工具
Ubuntu as A Tool to Advance Human Rights in Modern-day Southern Africa
Mofihli Teleki...217

权利的文化协商：民族国家语境下理解人权生活的基本工具
Cultural Negotiation of Rights:An Essential Tool for Understanding the Life of Human Rights in National Contexts
Ramona Biholar..227

作为人权源头的传统精神和文化价值观念
Traditional Spiritual and Cultural Values as Sources of Human Rights
Vidette Adjorlolo..233

作为法律渊源的文化价值：乌班图与南非经验
Cultural Values as a Source of Law:Ubuntu and the South African Experience
Serges Djoyou Kamga..238

第一篇
传统文化与当代人权

Traditional Cultures and Contemporary Human Rights

论人权理念发展的多元文化源头

On the Multi-Cultural Sources of Human Rights Ideas

常 健[*]

摘要：各种文化中都存在着能够滋养人权的思想和观念。人权理念的形成和发展源自多元文化的相互碰撞和相互汲取，是各种不同文化面临现代威胁和困境所达成的文化共识。在各种不同文化中都存在着滋养人权理念的思想和观念。人权共识既是各种文化自我超越和发展的产物，同时自身也在发展的过程中，需要来自多元文化源头活水的滋养和浇灌。在对人权的文化解读中，特别应当防止单一文化霸权。应当通过多元文化对话使人权理念不断丰富和发展。

关键词：人权 多元文化 文化共识

从文化基础来看，人权理念虽然源起于西欧国家，但本质上是二战后多元文化形成的共识。如果脱离了多元文化源头的活水滋养，人权理念的发展根基就会受到极大限制，成为一种狭隘的地方观念。因此，在对人权的文化解读中，要防止单一文化霸权，用心寻找人权理念的多元文化源头，通过各种文化之间的相互碰撞和相互汲取，丰富和发展人权共识。

一、各种文化中存在着滋养人权的思想和观念

人权理念中包括众多的价值观念，如自由、平等、博爱、尊严、公平公正、和平、民主、发展、关爱生命（尊老爱幼、妇孺残障）、救死扶伤、保护环境、保护少数等等。这些价值观念发源于各种文化的基因中。

---

[*] 作者简介：常健，中国人权研究会常务理事，南开大学人权研究中心主任，南开大学周恩来政府管理学院教授、博士生导师。

(一) 儒家思想中的人权因素

首先,儒家认为人为贵。这一方面是相对于天地万物而言,孔子说:"天生万物,唯人为贵。"[1],"人者天地之心也"[2];另一方面,这是相对于国家统治者来说,荀子说:"君者,舟也;庶人者,水也。水则载舟,水则覆舟。"[3]孟子说:"民为贵,社稷次之,君为轻。"[4]董仲舒在"天人感应"基础上提出"天人之际,合而为一","民之所欲,天必从之"。

其次,儒家将"仁"作为人的本质。孔子说:"仁者,人也。","人而不仁,如礼何?人而不仁,如乐何?"[5]而"仁"的本质又是"爱人",这被孟子进一步发展成"良心"的概念。"仁"的具体原则和标准包括由己推人,孔子说:"夫仁者,己欲立而立人,己欲达而达人。"[6]"己所不欲,勿施于人。"[7]

再次,儒家提出"天下为公"的"大同世界"理想,将满足所有人的基本生活需求作为其重要内容。《礼记·礼运》中说:"大道之行也,天下为公,选贤与能,讲信修睦。故人不独亲其亲,不独子其子。使老有所终,壮有所用,幼有所长,矜寡孤独废疾者皆有所养。男有分,女有归。货恶其弃于地也不必藏于己;力恶其不出于身也,不必为己。是故谋闭而不兴,盗窃乱贼而不作。故外户而不闭,是谓大同。"

最后,儒家在教育上提出"有教无类"的平等理念。

(二) 道家和道教思想中的人权因素

道家"重人贵生",提出了"人为天地之本"的思想,《赤松子中诫经》说:"人为天地之本,当为善。"道教还提出了"人贵"的理念,《太上老君开天经》中写道:"万物之中,人最为贵。"道教强调"贵生",即尊重生命;《吕氏春秋·贵生》中写道:"圣人深虑天下,莫贵于生。"

道家强调慈善,《感应篇图说》指出:"慈者,万善之根本。人欲积德累功,不独爱人,兼当爱物,物虽至微,亦系生命。人能慈心于物命之微,方便救护,则杀机自泯,仁心渐长矣,有不永享福寿者乎!"[8]《太平经》提出了"以道佐国,天下太平;天道承负,行善止恶,周穷救急,均平财富"的思想。

---

[1] 《列子·天瑞》
[2] 《礼记·礼运》
[3] 《荀子·哀公》
[4] 《孟子·离娄上》
[5] 《八佾》
[6] 《雍也》
[7] 《颜渊》
[8] 参见张继禹、李远国:"道教重人贵生的理念",《中国道教》1998年第1期。

此外道家还提出了"道法自然"的理念。

(三) 佛教中的人权因素

佛教讲"慈悲"。所谓"慈"就是"无缘大慈",即无论是否有缘,无论对自己是否好,都要对其慈悲。所谓"悲"就是"同体大悲",就是广泛的同情心,看到别人遭受苦难,如同身受,悲天悯人。[1]

佛教讲"众生平等",这主要是指佛性平等,即人与人之间在内在佛性上并无差别,"一念若悟,即众生是佛"。[2] 佛教还讲"普度众生",拯救所有受苦受难者。这些思想体现了对所有人的普遍关怀和平等对待,为理解人权的博爱和普遍平等思想提供了佛教的视角。

(四) 伊斯兰教中的人权因素

首先,伊斯兰教高度肯定人的价值。《古兰经》中写道:"我确已把人造成具有最美的形态"(95:4);"我创造了他们,并使他们的体格坚实"(76:28)"当他们体格健壮、智力健全的时候,我赏赐他智慧和学识"(28:14),并使他们"互相超越"(4:32),"看谁的工作是最优美的"(18:7),"你应当以最优美的品行去对付恶劣的品行"(41:34),"你们当为正义和敬畏而互助"(5:2)。

其次,伊斯兰教鼓励各种善德。《古兰经》具体而明确地提倡人们所应具有的敬畏、廉洁、诚实、公正、忍耐、宽容、团结、孝敬父母、善待他人、赈济贫民等思想和美德。[3]《古兰经》中指出:"归顺真主,而且行善者,将在主那里享受报酬,他们将来没有恐惧,也没有忧愁。"[4] "你当对人行善,即如真主对你行善一般,你别在世上作恶,真主实不喜作恶的人。"[5] "自愿行善者,必获更多的善报。""行一件善事的人,将得十倍的报酬。"先知穆罕默德说:"礼拜将把正信都带到通往天堂的半路上,斋戒将把他们带到天堂的大门前,而施舍才能使他们获准进入天堂。"[6] 穆罕默德说:"你善待左邻右舍,你就是穆斯林。""谁信仰真主与末日,就当尊重他的邻居。""你们知道邻居的责任是什么吗? 如果他求助你,你帮助他;如果他求援你,你救援他;如果他向你借钱,你借给他;如果他成为穷人,你帮他变富;如果他生病,你探望他;如果他去世,你随行他的殡礼;如果他遇到喜事,你恭贺他;如果他遭遇不幸,你安慰他;你的建筑物不要高过他的建筑物,否则他家不能通风,除非得到他的许可且不

---

[1] 敦煌本《坛经》三十,转引自张树青:"简论中国化的佛教人本思想蕴涵",《白城师范学院学报》2010年第1期,第15页。

[2] 敦煌本《坛经》三十,转引自张树青:"简论中国化的佛教人本思想蕴涵",《白城师范学院学报》2010年第1期,第16页。

[3] 参见杨淑丽:"伊斯兰教关于人的素养修养",《中国穆斯林》1999年第2期。

[4]《古兰经》2:112,马坚译,中国社会科学出版社,2002年。

[5]《古兰经》2:200,转引自马志刚:"伊斯兰教中的人本精神",《宁夏社会科学》1991年第2期,第70页。

[6] 转引自张红娟:"伊斯兰教权利义务微探",《黑河学刊》2011年第6期。

要伤及他；如果你买了水果就给他送点，反之则不要声张，你的孩子也不要拿着水果出去而让他的孩子眼馋；你不要以锅里的飘香使邻居垂涎，除非你给他舀点。"[1]《古兰经》要求信徒"将所爱的财产施济亲戚、孤儿、贫民、旅客、乞丐和赎取奴隶"[2]。

再次，伊斯兰教禁止各种侵犯他人权利的恶行。伊斯兰教法规定，严禁穆斯林赌博、说谎、贿赂、欺骗、侵吞孤儿财产、强占妇女、放高利贷，认为这些都是不义的行为，是对别人的侵犯。[3]《古兰经》特别强调："你们当为正义和敬畏而互助，不要为罪恶和横暴而互助。"[4]

二、纳入人权理念是传统文化的超越和扩展

尽管各种传统文化中都有可汲取的人权源头，但它们与20世纪中叶以来形成的人权理念还是存在各种差异和分歧。对这种差异和分歧，应当采取用发展的、互动的和辩证的方式来加以分析。

各种文化本身会随着时代的发展而发展。各种文化之间的相互碰撞和相互吸取，是文化发展的重要动力。在这个意义上，面对20世纪以来的全球战争威胁和全球化的历史进程，各种文化达成人权共识的过程，正是各种文化自我超越、自我发展的过程。将人权理念包容进各种文化之中，拓展了各种文化自身的视野，增强了各种文化对现代生活的解释力和适应力，促进了文化自身的健康发展。

但纳入人权理念，是各种文化本身的一次超越和扩展。它一方面需要汲取传统文化中的人权因素，另一方面也需要超越传统文化的局限。在20世纪初的中国，孙中山汲取中国传统文化中"民为贵"的思想，结合西方国家有关人的权利的学说，提出"民主、民生、民族"的"三民主义"主张，成为近代中国推翻封建主义和殖民主义统治的重要思想旗帜。1915年9月，中国共产党早期领袖陈独秀发表的《敬告青年》中也提出了"科学和人权并重"的主张。[5]中国共产党先后开展了"反饥饿、反迫害、反内战"和"争自由、争民主、争人权"的民主运动。这些思想的提出，都超越了传统文化中封建主义的局限，使民族文化视野得到了一次革命性的扩展。

在传统文化接纳现代人权观的过程中，需要对传统文化中的一些观点进行适当转换。如中国学者黄英就提出，要完成中国传统文化与第一代人权思想的"对接"，需要"援法入儒""弃君守民""重义尊利"[6]。

---

[1] 转引自金忠杰编译："伊斯兰教视野中的邻居权利与善待穷人"，《中国穆斯林》2012年第6期，第20—21页。
[2]《古兰经》2，马坚译，中国社会科学出版社，2002年，第177页。
[3] 转引自张红娟："伊斯兰教权利义务微探"，《黑河学刊》2011年第6期。
[4]《古兰经》5，马坚译，中国社会科学出版社，2002年，第2页。
[5]《陈独秀著作选编》第1卷，上海人民出版社，2009年，第162页。
[6] 黄英："儒家人权思想及其创造性转化"，《学术论坛》2015年第11期。

三、多元文化共识形成和丰富了当代人权理念

尽管人权观念最初是由英国、法国、美国等国家提出的,但它并不是单一文化的产物,而是多元文化在现代所形成的共识。

西方学者通常将"自然权利"理念作为人权的最初思想基础,而"自然权利"又是基于古希腊罗马时期的"自然法"。然而,古希腊文化经过了阿拉伯人的保存和翻译,在文艺复兴时期成为西方文化发展的重要启迪。因此,西方人权思想的提出在最初时就已经受到了希腊罗马思想和伊斯兰文化的双重影响。

另一方面,据一些学者考证,西方启蒙思想家也曾经受到中国文化的重要影响。西方的传教士将中国思想家的著作翻译并传到欧洲,一些西欧思想家认为,中国政治是"当时动荡的欧洲政局的一个理想模型","中国民族是一个纯粹理性的民族"[1]。孟德斯鸠认为,法律即是理性,理性来自中国。狄德罗在《百科全书字典》中对中国的评价是:"中国民族极能同心合力,他们历史的悠久、精神、艺术、学问、政治、哲学各方面,不仅压倒所有其他亚洲民族,据一部分学者的意见,他们所有的优点甚至可以和欧洲最开明的民族竞争。"[2] 孔子所说的"己所不欲,勿施于人"为伏尔泰所推崇,并被罗伯斯庇尔写进《法国人权宣言》第4条,表述为"自由就是指有权从事一切无害于他人的行为。因此,各人的自然权利的行使,只以保证社会上其他成员能享有同样权利为限制。此等限制仅得由法律规定之"。[3]

第二次世界大战前,许多国家关注由西方传来的人权思想,并将其与自己国家文化中的元素相结合,形成了各具特色的人权理念。如孙中山提出的"三民主义"。

第二次世界大战结束后,各国基于对法西斯主义侵犯人权所导致的严重后果的一致认识,形成了《世界人权宣言》等共识性国际文书。这是多元文化所达成的共识。在宣言的制定过程中,南开大学教授张彭春先生将儒家所讲的"仁"翻译为concience,写进宣言之中,并以中国强调和谐的精神来调解宣言制定过程中的各种文化观点的冲突,对《世界人权宣言》的成功制定和广泛接受发挥了重要的作用。

在冷战期间,人权观念在很大程度上被西方国家用作争夺世界霸权的工具,这使得对人权的解释日益基于单一文化,而不是通过多元文化的交流来丰富人权的内涵。它成为对抗的工具,反倒限制了发展的可能。

20世纪90年代后,冷战的结束并没有完全消除冷战思维。尽管人权正在被越来越多的国

---

[1] 赖赫淮恩:"中国与欧洲",转引自朱谦之:《中国哲学对欧洲的影响》,上海人民出版社,1999年,第196页。
[2] 朱谦之:《中国哲学对欧洲的影响》,上海人民出版社,1999年,第269页。
[3] 忻剑飞:《世界的中国观》,学林出版社,1991年,第206页,张滕霄、张宪中:《马克思主义与儒学》,中国人民大学出版社,2000年,第2页。

家所重视，但人权观念本身的发展却仍然受到局限。不同文化对人权的解读常常被西方国家视为异端，少数西方国家希望将基于自己文化和制度的解读作为人权的唯一标准和模式。这不利于人权观念的长远发展。

  人权观念要继续发展，就不应采取单一文化的霸权模式，而是应当更加注重多元文化通过对话和交流所达成的共识。人权理念需要随着时代的发展而发展。各种文化之间的差异，为人权理念本身的发展提供了丰富的源泉；各种文化之间的碰撞，为人权理念本身的发展提供了动力。我们看到，所谓第一代、第二代和第三代人权的相继出现，正是汲取了来自各种不同文化的养分，并且也是各种不同文化相互碰撞、相互汲取所形成的文化共识。同时，人权理念从内涵到外延、从表述到标准、从目标到实施方略、从权利主体到义务主体都还处于发展的过程中。在这一过程中，既不应将人权理念与各种不同文化截然对立起来，也不能只从单一文化视角来解读人权的理念，必须放眼人权的多元文化源头，以开放的眼光看待人权的文化基础，将人权视为多元文化中不断形成的一种国际共识。

致力于文化多样性
——联合国教科文组织对于人权的贡献

Investing in Cultural Diversity: UNESCO's Contribution to Human Rights

Lionel Veer[*]

吕怡维 译

  感谢朱教授,常教授以及南开大学协同荷兰人权研究所和Tom Zwart教授一起组织了这次具重要意义的"传统精神和文化价值观念与人权的本土源头"研讨会。参加这次研讨会,我感动很荣幸和愉快。我想我能从中学习到的会比我能给予的更多,不过我仍然乐意与大家分享联合国教科文组织(UNESCO)人权与文化多样性的相关活动如何能够促进传统精神和文化价值观转换为人权的本土源头这一话题。我今天是以个人身份做这次演讲。

  请允许我以教科文组织原总干事 Julian Huxley 在1947年为人权委员会起草的一份关于人权的哲学基础的报告的故事作为发言的开端。众所周知,人权委员会的此项工作最终产生了世界人权宣言(UDHR)(1948年12月10日)。这份教科文组织的报告为宣言的产生作了重要贡献,且仍然为今天的人权讨论提供诸多想法和创意。Julian Huxley 联络世界各地的杰出思想家,询问他们对于一个国际性人权宣言的看法。其中一个卓越的人物是以非暴力方式挑战英王朝统治的莫罕达斯·甘地。甘地对Huxley说:"我从我文盲却睿智的母亲那里学到的是,所有应得与传承的权利都来源于履行得当的义务。""我从不识字却很有智慧的母亲那里了解到,所有值得争取和保存的权利都源于很好地履行义务。因此,生活中的权利只有在我们尽到了世界公民的义务之后才能获得。"然而如果你们仔细阅读世界人权宣言,就会发现甘地的思想并没有对该宣言产生多大的影响,其大部分内容都是关于权利却鲜有提及义务。人权专家们,特别是西方的人权专家们,倾向于谈"权利"多于"义务",然而我认为它们是一个硬币的两面。对于我来说,传统精神和文化价值显然是人权的本源,因为它们强调"义务",从而在人

---

[*] Mr. Lionel Strenghart VEER is Dutch Ambassador to UNESCO.

权内容发展中增加了容易被忽视的义务这一环。

对传统文化价值的重新强调也促使我们更好地认识到人权需要文化背景。人权是普遍存在的，不过这并不代表它是"摒除文化"的。文化环境决定了如何解读潜在的价值和原则以及人权保护的具体实施。让我担心的不是文化相对主义，而是文化的统一论和肤浅化。如今，我们需要重温1947年人权委员会起草世界人权宣言时教科文组织给予他们的建议。

人权委员会的工作是基于认为他们囊括的权利是"文化与环境的多样性中被全人类认可的基本准则和信念"。人权委员会把道德信息和法律信息联系到了一起，"人权逐渐发展为产生国家义务的国际人权法"。道德信息、规范信息和法律信息之间总是存在差距，因为人权实施的文化背景是动态变化的，因此，某些"认可和普遍"原则的接受也不是一成不变的。再者，委员会所谓的"被全人类认可的基本准则和信念"的基础也十分薄弱。

教科文组织当年撰写了关于人权哲学基础的报告，并告诫世界人权宣言的起草者们"需要更准确和详细地检验设立的共同原则以及解释这些原则中相关的不尽相同的哲学差别"。为此，教科文组织主动向人权委员会表示愿意提供协助"收集完成这一任务所需的必要学术资源"。可人权委员会并未联系过教科文组织。由于认知上的差别逐年递增，以至于很多人认为人权是一个"西方"的概念，并声称它与本土的文化和传统价值不符。对此，我仍然认为可以定义"文化与环境的多样性中被全人类认可的基本准则和信念"，但是，我们必须首先承认文化的多样性且摒弃世界正成为一个共同文化体的想法。这个研讨会对此领域具有重要贡献，强调传统精神和文化价值在促进和保护人权中的重大意义，有利于寻找古代文化根源，复兴传统文化以及重塑对于文化多样性的尊重。

文化多样性

我认为教科文组织的工作有助于支撑传统文化价值和促进人权概念的形成和发展。教科文组织成员国在2001年通过了一项有关文化多样性的宣言。在此项宣言中，文化被认为能够促进以人权为中心的跨文化方法论的发展。"文化被视为某个社会或某个社会群体特有的精神与物质，智力与情感方面的不同特点之总和；除了文学和艺术外，文化还包括生活方式、共处的方式、价值观体系、传统和信仰"。该宣言同时确认"在相互信任和理解氛围下，尊重文化多样性、宽容、对话及合作是国际和平与安全的最佳保障之一"。它明确地指出了文化多样性和人权之间的联系："人权是文化多样性的保障"以及"捍卫文化多样性是伦理方面的迫切需要，与尊重人的尊严是密不可分的。"在其后的2005年，成员国们又缔结了一个有关文化表达多样性的条约，确立了他们对文化多样性支持的立场。此条约充分肯定"文化多样性对于实现

《世界人权宣言》中表述的基本人权和自由的重要意义"。

本土知识

近期以来,教科文组织关注于一类特殊的多样性并重新评估了本土文化信息的重要性。这可以被看作理解文化多样性的又一进步。本土知识是当地文化和社会的特殊知识,此类知识往往通过一代又一代的口头相传以及文化仪式来传承。本土原住人民具有丰富的并可以持续发展传承的知识,然而,现代的正式教育影响干扰了现实生活中本土知识的习得,并以抽象知识和学术方法取而代之。今天,很多本土知识以及它们包含的关于持续发展的宝贵信息与经验面临消失的危险。由于科学家们对传统和本土知识对抗气候负面变化的认可和支持,近期来我们可以看到本土知识的稍许复兴。教科文组织在摩洛哥组织召开了第22届气候变化大会(COP22),以促进本土知识的丰富内容与主流科学研究的合作,从而共同致力于找到解决气候变化的新方法。

升级

可以说,教科文组织提升了本土知识的地位并使其达到与主流科学同等高度以共同对抗气候危机。这里请允许我加上一个具有哲学意义的小插曲,因为我认为本土知识地位的提升过程中,著名的法国人类学家和哲学家Claude Levi-Strauss做了铺垫。他在他的杰出著作《原始的心灵》里形容了如今我们谈及的本土知识与科学的平等地位。在1962年,Claude Levi-Strauss试图定义两种获得知识的不同思考模式或者方法。第一种是"细节的科学"或者神话的思维,其早于另外一种——现代科学的产生。科学和神话思维都应该被认为是有效且不能相互取代的,它们是思维进化过程中的不同阶段。

神话思维是基于对"感知世界的感知"的观察。而科学思维是从抽象角度捕捉这个世界从而产生新生的知识系统。为了说明神话思维这个定义,Levi-Strauss以"工匠"(法语原文bricoleur)的工作方式来作为比喻。他(工匠)以手上的原料和工具来完成工作——从"零碎细节"开始。对比之下,Levi-Strauss认为工程师或者科学家们追求的是超越现有的环境和具体的世界。工程师拓展思维和开放可能性,而工匠则可从中获得重组回收。

我之所以谈及这些,是因为我认为你们可以运用Levi-Strauss对于"具体"和"概念"的区分进而认识到,我们可以用不同的思维方式理解人权在社会中的角色。这是两种不同然而未必互相矛盾的思维方式。从多种角度看,传统价值观是一种实际且具体的思维方式,人权角度的思维往往更具有概念性。基于国家保障公民个人权利以及依法治国的需要,这个区别对于强调"权利"或者"义务"也至关重要。

《世界人权宣言》对"权利"的强调部分归因于第二次世界大战后的知识和政治环境。由此，在本文开头部分我引用了甘地的名言。最近，我读了一篇世界人权宣言重要起草者法国外交官Rene Cassin的一篇文章。Cassin在晚年的时候同样思考了"义务"在宣言中分量不足的问题。在被问及人权问题的时候，他同样引用了甘地的语言。他回答说："人所拥有的权利对应能够让他履行义务的那些内容"。Cassin继续说："在非洲，义务的概念在个人与家庭和部落的关系中非常重要"。

世界人权宣言产生于劫后余生的两次世界大战，战争摧毁了数以千万计的生命并且使至高无上的权力集中于政府手中，哪怕在最民主的国家里亦是如此。在完成基本权利和自由的清单之后，宣言的起草者们面临来自社会主义国家的坚持写入个人对于集体的义务的要求，这一内容叙述在如今的第27条中。1948年冬季，在波哥大通过了《美洲人的权利和义务宣言》的拉丁美洲国家们也支持了这一立场。不过，他们或者我本人都没有坚持列举出一系列具有强制性的个人或公民的基本义务。

在联合国大会的第三委员会上，苏联的代表反对人权委员会采纳的宣言并且在此目的上获得了部分成功。不过，对抗极权国家的个人权利的支持者们，采取了各种预防措施从而使个人利益的克减仅限于"一个民主的社会中适应道德、公共秩序和普遍福利的正当需要"。在我们关注的宣言如何定义个人承担对他的同胞的义务问题上，宣言制定了一条重要的相互义务原则："他们须如兄弟一般相互对待。"至于其他义务，我们只能对宣言第29条第2项的瑕疵表示遗憾，此条款要求"承认和尊重他人的权利和自由"，以及限制个人权利。这样的表述并不完善。权利的限制和个人的基本权利问题是两个不可互换的概念。我们应该重点指出："人人都负有不妨碍他人的权利和自由的义务，从而尊重这些权利的行使。"Rene Cassin对于"权利"和"义务"的思考很有特色，他似乎也承认只强调"权利"是有问题的。

国际刑事法院的辩诉交易
——将文化视为人权源头的一条可能路径

Plea Bargaining at the International Criminal Court: A Possible Way to Recognize Culture as A Source of Human Rights

Phoebe Oyugi*

吕怡维 译

摘要： 本文讨论了国际法庭面临的挑战之一，即他们总是没有考虑到特定人群的文化和他们对正义的看法，而只提供国际刑事诉讼，以惩罚有罪的人。作者希望本文的写作有助于探索辩诉交易作为一个解决此问题的潜在办法。笔者认为，辩诉交易，如果应用得当，不仅可以帮助缓解国际刑事法庭（ICC）面临的一般性挑战，且提供囊括地方文化元素于协议中的独特机会。较西方概念的惩罚性正义，这可能会提供给后冲突社会更多的收益。

国际刑事法庭面临着各种巨大的挑战，例如复杂和冗长的审判，昂贵的诉讼成本，收集证据的困难，国际合作的缺乏，被影响社区参与的缺位，政治影响以及证人的干扰。[1]另一个很少被讨论的问题是国际刑事法庭的诉讼主要提供惩罚性正义，其重点是指控一个嫌疑人且一旦认定有罪即以监禁为诉讼目的。这一理解同样适用于不同类型的冲突、不同的原因，影响各种不同和独特的社区。这种正义的问题在于，它没有考虑到一个特定的文化可能会影响到

---

* Ms. Phoebe Oyugi is an LLB (hons) University of Nairobi, an LLM Rhodes University and a Case Manager at the International Criminal Court.

[1] See generally Andraz Zidar and Olympia Bekou, eds., *Contemporary Challenges for the International Criminal Court* London: British Institute of International and Comparative Law, 2014; Ralph Zacklin, "Failings of Ad Hoc International Tribunals," *The Journal of International Criminal Justice 2* (2004): 541; Theodor Meron, *The Making of International Criminal Justice: A View from the Bench: Selected Speeches* (OUP Oxford, 2011), Chapter 11.

此社区对正义的看法。由于国际法庭在国际司法领域中的重要角色，[1]国际社会有理由为应对这一问题而努力，以促进国际刑事正义。本文希望通过讨论辩诉交易来为此问题的研究作出贡献。我认为辩诉交易，如果应用得当，不仅可以帮助缓解国际刑事法庭面临的（ICC）一般性挑战，还可以提供囊括地方文化元素于协议中的独特机会。较西方概念的惩罚性正义而言，这可能会提供给后冲突社会更多的收益。

文化和辩诉交易对于国际刑事司法领域并不陌生。虽然文化解决方式尚未被辩诉交易本身所运用，但文化和辩诉交易都已各自在不同的场合被采纳，以促进涉及国际犯罪中的正义与和解。首先，在这方面有关文化的就有两个例子。一是卢旺达的盖卡卡传统法庭和塞拉利昂的真相正义和解委员会(TRC)上的文化仪式。在盖盖卡法庭上，一种卢旺达前殖民地时期的传统纠纷解决系统被应用于处理种族灭绝罪的问题。在前殖民时代，卢旺达和大部分非洲地区的老者和圣贤会在始作俑者和受害人的家属面前主持争端解决。[2]这个做法的目的是通过改造，惩罚犯罪者和补偿受害人以重建社会的和平与和谐。在卢旺达种族灭绝事件中，当正规法庭需要审判太多的犯罪者时，这一传统的解决争端机制在政府的支持下于2001年被重新采用以处理灭绝种族罪行。

同样，在塞拉利昂，真相委员会决议授权委员会在公共会议环节启用传统领导人和宗教领袖来"促进公共会议和解决因为过去违法侵犯造成的地区冲突，或者支持恢复与和解"。委员会采用偏向恢复性正义的方法，通过赛拉利昂特殊的文化清洗仪式来促进前武装人员重新融入社会。[3]与之相似，辩诉交易对于国际正义来说并不新颖。究其基本形式，辩诉交易本质上是一种检察机关与被告人之间的妥协，被告人通过认罪或提供其他形式的合作来

---

[1] Since 1919 to date, a number of international criminal tribunals have been established whose role has been to try perpetrators of international crime and to participate in peace building and reconciliation. See generally M. Cherif Bassiouni, "From Versailles to Rwanda in Seventy-Five Years: The Need to Establish a Permanent International Criminal Court", *Harvard Human Rights Journal* 10 (1997): 11. In 2002 the International Criminal Court (ICC) was established, after many years of negotiations, as a permanent international criminal tribunal. Despite the controversies that surround the ICC, the fact that it has 122 member states who continually contribute its work in one shows a high level of consensus on the contribution of international tribunals to the peace and justice agenda. See for example Max du Plessis, *The International Criminal Court That Africa Wants*, ISS Monograph 172 (Pretoria: Institute for Security Studies, 2010).

[2] Francis Kariuki, *Conflict Resolution by Elders in Africa: Successes, Challenges and Opportunities*, accessed November 24, 2016, http://www.kmco.co.ke/attachments/article/162/Conflict%20Resolution%20by%20Elders%20successes,%20challenges%20and%20%20%20%20%20opportunities-1.pdf.

[3] Erasmus Ndemole Migyikra, "Truth And Reconciliation Commissions: A Comparative Study Of South Africa, Ghana And Sierra Leone", a thesis submitted to European University Centre for Peace Studies (2008) at 72-76 http://epu.ac.at/fileadmin/downloads/research/Migyirka.pdf, accessed March 6, 2016.

换取减刑或者从轻指控。[1]此理念也被用于前南斯拉夫国际刑事法庭（ICTY）和卢旺达国际刑事法庭（ICTR）。[2]前南刑庭和卢旺达国际刑事法庭采用了不同复杂形式的辩诉交易，包括控诉交易和量刑交易这类由被告人通过认罪与合作来交换从轻指控和减刑。[3]例如，这种方式被应用在前南刑庭的Todorovic[4]案和Sikirica[5]案，卢旺达刑庭的Serushago[6]和Ruggiu[7]案中，并最终使得前南刑庭产生了证据与程序规则（PRE）中的第62条来规制前南刑庭中的辩诉交易。[8]值得注意的是，最初前南庭的法官们拒绝引进辩诉交易的建议，因为它似乎违反法庭建立的结构和思想基础。支持这一观点的主要理由是，法庭针对的是极其令人发指的罪行，与犯下这些罪行的人进行妥协是错误的。[9]但是面对诸多不利的现实状况，例如冗长、复杂和昂贵的诉讼，以及来自国际社会的压力，前南刑庭和卢旺达国际刑事庭最终采用了辩诉交易。[10]最初采用的时候并不协调统一，在第62条被制定之前两个法庭都没有适用辩诉交易的既定框架。[11]

前南刑庭和卢旺达国际刑事法庭辩诉交易的适用被一些人赞誉为一个可提高诉讼速度和效率、促进和平与和解、降低诉讼成本等的现实方法。[12]然而，大多数学者警告说，如果应用得不好，辩诉交易可能会导致"牺牲正义换取效率"，对于冲突的历史记录的不当干预，或

---

[1] Albert W. Alschuler, "The Changing Plea Bargaining Debate", *California Law Review*, 3 (1981): 69.

[2] Kate Kovarovic, "Pleading for Justice: The Availability of Plea Bargaining as a Method of Alternative Dispute Resolution at the International Criminal Court", *Journal of Dispute Resolution* 2011 (2011): 283; Kristie shearman, "Should the International Criminal Court Develop a Practice of Plea Bargaining? An Analysis of the Importance of the International Criminal Trial", accessed May 21, 2016, https://www.academia.edu/5833510/Should_the_International_Criminal_Court_develop_a_practice_of_Plea_Bargaining_An_Analysis_of_the_Importance_of_the_International_Criminal_Trial.

[3] Nancy Amoury Combs, "Copping a Plea to Genocide: The Plea Bargaining of International Crimes," *University of Pennsylvania Law Review*, 1 (2002): 151.

[4] Prosecutor v. Todorovic, Sentencing Judgement, July 31, 2001, IT-95-9/1.

[5] Prosecutor v. Sikirica, Sentencing Judgement, November 13, 2001, IT-95-8-T.

[6] Prosecutor v. Serushago, Sentence, February 5, 1999, ICTR-98-39-S.

[7] Prosecutor v. Ruggiu, Judgement and Sentence, June 1, 2000, ICTR-97-32-I.

[8] ICTY Rules of Procedure and Evidence IT/32/Rev. 43 as amended on July 24, 2009.

[9] See the speech of President Cassese in response to the proposal by the United States in Virginia Morris and Michael Scharf, *An Insider's Guide to the International Criminal Tribunal for the Former Yugoslavia: A Documentary History and Analysis*. Irvington-on-Hudson, N. Y: Hotei Publishing, 1995, 652.

[10] Combs, *Copping a Plea to Genocide*, 145.

[11] Ibid.

[12] See generally Volkan Mavis, "Why Should the International Criminal Court Adopt Plea Bargaining", *Inonu University Faculty of Law Journal*, 2 (2014): 5; see also Janine Natalya Clark, "Plea Bargaining at the ICTY: Guilty Pleas and Reconciliation", *European Journal of International Law*, 2 (April 1, 2009): 20.

许会对法庭产生挑战。[1]此外,其对冲突后地区和平与和解的积极影响也没有得到足够的实证研究的支持。[2]

参与罗马规约讨论的专家们似乎赞同前南法庭法官们的最初立场,即因为所涉及的罪行极其严重,辩诉交易不应该在国际刑事法院被允许。[3]不过,《罗马规约》的最终版本既没有允许也不禁止适用辩诉交易。事实上,《罗马规约》第65条规定允许"检察官和辩护方就修改指控、认罪或刑罚进行讨论",虽然此举对法庭并无约束力。因此这意味着有可能在不违反罗马规约的前提下在国际刑事法院引入辩诉交易。

国际刑事法院经历了并继续面临着曾经困扰前南刑庭和卢旺达国际刑事法庭,并妨碍辩诉交易引入的各种问题。这些包括:第一,取证困难,例如在2014年12月和2016年4月针对肯尼亚总统肯雅塔[4]和副总统鲁托[5]案件的过早终止。第二,国际合作的缺乏,例如当国际刑事法院对苏丹总统巴希尔发出了指控并多次请求国际合作时,几个罗马规约的成员国却拒绝逮捕和交出在他们领土上逗留的巴希尔。[6]最终,国际刑事法院的检察官被迫搁置了巴希尔总统

---

[1] Regina E. Rauxloh, "Negotiated History: The Historical Record in International Criminal Law and Plea Bargaining", *International Criminal Law Review,* 10 (2010): 739-70.

[2] Clark, *Plea Bargaining at the ICTY*, 434.

[3] "The remark was made that, in view of the gravity of the crimes within the jurisdiction of the court, it would be inappropriate to permit plea bargaining", Summary Of The Proceedings Of The Ad Hoc Committee During The Period 3-13 April 1995, Ad Hoc Committee On The Establishment Of An International Criminal Court 3-13 April 1995, April 21, 1995, http://www.legal-tools.org/uploads/tx_ltpdb/doc19093.pdf, accessed May 23, 2016, para 95.

[4] The Prosecutor v Uhuru Muigai Kenyatta, *Decision on the withdrawal of charges against Mr Kenyatta*, 13 March, 2015.

[5] Prosecutor v Ruto& Sang, *Decision on Defence Applications for Judgments of Acquittal*, March 5, 2016, ICC-01/09-01/11-2027-Red.

[6] States parties to the Rome Statute like Chad, Kenya, Malawi, south Africa, Uganda, Democratic Republic of Congo, Djibouti just to mention a few have failed to arrest and surrender President Bashir to the ICC despite the requests made to these states by the ICC when President Bashir visited their respective countries. Chad for example has hosted President Bashir in its territory over four times while ignoring the cooperation requests of the court. See for example: The Prosecutor V. Omar Hassan Ahmad Al Bashir, Decision informing the United Nations Security Council and the Assembly of States Parties to the Rome Statute about Omar Al-Bashir's recent visit to the Republic of Chad of 27 August 2010, ICC-02/05-01/09-109; The Prosecutor V.Omar Hassan Ahmad Al Bashir, Decision pursuant to article 87(7) of the *Rome Statute* on the refusal of the Republic of Chad to comply with the cooperation requests issued by the Court with respect to the arrest and surrender of Omar Hassan Ahmad Al Bashir of December 13, 2011, ICC-02/05-01/09-140; The Prosecutor V. Omar Hassan Ahmad Al Bashir, Decision on the Non-compliance of the Republic of Chad with the Cooperation Requests Issued by the Court Regarding the Arrest and Surrender of Omar Hassan Ahmad Al-Bashir of March 26, 2013, ICC-02/05-01/09-151.

案，因为无法对他进行逮捕。[1]第三，审判的时间过于长久，其突出表现是国际刑事法院自成立之日起花费了近10年的时间完结第一个案件。[2]第四，国际刑事法院的审判费用一直是缔约国在年度大会上长久讨论的问题，因为来自各缔约国的压力，国际刑事法院的预算总是被审查和削减。[3]

以上是一个辩诉交易或许有助于解决问题的非完全清单。由此显而易见的是，国际刑事法院像其他国际法庭一样，需要"其他的案件处理办法，而辩诉交易似乎是避免耗时冗长和费用巨大的审判的一个方法"。[4]辩诉交易还可能包含涉及文化习俗从而促进和平正义与和解，如前面所举的盖卡卡与真相正义和解委员的例子。因此，有必要把辩诉交易作为解决国际刑事法院的各种问题，包括强调惩罚性正义的一种潜在方法进行更多的探讨，认真分析罗马规约的起草者们对规约第65条包含的检察官和被告方之间的商讨和协议进行的思考。基于上述情况，仍以塞拉利昂和卢旺达为例，文化显然已经扮演了促进后冲突地区正义与和解的重要角色。换言之，是为了促进冲突后地区中的塞拉利昂和卢旺达的正义与和解。与此相同的是，辩诉交易显然已经被运用到前南刑庭和卢旺达国际刑事法庭中以解决各类案件。不过，据我所知，迄今为止辩诉交易还没有把文化因素引入到争端解决问题上。

国际刑事法院的肯尼亚案件就是一个很好的例子。如果国际刑事法院允许在肯尼亚的案件中采用辩诉交易，结果可能产生一种潜在的双赢局面。就像国际刑事法院的其他案件一样，肯雅塔和鲁托案也有检察官、被告方以及肯尼亚选举后的暴力行为的受害者（PEV）这些利益各自冲突的三方人员。这些互相冲突的利益关系可以归纳如下：一方面，检察官的职责是对两名被告进行排除合理怀疑后的指控和定罪，然而部分被告在事发国的权力和影响，使得检方无法获得足够的证据，不过检方得到了除了非洲联盟（AU）之外的国际刑事法院和国际社会的支持。另一方面，被告肯雅塔和鲁托都要求排除针对他们的所有指控，并被宣布无罪。作为肯尼亚的总统和副总统，他们有能力阻碍调查，影响证人，影响非洲联盟和大多数非洲国家对国际刑事法院的态度。他们似乎愿意尽一切努力来阻止案件在国际刑事法院的进展。最后，PEV的受害者们希望有人对他们承受的那些暴行承担责任并得到赔偿。

---

[1] Agence France-Presse in Khartoum, "Omar Al-Bashir Celebrates ICC Decision to Halt Darfur Investigation", *The Guardian*, December 14, 2014, http://www.theguardian.com/world/2014/dec/14/omar-al-bashir-celebrates-icc-decision-to-halt-darfur-investigation.

[2] See the War Crimes Research Office report Supra note 3.

[3] Niklas Jakobsson, "The 2016 ICC Budget - More Money, More Problems?" Text, *Justice Hub* (September 17, 2015), https://justicehub.org/article/2016-icc-budget-more-money-more-problems; Niklas Jakobsson; "ICC Budget Leaves a Lot to Be Desired", Text, *Justice Hub* (December 1, 2015), https://justicehub.org/article/icc-budget-leaves-lot-be-desired.

[4] Combs, "Copping a Plea to Genocide", 102.

现实情况就是，这两名被告持有通往肯尼亚的钥匙，那里有检察官立案所需的所有证据。期望他们的合作和帮助收集证据来对付他们自己，这对于检察官来说是不现实的。受害者的命运掌握在被告们的手中，如果他们愿意，他们能够建立起一个国家赔偿机制。故我认为国际刑事法院的检察官与被告进行讨论并达成一个辩诉协议不失为一个明智的做法。

协议的一部分内容将涉及鲁托和肯雅塔各自所属的Kalenjin和Kikuyu部落的长老们。部落长老的参与将会是有现实意义的，因为众所周知，自前殖民时代起，长老在肯尼亚的争端解决中扮演至关重要的角色，尤其是持续到今天的乡村地区。[1]作为辩诉协议的一部分，也许肯雅塔和鲁托会被要求承担部分他们所犯罪行的责任，并参与联合社区间的和平建设项目。作为肯尼亚的领导人，他们受到各自政治区域成员的大量支持，即使他们没有煽动人民诉诸暴力，我相信他们有权制止或者减少暴力的影响。作为回报，检察官会提出减轻或撤销对他们的指控。或者，即使定罪也可以达成不包括监禁的判决协议。此外，受害者代表与两名被告可以进行协商以建立一个造福所有受害者的赔偿制度。例如，可以要求肯尼亚政府确保所有受害者的重新安置，因为境内流离失所者中一些人至今仍居住在难民营中。

这是一个反映了辩诉交易有助于解决国际刑事法院面临各种问题，如缺乏合作、证据收集困难、审判冗长昂贵等问题的良好例子，它同时也表现了考虑文化因素如何有益于社群。在上面的例子中，辩诉交易会确保部分罪行有人担当以及受害者得到赔偿。作为辩诉协议的结果，肯雅塔和鲁托也可能被撤销罪名，国际刑事法院将不再追究此案。与实际发生的情况相比，我认为这将是一个双赢的局面。

---

[1] Kariuki, *Conflict Resolution by Elders in Africa*.

文化认同、精神价值和对话
——宗教和世界观专业人士的多信仰培养与增强社会弹性

Cultural Identity, Spiritual Values, and Dialogue: Multi-Faith Training of Religious and World-view Professionals as A Breeding Ground for Societal Resilience

Willem Janse[*]

刘　一 译

摘要：本文着重介绍了一个这样的发现：无论是对于政府还是自由的多数人，充分利用精神文化的核心价值观是远比承认普遍人权更为有效的社会凝聚力和社会弹性的来源。通过对佛教、印度教、犹太教、东正教、伊斯兰教、基督教信仰者和人道主义者的多元联合培养阿姆斯特丹神学和宗教研究院甚至已经成功地创造了一个独特的学术微社会。从世俗传统或宗教传统的基本价值——诸如自我净化、平等、普遍宽容、人是按照上帝或真主阿拉的形象创造的（挪用上帝公正、仁慈和宽容的品质），人的尊严等为起点，全球多元社会中潜在的世界观专业人士和各种宗教人士在尊重多元信仰的对话中接受了内省、遭遇、联系、提供安全和信任等内容的培训。由于在同化、解放和融合少数（民族），增强社会弹性方面起到了突出的作用，阿姆斯特丹神学和宗教研究院的这项课题得到政府和其他非学术界的越来越多的赞赏和资助。

引言：一个令人欢欣鼓舞的发现

这次讨论，我想和大家分享一些令人欢欣鼓舞的发现。然而，我将从一个不那么乐观的发现开始。

作为荷兰王国公民，我必须遵守荷兰宪法。荷兰宪法第1条说：

"在同等条件下，荷兰所有人都必须被平等对待。不允许基于宗教、信仰、政治观点、种

---

[*] Mr. Willem Janse is a full professor of Church History, Dean of the Faculty of Theology and Vice-Rector of Vrije Universiteit Amsterdam.

族、性别或任何其他理由的歧视。"

此处规定的平等原则（相等条件下的人必须被平等对待）和禁止歧视原则一般都被视为荷兰法律体系最基本的原则。然而，这些基本的法律原则正在受到越来越多的侵犯。不平等的待遇和基于信仰、种族或性取向的歧视，既是混乱、民粹主义、激进和暴力等社会分化加剧的根源，也是其重要表征。

这次讨论，我特别想和大家分享一些令人欢欣鼓舞的发现。作为阿姆斯特丹自由大学的副校长、阿姆斯特丹神学和宗教研究院院长，我有过这样可喜的经验：发掘和重视核心宗教和思想价值能够使其成为社会凝聚、和平共处、制度和社会弹性的源泉，甚至比遵从基于《世界人权宣言》制定的宪法——无论是否被执行——更为有效。我们可以透过学院—学校—国际社会三个不同层级来验证。

一、学术共同体是试点新社会的基础

让我告诉大家一些我正在谈论的经验。阿姆斯特丹自由大学是荷兰极具学术影响力的重点大学之一。其学术研究课题的重点不仅仅是增加知识深度，还包括获得更广泛的知识。阿姆斯特丹自由大学的基本价值是责任、开放、和个人的参与，它寻求与社会的紧密联系。荷兰社会文化多元的性质，意味着大学会有组织、尊重和创造多样性空间的具体政策。

具体而言，在过去十年里，阿姆斯特丹自由大学的神学和宗教研究院成功地创建了一个独特的、多样化的学术微型社会。它通过提供学位课程、其中60%共享课程材料，给宗教和世界观专业人士进行世俗信仰和宗教信仰的培训。这些人包括无神论者、人道主义者、穆斯林、佛教徒、印度教徒、犹太人、中东和东正教的成员，许多不同（世俗或宗教）传统的信徒，包括基督教移民，特别是来自非洲和东南亚的基督教移民。教学和研究方案假定每一个世俗或宗教传统都将其核心精神和文化价值作为出发点和行动基础。这些核心价值观可能是：人是按照上帝的形象创造的、人的尊严（犹太教、东正教、天主教和新教）、宽容（人道主义者）、真主阿拉、也即是将真主阿拉的品质——正义、怜悯和宽恕当成自己的品质（伊斯兰教），无私的利他和互惠（佛教），平均主义和普遍宽容（印度教）。学院要求学生和讲师批判性地忠于自己的信仰，我们相互培训，以便能够使用别人能了解的语言谈论自己的信仰，以便能够进行尊重彼此的（不同）宗教间对话。为此，世界各地的宗教和教派人士不仅得到了普通教员的帮助，也有自己传统的专门讲师：伊斯兰神学和伊斯兰教研究由自身同样是穆斯林的教授授课，未来的佛教牧师有佛教徒教授，犹太人有犹太教徒讲师，东正教、基督教移民教会和各种新教教派也是如此。

阿姆斯特丹是一个拥有超过175个民族居民的城市，其中有100多个民族的代表在阿姆斯特丹自由大学，阿姆斯特丹神学院以上述的方式，正在培训未来的宗教和世界观的专家以及国际和全球社会未来的宗教领袖。这些领袖：1.非常了解自己的（宗教和世界观的）基础和信仰；2.非常了解世界其他宗教和思想；3.精通如何进行尊重性的多信仰对话，包括涉及伦理学和非常敏感的话题，如性别和LGBT（女同性恋，男同性恋，双性恋和变性者）的问题；4.所有人都接受过内省、遭遇、联系、提供安全和信任等内容的培训。神学院拥有本科生及硕士生共约400名，博士生300多名。

我把学院这个教师社区称为独特的学术微社会。教师实际上是按照我们大学的名誉博士马丁·路德·金本人的精神来试点未来的新社区。他说："我们必须学会像兄弟姐妹一样共处，或像傻瓜一样共同灭亡。"我们必须学会理解和相互尊重。事实证明，这个充满宗教间对话的学术微社会是以每个人最深刻的精神价值为基础的，并且具有重大的学术和社会意义，这也是非常令人欢欣鼓舞的。阿姆斯特丹神学在荷兰同化、解放和融合种族、宗教和其他少数人团体的过程中发挥越来越重要的作用。由于神学院对增强社会弹性的贡献，学院的课程不仅备受赞誉，而且还得到了国家政府和其他非学术派不断增加的资助，而且大学董事会和政府也吸纳了教师的优势和贡献。

我现在将简要讨论一些被各种宗教传统视为行动基础的精神价值。然后，我将列举价值对话对增强社会弹性的作用，对学院、大学和整个社会的作用。

二、精神价值观是行动及保护和促进人权的基础

我作为（阿姆斯特丹）神学院院长，我选择不否认或压制世界观中的个人信仰和分歧，而是公开讨论他们，让他们结出善果。毕竟，知识不是中立的，也不是无价值的，如果研究者意识到他或她个人已有的哲学或道德上的偏见，那他也不再是可怜虫。更为强调的讲，在我们自己内部，我们有意识地将观察者和主体的观点结合起来。在我们关于个人价值观和定位的对话中，我们不去寻找一个共同的灰色中间区域或是一个共同点。这种方式其实源于贡献缺乏、对不愿密切关注其他人的信仰和信念的人们（因为他们不希望别人密切关注自身的信仰和信念）的零容忍。不，我们透过表象去看每个人的世界观的独特之处，不仅仅寻找相似之处，而且区分差异之处。我们每个人都问自己："我的生活的来源是什么？作为一个学者或是作为一个公民，我的行为最深刻的动机是什么？"

作为一个拥有新教徒基础的综合性大学的行政人员，我自身也是新教徒，我首先将解释自己行动的基础。在犹太人和西方的基督教（社会）思想中，人的行为和对他人、对创造的尊

重基于这样的信念：男人和女人是以神的形象和品质创造的。更强调人的尊严而不是人的权利（如西方的后启蒙思想）。人类被视为拥有了他们的造物主的品质，也被视为（造物主）在世俗界的使者。[1]每个人都拥有神圣的尊严，应当得到（神授予的）平等的尊重，平等的待遇和平等的参与机会。"神的形象"的信念后来被犹太-基督教的道德要求所发展，成为"爱你的敌人""像爱自己一样爱你的邻居""公正和仁慈""对别人比自己更好"等信念。基督徒有一个特殊的习惯，每当有人因为困惑请我们解惑时，（我们的回答）都会使用与耶稣基督本人相关的内容进行。[2]

东方基督教或东正教也强调人的尊严源于人是神的形象（希腊的象征）的承担者。人们汲汲以求更像上帝（神化、神学）[3]。人由上帝创造和变得更像上帝，（这种信念）一个重要的组成部分就是自由。因此，东正教对人的自由非常重视。[4]教育最大的任务之一就是要教会年轻人了解神赋给他的尊严和机智地运用与之而来的自由。

对于伊斯兰教，由于禁止拟人，人是按真主形象创造的这种信念更像是外来的。但人有能力且被号召向真主阿拉靠拢，以使他们自身也拥有真主阿拉的品质——正义、仁慈和宽容。人类有能力保持个性和自决，有能力对自己的行为负责是核心的伊斯兰价值观。[5]反过来，个性和责任是以行动自由或意志自由为前提的。虽然自由意志在某种程度上是预定的（al-qadar）*，但是（人们对）行为和决定应当负道德责任没有争议。人类不仅能沿用真主的品质，而且还被要求遵守正义的诫命，行为也要是正义的。"你相信谁！坚定地站在正义这一边。"[6]"所有（神的品质）要求我们的行为要是正义的，要求我们善待亲友，禁止所有卑劣的、不正当和暴力的行为。"[7]例如，财产所有权是以这样的方式得到捍卫的："在成年之前，不要染指孤儿的财产，除非是增益他们的财产。"[8]

佛教的是一套利他主义的说辞。驱动力是内在的动机——一种不是从义务出发，而是从内心的意识出发，帮助他人、无私地接触他或她的意愿。只有消除仇恨（厌恶）、贪婪（偏爱）和无知（幻想）才能得到善果。比无私更为根本的就是互惠互利。例如，对佛教徒而言，祖先

---

[1] 上帝说："我们要照着我们的形象，我们的样式，让光辉……洒满大地……。于是神创造人，是照自己的形象造的，创造了男女女人。""凡是人都流着神的血，神的血也被人所流，因为人是按照上帝的形象创造的。"（旧约圣经，创世：1:26-27和9:6）。

[2] Matthew 25.

[3] Psalm 82:6 (LXX 81:6)."你即上帝。"

[4] 陀思妥耶夫斯基的小说《卡拉马佐夫兄弟》中基督和伟大的检察官之间的对话所表达的。

[5] Qur'an 52:21; 74:38.

* 译者注：此处是宗教用语，是指神（真主阿拉）先赋给人的宿慧和意志。

[6] Qur'an 4:135.

[7] Qur'an 14:90.

[8] Qur'an 8:52.

崇拜远不仅仅是一种表演仪式：尊重先祖最重要的方式是按照他们教给你的方式做好事，按照这些方式和其他人和睦相处，在你从小长大的家庭中也要如此。互惠是和谐、可持续发展的社会的基石，在这样的社会中所有人都能得到应有的尊重。[1]

印度教的核心是精神和哲学典籍奥义书中表达的愿望："任何地方的所有生命都应当是自由而快乐的，愿我自己生活中的思想、言语和行为能够多少促进幸福和所有人的自由。"圣雄甘地在他的自传结束时写道："想要直面无处不在的真理的气息，就必须要像爱自己一样爱那些最微小的生命。""想要万物合一，就必须要自我净化。""自我净化意味着要纯洁生活的方方面面。""自我净化也极具感染力，个人的纯洁一定会带来周遭环境的纯洁。"

我们阿姆斯特丹的神学院，承认所有这些根本的信念，学生和教师将之制定为一套行为守则称为"社区准则"[2]。这些准则极少采用宗教信条，它其实更像是采用了"荷兰宪法"第1条和《世界人权宣言》。但是遵守"社区准则"的基础就更牢固，这样牢固的基础就源于上面列出的学生和老师本身最深层次的核心精神价值观。多元化教师社区给予的滋养来自灵魂而不是头脑。这使得社区更加稳定，更具凝聚力和更有弹性，相比强调个人权利且与社会主义关切不符[3]的自由信念，它已被证明为是更为肥沃的社会创新的培育地。学校经过略微修正，采用了神学院的"社区准则"，将其作为整个学校的行为守则。

三、多信仰对话是社会凝聚力和弹性的滋生地：具体作用

基于传统精神和文化价值观的对话对学院、对学校、对荷兰社会的意义是什么？我会提到其中一些效果作为例子。

事实证明（阿姆斯特丹）神学院是一个安全的讨论平台，穆斯林、犹太人、基督教徒、佛教徒、无神论者，人道主义者和其他人士，从极端正统到非常自由的教派，每一个可以想象的神学、哲学、道德或政治话题，从美国福音派人士可以投票选出总统候选人唐纳德·特朗普（Donald Trump）到印度的领导和性创伤等（都可以成为讨论的主体或话题）。在这些讨论中，我们不会回避诸如器官捐赠、同性恋、伊斯兰教、宗教和民族主义等敏感问题。世界各种宗教的神圣典籍是被一起阅读的。行为准则是人们必须拥有空间和安全，不尊重、排他和歧

---

[1] 在善生经中，佛陀对善生（梵名Singalaka，音译尸伽罗越）的建议不仅展示年轻人应当如何父母对待，还展示了父母应当如何对待他的孩子，男人应当怎么对待他的妻子，妻子应当怎么对待他，应当如何对待朋友，朋友应当怎样对待他；应该如何对待工人，还要工人应当怎样对待他，应当如何对待老师，老师应当如何对待，最后还有应当如何对待宗教领袖，宗教领袖应当怎样对待他。

[2] 参见附录。

[3] 参见杰里米·沃尔德龙："上帝的形象：权利，理性与秩序"，纽约大学法学院：公法与法律理论研究论文系列，"工作论文"第10-85号（2010年12月），223。

视等行为都是不被允许的。从神学院毕业的每个伊玛目*、神父、牧师都学会了如何与后现代西方社会的广泛信仰和广大同胞的保持（和谐的）关系。

我们大学25,000名学生中约有四分之一属于被称为第二和第三代非西方移民群体，包括来自地中海各国的穆斯林。最近这导致了亲巴勒斯坦学生与以色列学生之间的紧张关系。前巴勒斯坦正义学生团结社的人士要求支持抵制以色列（BDS：抵制、剥夺、制裁），并结束与以色列大学的所有正式联系。作为尊重不同信仰间对话、为犹太人和穆斯林提供共同培训的神学院的院长，我代表大学执行委员会对以色列和巴勒斯坦高校行政人员以及政府当局进行了外交访问。我的总体目标包括两个方面：探讨大学管理人员是否愿意进行公开和自我批评式的对话，且允许他们的学者也这样做，并确定阿姆斯特丹与巴勒斯坦大学之间进一步的发展和合作，希望未来扩大到巴勒斯坦-荷兰-以色列三所学院等志同道合的学院之间的合作。根据我们在多样性对话方面的经验，这种以尊重和理解为基础的方法已经开始与这一目标相契合。

在荷兰，人们经常会说到伊玛目——通常是负面的（事情）——但通常并没有真正与他们交谈过。今年初，我成功地让近一百名伊玛目和清真寺领袖聚集荷兰，来到我们的学校，为他们提供了一个安全的讨论平台。在没有媒体报道的情况下，请他们彼此交流或与我们谈论他们自身在清真寺和社区的宗教领导。从来没有这么多伊玛目跨越种族和宗教信仰的界限聚集在我们国家，更不用说聚集在一个学校。他们之前从来没有见过面。他们感觉被看见、听到、认真对待且受到赞赏。教科文部部长不想错过这个在社会和政治方面独一无二的会议，他与会并与伊玛目恳切交谈。此后，该部门资助了两个后续会议，一个是在我们学校举行的一次会议，另外一个是在两个星期的时间内举办的关于伊斯兰教的国家非学术培训计划。我提到的这一点，就是例证在尊重性对话中欣赏精神价值观对全国社会的影响。由于在同化、解放和融合少数民族方面对荷兰社会的影响，我们神学院不仅收到标准的政府资助，还收到了大量额外资金，用于培养伊斯兰教、佛教、印度教、犹太教、东正教和基督教移民教会的宗教领袖和牧师。

越来越多的证据表明，政府当局和社会越来越认识到尊重传统价值观以及我们的法律基础原则所表达的世俗价值观的重要性。例如，最近，该部门问我是否愿意为一个减少我们的土耳其同胞在亲埃尔多安和亲居伦运动之间的摩擦作出贡献，这也是一个刻不容缓的政治和社会问题。非政府组织正在向欧洲宗教与社会研究所提供财政支持，这是一个由我们的教师和19个欧洲学术合作伙伴新成立的基金会，旨在向欧洲各国政府提供有关社会和宗教信仰问

---

*译者注：指宗教中的领拜人，对穆斯林祈祷主持人的尊称，又称领拜师、众人礼拜的领导者。

题的建议。它表明，同时也是我的结论——信仰，灵性和宗教信仰是相关的，虽然它们可以成为冲突和威胁的根源，但也可以成为社会凝聚力、社区建设和社会弹性的温壤。对我来说，这是一个在国际层面也令人欢欣鼓舞的发现。

四、结语

本文重点关注的观点是，发掘和重视核心宗教和思想价值能够使其成为社会凝聚、和平共处、制度和社会弹性的源泉，甚至比遵从基于《世界人权宣言》制定的宪法——无论是否被执行——更为有效。阿姆斯特丹神学与宗教研究院成功地创建了一个独特的学术微社会，共同培训了佛教、印度教、犹太教、东正教、穆斯林、新教徒和人道主义宗教专业人士。从每个世俗或宗教传统的基本价值观，自我净化、平等、普遍宽容、人是按照上帝或真主阿拉的形象创造的（挪用上帝公正、仁慈和宽容的品质）、人的尊严等为起点，全球多元社会中潜在的世界专业人士和各种宗教人士在尊重多元信仰的对话中接受了内省、遭遇、联系、提供安全和信任等内容的培训。由于在同化、解释（思想）、融合少数（民族）、增强社会弹性方面起到了突出的作用，阿姆斯特丹神学和宗教研究院的这项课题得到政府和其他非学术界的越来越多的赞赏和资助。

附录

任何一所一流的大学都擅长（容纳）多样化。"多样性"是指个人之间的差异，不仅包括血统、肤色、种族、性别、年龄、残疾、宗教信仰、政治偏好、性取向、公民身份等相关的差异，还包括国籍等其他个人特质导致的差异。

阿姆斯特丹自由大学神学院的学术（微）社会旨在超越单纯的像镜子一样静态的映像社会。我们的宗旨里核心的内容是为所有群体和平相处的社会作出有益的贡献。

教师为学生、行政人员、科研人员和其他所有背景的教师提供了一个舒适、安全的环境，在工作和学习中促进他们的成长和发展。我们绝不允许歧视、恐吓、骚扰或其他任何违反我们社区准则的行为。

教师要求我们，要求学术微社会中的每一个成员——教师、学生、行政和科研人员都要坚持这些准则。

社区准则

1.在当下的环境中，我们致力于培养个人和团体的开放心态、理解能力、同情心和包容性。

2.我们认为多样性是整个学院的创造力和创新力的重要源泉。

3.我们致力于为我们多样化的教师团体创造和培育相互尊重、合作和平等的氛围。

4.我们致力于确保开放的对话和相互了解,牢固扎根学习和研究。

5.我们同样重视共同点和差异,促进个人互动中的(相互)尊重。我们为学院多样化教师团体持有的任何观点和信仰提供自由的空间。

6.我们致力于建立一个公平、相互尊重的学习社区。

7.如果我们发现任何个人或团体基于血统、肤色、种族、性别、年龄、残疾、宗教信仰、政治偏好、性取向、公民身份或国籍等个人特质的原因而进行不尊重、排外或损害他人的互动,我们将采取行动。

8.我们力求调解和化解由社区中由偏见产生的冲突。

这些是在我们在阿姆斯特丹自由大学神学和宗教研究院工作、学习或参加活动时必须坚持的原则。

探究人权的文化维度

Exploring the Cultural Dimensions of Human Rights

Peter J. Peverelli (李彼德)*

巩潇泫 译

摘要：在我们熟悉的关于人权的官方文件题目中，往往包含了"普遍性"(universal)这个词，反映了它们适用于全球每个角落，并未考虑不同地区在文化与社会实践中的分歧。然而，目前关于地区文化研究的学术模型都将基本价值观作为人类行为的驱动力。不同国家的基本价值观可以表现为多种形式，在相似的环境中也能引起不同的行为。这样的区别是非常重要的，因为它们必然会导致关于权利与义务的不同理解。这篇探究性文章将重新审视川普涅尔提出的国家文化的七维模型，关注不同国家在看待人权问题上的分歧可能带来的后果。

一、引言

常常可以发现，每个人都自诩为文化问题的专家，那些从事与不同国家的人进行商业互动工作的人尤其如此。他们关于"文化差异"的故事，是对严重冲突持有不同且有趣观点的来源。许多国际商务专家非常热衷于解释像厄瓜多尔人、乌干达人、老挝人，或者那些他们在职业生涯中经常交往的人们所拥有的文化特色，并声称他们积累的跨文化经验，帮助他们避免这样的冲突，建立起强有力的跨文化关系。

然而，我常发现同样是这群人，在这些国家处理（人类）权利相关的社会实践上，其观点则会变得极为严厉。他们认为一个国家如果没有通过定期的普遍选举而产生的议会，就是"不民主的"。当人们因表达某些观点而受到惩罚，他们也会将其视为对"言论自由"的危害。在他们看来，这些做法应当发生改变，应该与"被普遍接受的国际惯例"保持更多一致。

---

* Mr. Peter J. Peverelli is Academic Director China, China Research Centre, Vrije Universiteit Amsterdam.

受到在商业活动和社会实践中接触文化差异时存在明显分歧的启发，我希望在本文中使用一个在商业实践中被广为人知的文化差异模型，看看这一模型是否，以及如何，能够帮我们理解在社会其他方面，尤其是（人类）权利中的文化差异。

川普涅尔的七维模型

上世纪90年代早期，冯斯·川普涅尔（Fons Trompenaars）提出了商业文化的七维模型，以此作为对吉尔特·霍夫斯塔德（Geert Hofstede）在此前十年提出的模型的发展。他已经被认为是国际商业各方面研究中的一个重要分支，而在他的《文化踏浪》（Riding the Waves of Culture）[1]一书中介绍的基本模型，则是他整个思想体系的灵感源泉。在这一部分，我将对这一模型如何用于解释商业行为中的差异进行简要介绍。然后在接下来的部分中，我将尝试将该模型用于解释人权问题。

川普涅尔通过七个维度对文化进行了测量。每个维度以其两个极端来命名，但这并不意味着要进行错误的二分法。在对某国业务主管所做的问卷调查基础之上，可以发现每种文化在一个维度中都占有一席之地。文化的位置显示了人们的文化起点及他们的基础地位。然而，他们（往往是下意识地）意识到其他人可能开始于标尺中的不同位置。尽管川普涅尔的维度通常以直线的形式展示出来，但实际上它们更应被理解为圆形。来自特殊文化的人们从某一点开始，但是能够认知到其他点。这些跨文化技能可以通过经验和培训来加以提升，从而帮助来自不同文化背景的人们调解他们之间的分歧。

因此，在这七个维度中，每种文化都有自己的特点。来自某一特定文化的人要与另一种文化的代表进行互动，可以参考自己文化与其他文化中最明显的分歧。那些相对不同的维度被认为更容易产生冲突，因此也需要进行调解。

普遍主义—特殊主义

普遍主义是指过程、规则或标准可以应用在任何情况下的一种观念，而特殊主义则更重视环境，特别是与对话者的关系，以及应用于这一关系中的程序、规则或标准。因此，普遍主义是以规则为基础的，而特殊主义则是以关系为基础的。在普遍主义者的观念中，一个可靠的人是坚持协议的；而在特殊主义中，一个可靠的人则是根据情境进行调整的。

个人主义—社群主义

许多熟悉跨文化文学的人会将"集体主义"（collectivism）理解为与个人主义相对的另一端，但是川普涅尔和汉普登-特纳（Hampden-Turner）选择了"社群主义"（communitarianism）这个词，因为他们的关注点在于人们是如何感受到自己作为组织一部分

---

[1] Trompenaars, F. & Hampden-Turner, Ch. (1997). *Riding the Waves of Culture: Understanding Cultural Diversity in Business*, 2nd ed, London: Nicholas Brealey Publishing.

的。在个人主义文化中,一个组织只有在所有个人都能够开发他们充分的潜能时,才会获得良好的运行;而在社群主义文化中,个人只有作为组织的一部分才能发挥作用。

具体型—扩散型

具体型文化是指拥有较大的公共空间愿意与其他人分享,但他们也会留有一个较小的私人空间仅为亲密朋友开放。扩散型文化则是指私人空间与公共空间有相似的范围大小,人们也会保护好各自的空间。举例来说,具体型文化会严格区分工作与家庭空间("把工作留在办公室"),但是在扩散性文化中,二者则是互相纠缠的。在具体型文化中,沟通是明确、清晰且具有针对性的,而在扩散型文化中则倾向于对每个议题都持开放交流的方式。

成就型—因袭型 (ascribed status)

成就型文化是建立在一个人的表现基础上的,而因袭型文化则更多地基于这个人的背景、关系以及他们做了什么。一个企业的首席执行官在成就型文化中,必须要每天证明他是值得自己所处的职位的,然而在因袭型文化中,他的权威是与他首席执行官这个头衔相联系的。作为首席执行官,你就会获得如此的对待。在因袭型文化中,高级管理人员往往是相对年长者。

内因控制—外因控制

内因控制文化中的人们相信人能够决定自己的命运。成功是基于你自己的努力。外因控制文化中的人们则认为人的命运是由外部因素决定的。成功在一定程度上是通过运气,有时是在他人的帮助下才实现的。

顺次型—同时型

顺次型文化中的人认为过程是由各自单独的顺序步骤组成的。同时型文化则认为过程是由同时发生的子过程组成的。因此,顺次型文化中的人会一步步地处理问题,而同时型文化中的人则似乎在同一时间处理一切问题。前者会努力尊重约定的准时性,而后者则认为大概相近就可以。

情感型—中性型

在中性型文化中,情感不得不隐含于社会互动中,而在情感型文化中,情感则可以随意展示出来。中性型文化还会常常避免身体接触。

二、(人类)权利的维度

在这一部分中,我将尝试去评估文化差异在对权利和义务的认知与实践中造成的后果,尤其（但不限于）人权。当然在我研究的初始阶段，我将会把比较研究限定在我最熟悉的荷兰文化与中国文化中。

普遍主义—特殊主义

这是本文中最重要的一个维度。我比较的两种文化存在很大差异。即便是在官方名称上：《世界人权宣言》(UDHR)，表明了人权在当前的主流解释中已经被赋予了普遍主义的设定。除了荷兰，在英语国家他们也用本国语言编撰人权法典，同样跻身于普遍主义文化之列。

《世界人权宣言》的标题表明它是适用于任何情况下所有人的。这也是人权领域中西方学者和实践者持有的最普遍的一种观点。在西方学者对人权的研究中，学者杰克·唐纳利(Jack Donelly)提出了一条令人印象深刻的思路，他试图将讨论远离关于普遍主义——特殊主义之间的辩论。他认为人权这一概念起源于欧洲，是文艺复兴和商人资本家阶层发展的产物，与其说需要人权，不如说是需要适用于所有人的法律体系。[1]他认为这种观点已经由人权被越来越多的政府所肯定而得以证实，尽管有时只是形式上的。

不幸的是，来自（军事、情报）多方面的美国政府雇员对囚犯进行了系统的折磨，并视其为"反恐战争"的一部分，这似乎否认了唐纳利的观点。然而，它确实证实了川普涅尔提出的文化维度循环的观点。当"形势迫使我们这么做"时，即便是极端的普遍主义美国人也可以表现得很特别。

与其他国家一样，中国也有一个复杂的法律体系。然而，这些法律的应用往往取决于环境。这可能涉及人员或环境因素，如当前的政治运动。后者是与儒家道德思想相一致的，"法律不能根除问题；人们的行为只能被一系列自律的道德机制有效影响"[2]。

一个很好的例子是在确定犯罪惩罚时罪犯本人的角色定位。一位新疆维吾尔族农民在私下场合建议他的家乡应该有一个更加独立的地位，与一个国家级大学的维吾尔族教授在他课上表达同样的主张，二者会获得不同的对待。在儒家观念中，教师被认为是未来领袖的教育者。这一观念建构起一种强大的社会责任，且这一责任优先于教授的个人信仰。他可以在私人场合更自由地谈论个人想法，但是在公开演讲中，他不得不优先考虑公共利益。未能这样做，便被认为是一种严重的罪行。

特殊主义文化对人权更有益处的一个有趣案例体现在医学领域。《世界人权宣言》第25条规定"人人有权享受为维持他本人和家属的健康和福利所需的生活水准，包括食物、衣着、住房、医疗……"有一位匈牙利人写过一篇关于中国体检的报道：

---

[1] Donelly, J. (2007), "The Relative Universality of Human Rights", *Human Rights Quarterly*, 29 (2): 281-306.
[2] Faure, G. O. & Fang, T., "Changing Chinese values: Keeping up with paradoxes", *International Business Review*, 194-207.

与治疗症状相比，医生将更多的注意力放在寻找病因上。早晨我去医院，下午时我就可以明确地知道我有怎样的问题，应该如何处理它。我曾花了大约3小时做过一次全身检查。喉咙专家看我的喉咙，告诉我有时会感到疼痛是因为我喝了太多的冷饮。是这样的。在腹部超声科，他们发现因为吃了太多的乳制品，我的肝脏中有一些脂肪。这也是真的。后来因为一些原因我在匈牙利也做了同样的事情，但医生告诉我根本没有问题。什么问题都没有。不一样？匈牙利医生寻找的是真正存在的问题，而中国医生关注的是身体中可能引发后续健康问题的小变化。这是非常不同的心态。[1]

在普遍主义文化中，医疗专家可能是错误的，但上面可以归纳为：普遍主义的医生倾向于关注症状，而在特殊主义文化中则从病人本身出发。后者也是与传统中医的观点相一致的。

个人主义—社群主义

这是本文话题中另一个重要的维度。《世界人权宣言》开篇就已经毫无疑义地说明这是一份个人主义文化的成果。有趣的是，虽然声明包含几处关于个人的叙述，但是并没有包含关于身份的概念。这是一个严重的遗漏，严重的不考虑更多的社群主义文化在（人类）权利的应用。

在个人主义文化中，孩子们从很小的时候就被敦促着去"发现他们是谁"，去发展自己的个性，这使他们能够与其他人进行区别。通过生活的各个阶段，他们会被敦促着去捍卫自己的身份，甚至在某种程度上这样做可能会伤害到其他人。在更加社群主义的文化中，人们会在与其他人进行的社会互动中对自己的身份进行定位。这意味着个人身份会随着他与其他人的互动产生变化。组织身份有助于组织成员个人的身份确立。在中国，个人愿意投入相当大的个人努力，包括牺牲个人需要，来实现更大的集体利益。[2]

Sinkwan Cheng写过一篇关于中国外交家张彭春（C.P.Chang）在《世界人权宣言》中介绍儒家价值观的重要文章。[3]她的论点集中于儒家中"仁"（ren）的概念，同音异义的"人"通常被翻译为"humanity"。个人的"仁"只能在与他人的关系中建立起来。这也能够从"仁"这个字的构造特点体现出来，它是由"人"和"二"两部分组合起来的。在已成为中国文化核心价值的儒家观念中，个人不是脱离社会关系的人。西方过度强调个人权利直接违反了中国文化的基本原则。张彭春尝试过将至少部分原则纳入《世界人权宣言》，但是无果。

---

[1] Quora, "Why is it that people are saying China is a good place to live in? Millions of people have been migrating from China to other countries", 2016, https://www.quora.com/Why-is-it-that-people-are-saying-China-isa-good-place-to-live-in-Millions-of-people-have-been-migrating-from-China-to-other-countries, accessed: 10/11/2016.

[2] Browaeys, M.-J. & Price, R., *Understanding cross-cultural management*, 2nd ed, Edinburgh: Pearson Educated Limited, 2011.

[3] Cheng, S. (2015), Translation, "Power Hierarchy, and the Globalization of the Concept 'Human Rights': Potential Contributions from Confucianism Missed by the UDHR", *The Age of Human Rights Journal*, 4 (June 2015) pp. 1-33.

福克斯·布林德利（Fox Brindley）进行了一项颇具启示作用的研究，内容是关于早期中国思想中的个人主义。[1]她指出修身的权利是中国哲学形成时期大多数思想流派中的一部分。个人是能够"决策和自我反思的行为体，能够在固定的、超越个人之外的普遍真理中找到自由"。[2]

……这些个人有权作为复杂网络中的部分成员来实现自己，这些网络包括了传统权威（国家、文化、社会、家庭）、宇宙力量（道法自然）及责任（孝道、在其位谋其政、对朋友诚信等等）。比如，可以想象，在中国一种人权是基于个人道德责任的概念，以追求达到与一个更大的共同体和自然环境和谐的精神修养。在这种情况下，重点不是个人诸如"言论自由"（指的是自由地说你所想，不管可能得到怎样的回应）的要求，而是对"自由判断"、"自由思想"、"自由意志"，甚至是作为一个个体输入与既存道德、精神教诲和指导之间持续互动的"言论自由"。[3]

这个定义再次确认了川普涅尔文化维度循环的观点，即每个维度的两端都是所有文化的一部分，文化差异在于他们的出发点不同。在她关于人权的附录中，福克斯·布林德利引用了安格尔（Angle）的观点，后者曾对中国近期的人权历史进行过研究，并指出"19世纪中国话语中的一点在于强调个人的'权'（权力，权利）：这些作品的中心内容表示每个人都有自制的权"。[4]

在这部分，我想得出一个初步结论，社群主义文化中的个人有义务去履行一系列社会角色责任。若非如此，将会把他们置于局外的位置。然而，这并不意味着个人无法在决定自己如何履行社会角色时，拥有一个明确的自由度。

具体型—分散型

西北欧的文化及其相关的（英语国家）文化是非常特别的。这一文化中的人们在参加社交活动时倾向于各自保持多样的社会身份属性。一个强有力的例子是工作与家庭。多数管理者更喜欢他们的下属在工作中投入100%的精力，并且把家庭事务留在家里解决。当他们在家庭聚餐谈及工作时，是不应该影响到家庭生活的。这在分散性文化中是非常不一样的，家庭与办公室是高度交织在一起的。比如，在中国并不少见愤怒的配偶在家庭争吵中涉及另一半的同事。

在公共和私人空间之间有一个巨大的区别。那些在特殊性文化中外向并保有极大公共

---

[1] Fox Brindley, E., *Individualism in Early China: Human Agency and the Self in Thought and Politics*. Honolulu: University of Hawaii' Press.

[2] op.cit., 28.

[3] op.cit., 188.

[4] Angle, S., *Human Rights in Chinese Thought: A Cross-Cultural Inquiry*, Cambridge: Cambridge University Press, 2002, 130.

领域的人，他们的私人空间将其大部分朋友也排除在外。分散型文化中的人们将一个更大的空间作为私人领域，但是一旦认定你是朋友，他们就会与你分享整个私人空间。这与如隐私等（人类）权利被对待的方式是相关的。与那些自认为是你朋友的人交流隐私可以被视为是奇怪的，甚至是冒犯。中国人会慷慨地与朋友分享一些诸如工资、贷款或人生观这样的私人信息。然后有趣的问题是：政府是你的朋友吗？或你的老板、你的居委会党委书记呢？所有这些人都被认为是你各种社会关系中值得信任的成员，那么他们不应该被排除在私人问题之外吗？在这份研究性的论文中我不打算回答这些问题，列出这些问题应该足够有挑战性了。

成就型—因袭型

成就型文化，就像那些主导了《世界人权宣言》制定的文化，强调身处有影响力职位的人，需要通过表现不断地证明自己配得上那个位置。你可能是30名下属的经理，但是如果下属们不认为你是一个合适的经理，你将很难执行你的工作。在因袭型文化中，经理会因为自己的职位获得相应的对待。这并不意味着经理不好的行为能够被容忍，但是下属并不会直接挑战他们的立场。

这同样适用于各个层次上的公共领导人，在等级制中越是身处高位，在对其表现进行批评时越是需要慎重。批评是允许的，但通常需要详细的程序进行管理。在中国文化中，因袭型文化是先赋地位且漫长深入的，批评不得不去精心挑选言语和措辞。对身处特定的成就型文化中的西方观察家来说，在中国好像没有人敢去挑战领导者，但中国领导人会分辨语言信号中文化上正确但严肃的批评，以此作出反应。最近围绕两个年轻的"反叛"政客入选香港立法会产生的问题，就是曲解成就型文化的一个很好的例子。虽然多数西方媒体赞扬他们站起来反对政府，但他们所做的仍然仅是一个尝试打破公认习俗的外围行动；这是徒劳的，因为文化作为一种力量是不会被轻易一扫而空。只要他们能够按照要求参加宣誓仪式，他们本会在立法会允许的情境下，在边缘位置上产生影响。现在，由于对自身文化的曲解，他们被立法会挡在外面。

"言论自由"已在《世界人权宣言》的序言中被提及。这从来都不是绝对自由，因为它总是会受到恰当行为规范的限制，但是西方批评人士经常提出像中国等国家缺乏言论自由的观点，这是由于他们缺少对这些国家文化中批评方式的洞察力。

内因控制—外因控制

《世界人权宣言》中的文化被认为是一种强有力的内因控制文化。这能够通过多处对于自决权利的确认反映出来。外因控制文化中的人们，会认为他们生活经验中的大多数是由外部因素决定的，并不会因排斥这些因素感到快乐。中国人一直期待的一个外部因素是一个"好皇帝"。在各行各业依然可以经常听到类似的表达。只要有一个好的皇帝（主席、领导、经理等）领导你，你的生活就会是稳定的，你的未来就会是光明的。在政治上，这样一个好皇帝是代议制政府的中国替代物。

让你不同层面上的领导成为好皇帝的一个方法在于取悦他们，通过赞扬的方式，赠送礼物和好处，以及通过你的个人能力帮助他们解决私人问题等。企业和其他组织需要进行游说来获得土地租赁、建筑许可，或者营业执照。[1]这使得外因控制文化易于腐败，也需要在这些地区的管理实践中建立反腐败机制。然而，来自内因控制文化中的观察家也需要格外留心将一切取悦更高权力视为"腐败"的批评。[2]

中华人民共和国成立后已经建立了一个代表制体系。然而，这个不应该被判断为西方式的制衡。相反，它更像是一个机构，来判断当前的皇帝和低层次管理者拥有多大程度上的资格。党拥有监督政府（以及其他所有社会部分）运作的任务。这一功能因日益腐败而受到明显损害，但被现任政府有力推行，甚至偶尔会给予严重处罚。在广泛领域中开展的反腐斗争获得了积极反应，证明了外因控制仍然是中国一个强劲的文化动力。

同样在这个维度中，在美国，我们可以观察到一个有趣的、朝向另一端的变动。在唐纳德·特朗普当选总统后，甚至是在竞选期间，美国政界人士和媒体经常谴责维基解密，甚至俄罗斯政府通过泄露希拉里·克林顿使用未经保护的私人服务器传送的官方邮件，来对其进行积极干预。一位来自CNN的记者做过一个有趣的分析，关于特朗普胜选的各种原因在媒体中被提到了24次，其中大部分是外部因素。[3]显然，许多克林顿的坚定信徒发现这一失败是难以消化的，因此他们放弃了自己强大的内部控制价值观。

顺次型—同时型、情感型—中立型

这两个维度在跨文化人权议题中发挥了较少影响。

三、结论

在这样一篇探究性文章中，"结论"或许并不是一个最恰当的用词。在这一部分中，我将提出一系列建议来调试《世界人权宣言》（的应用），以助于它更好地适应不同文化实践。

我并不打算将现有的一系列权利改变为其他的内容，但是希望在多种静态定义权利的应用中纳入文化过程。这一过程首先应该确定一个地区的文化价值观及由此而来的社会实践。

---

[1] Kennedy, S., *The Business of Lobbying in China*. Cambridge, Ma.: Harvard University Press, 2005.
[2] Sun, Y., *Corruption and Market in Contemporary China*, Ithaca & London: Cornell University Press, 2004.
[3] CNN, "How did Trump win? Here are 24 theories", 2016, http://edition.cnn.com/2016/11/10/politics/why-donald-trump-won/index.html, accessed: November 11, 2016.

然后，我们可以确定各种基本权利应该如何在实现最优的同时，保持当地价值观和实践完好无损。

建议1a

《世界人权宣言》根植于普遍型文化中。虽然人权在本质上被认为是适用于所有情况中的所有人，在特殊主义文化中，其实施依然会受到具体案例中涉及的时间、地点和人的影响。

建议1b

集体主义文化能够从具体型文化的相似实践中，提升医疗服务及其他社会服务。

建议2

《世界人权宣言》根植于个人主义文化中。在社群主义文化中，与个人自由和认同相联系的人权，是在叠加的概念框架中，由一系列规定的社会角色来定义的。

建议3

《世界人权宣言》根植于具体型文化中。在扩散型文化中，私人、私人财产和人权无法被定义，也因此无法获得在具体型文化中同样的保护。

建议4

《世界人权宣言》根植于成就型文化中。在因袭型文化中，等级制中居高位者与位居低位者相比，将因这一职位获得更多的权利。那些身处低位者依然可以通过普遍认可的程序来施加影响。

建议5

《世界人权宣言》根植于内因控制文化。在外因控制文化中，人们倾向于通过建立和维持足够水平的积极的外部力量的方式，来保护他们的权利。

建议6

《世界人权宣言》应当扩充条款内容，纳入这样的规定，即"所有人都拥有按照自己文化来对《世界人权宣言》中各种权利进行界定的权利，以保证其实施与各自的文化观念相一致"。

人权理念的传统文化线索与渊源

Comparative Cultural Clues and sources in Human Rights Ideas

杨 光[*]

摘要：从经济和政治文化的线索出发，我们不难看到人权理念具有历史性、具体性等等特征。而通过不同文化的剖析，不难找到人权理念某些典型特征的渊源。中国人的人权理念植根于中华民族广袤的土壤，并深深刻上中华文化的和谐、共享、中庸等精神印记，它不仅源于中华传统文化，并从中汲取精华和营养，同时又不断地丰富着中华传统文化这个博大精深的宝库。

关键词：人权理念 传统文化 和谐 共享

一、文化的内涵与特征

文化的发展是一个不断由低级向高级进化的进程，同时又是一个不断更迭且又不可分割的连续的发展进程。文化的发展是不能割断的，继承和创新将是永恒的。一个社会、一个民族的文化积淀是这个民族连绵发展过程中最可宝贵的精神财富，也是这个民族能够自立于世界民族之林的"基因身份证"、特色依据。

文化是人类自身创造并受其制约的社会生态环境；文化是社会人文现象的总称；文化是一种文明。它决定着价值体系、基本道德、思维模式、行为方式、习惯和风俗。所谓的"人类自身创造"是将文化界定于人类行为范畴；所谓的"社会生态环境"是相对于"自然生态环境"而言；所谓的"受其制约"指的是文化的作用不以人的意志为转移，文化的影响与制约是客观的；所谓的人文现象区别于自然现象。

文化是相对独立的社会形态。首先，文化依托于一定的经济和政治，同时又反作用于一定的经济、政治，它们之间的关联是交互的。既然是交互的，那么文化必然要作为一个相对独立的社会要素而存在，并具有一定功能和作用。经济和政治的主导作用指的是整个社会运动中

---

[*] 作者简介：杨光，东北财经大学原党委书记、教授，东北财经大学人权研究与教育中心原主任。

矛盾的主次方面以及功能和作用的强度。而诸要素间的相互渗透、相互制约，相互依存不是绝对的，更不是互相同化和替代。其次，文化的发展与经济、政治的发展可以是不同步的。其三，文化有其自身的发展规律，文化具有民族性、地域性特征，不论其成分和时代如何，中国农民与地主一般都具有崇尚古风、讲求传统、畏惧神灵、因循固守、崇拜权威的特征。由此可见，从经济和政治文化的线索出发，我们不难看到人权理念具有历史性、具体性等等特征。而通过不同文化的剖析，不难找到人权理念某些典型特征的渊源。中国人的人权理念植根于中华民族广袤的土壤，并深深刻上中华文化的精神印记，它来源于中华传统文化，并从中汲取精华和营养，同时又不断地丰富着中华传统文化这个博大精深的宝库。

二、中华文化的精髓——和谐与共享

（一）中华传统文化注重人本

以人为本的观念自古有之，民本思想源远流长。我国古代最早提出"以人为本"概念的是两千多年前春秋时期齐国宰相管仲，他在其名著《管子》的"霸言"篇中曾经说过："夫霸王之所始也，以人为本。本理则国固，本乱则国危。"马克思主义唯物史观认为，人是历史的主体，人民群众是社会历史的创造者，是社会物质财富和精神财富的创造者，是推动社会进步的决定性力量，同时也是实现发展的根本力量。坚持科学发展、创新发展、和谐发展，都必须依靠并通过人来实现。离开了人，发展就成了无源之水、无本之木。

（二）中国传统文化倡导和谐

"和"讲的是人理、人伦，和睦、和平、中和。"合"讲的是合作、联合、结合、组合、融洽、强调求同存异，主张各种意识的共处，和睦相处、和气生财、合作协作；"谐"讲的是谐和、讲的是规矩、章法、有序，讲的是科学、规范、规律、制度。是协调、协同、均衡、集成，着力实现一致。"和谐"是一种价值取向，是一种状态和模式，是一种目标、条件、环境，是一种哲学，是一种战略，标示着全局性、整体性。"和谐"包括个体的自我和谐，个体与组织的和谐，组织与组织的和谐，个体、组织与社会的和谐。和谐是对各种利益的兼顾与整合。

和谐文化主张"和而不同"。其一，承认"不同"，肯定、尊重、保障社会元素的多样性、差异性、独立性。和谐包含了"自由""平等"所应有的内容；其二，"不同"没有成为根本性的冲突与斗争，而是"求同存异""和谐共处"，强调各个社会成员各尽其能、各得其所，在更高层面上达到一种融洽、协调、有序的状态。

"和谐"是对自由与平等的超越，既包含了自由与平等的精神，又避免了抽象自由与平等而可能导致的社会失序。社会应该是一个利益均衡的社会，既不要过分两极分化，又不要平均主义。差距过大,造成两极分化不仅不公平,还会带来社会的冲突和动荡;平均主义同样不是和谐,平均主义会遏制动力和活力,也是事实上的不公平。和谐就是要调节利益关系,使其达到适度均衡,这里提及的"不同"不是抽象的、没有限度的,"不同"明确要求社会成员必须服从基本的原则和社会规定。"法制"是和谐的基本保证。若没有礼、序、法,就没有真正意义上的和谐。游戏、博弈同样如此,只有当规则确定好了才能够正常有序进行,这是和谐最基本的要求和保证。和谐组织与和谐社会应该是有序的、有规则的、安定的社会。宛如一块手表,该动的动,该静的静,动静结合,才能实现系统的有序运行,实现不同元素的共同性组合。在道德层面,还要有共同的道德与价值的遵循。诚信是市场经济的基本要求,从而成为市场化的标志。诚信是和谐组织与和谐社会的重要条件。

(三) 中国传统文化倡导"包容"与"共享"

利益差异与利益冲突无所不在。对矛盾和冲突应该持有什么样的态度。如何换个角度认识和思考矛盾与冲突,意义很大。人民群众是财富的创造者,又是其成果的享有者,是社会主体,成果共享是社会逻辑必然。"共享"在当代中国有着鲜明的针对性,也有着广泛的群众基础。

"共享"是包含"让更多的人享受全球化成果、让弱势群体得到保护、在经济增长过程中保持平衡"等深意的新概念,满足人民群众日益增长的物质文化需要。共享是发展目的、是发展动力、是发展途径和条件。"包容性增长"最早出自于亚行经济学家不久前提出的理论观点,它是指一国在经济发展和社会发展的过程中,针对可能或者已经存在的发展失衡、分配结构不合理、分配不公、社会差距因发展而持续扩大、弱势群体利益不能得到很好保护等有违可持续发展宗旨的各种情形,通过政策和法律介入、宏观调控、管理监督、司法救济等多种手段,矫正失衡,使经济增长、社会进步和人民生活改善并重,并使发展普惠社会各群体。

(四) 中国传统文化推崇"中庸" 中庸之道博大精深,强调以多元化的观点来看待问题

切莫走入极端和绝对。太极阴阳之说,阴中有阳、阳中有阴,阴和阳总是处于动态平衡之中。"坏事可以变成好事",这表明决定事物的原因是复杂的,以及对其判断和评价的标准是多元的,人们的思维要常常变焦,更换视角,认识就会更加辩证、更加准确。

世间凡事都在变,任何事情都没有永恒,因此不论思考问题、制定决策,都要留有余地、留有空间,这就是辩证法的内在规定。

三、人权精神与原则的不同文化线索与不同含义的解读

人权研究是庄严、神圣而伟大的事业。"人人生而自由,在尊严和权利上一律平等"已成为

人们共同接受并遵循的准绳。关于"人人"的概念，由于不同的文化，出现了不同的"解读"。

古代人最早萌生的"主体意识"与"平等观念"构成了"人权"的基本元素和渊源，由此引发了"利益"与"公平正义"的欲求，并成为"人权"研究一般的且重要而关键的线索。

部分西方人本主义思想：过度主张狭义的、个体的"主体意识和利益"；它是建立在个体主义的哲学基础上的，出发点是孤立的个人，个体性特征的价值观贯穿始终。文艺复兴进步的意义就在于，它主张人权、反对神权，主张平等、反对占有和剥夺性质的制度和法权。然而随着资本文明的发展，随着以私有制度为核心的文化不断强化，"自由、平等、博爱"越来越被绝对化、抽象化，甚至将自我和个性神圣化；

在这种文化线索中形成的人权理念，其核心一定是崇尚"个人主义"和"利己主义"，并由此延伸至思想、价值观、道德基础等方面；它忽略甚至否定群体和集体主义对于特定"个体"的约定，坚持以"自我"为中心。

马克思认为"人是一切社会关系的总和"。这种观点更多地把个体作为一个整体中的有机组成，在这样的价值思维下实现个体的发展，具有鲜明的集体主义特征。

中国传统文化主张和谐、包容与共享，认同天人合一，追求天下大同。这种文化所看待的"人人"则是所有人，是每个人，是大家。中华文化强调"民本"强调"民众的主体地位"，而《世界人权宣言》已将"自由、权利属于全人类"作了国际性的阐释与认定。

第一，我们主张的"人本"不是抽象的，而是在特定经济、社会和文化条件下的人本。不是泛"人本"的自由，"人人对社会负有义务，因为只有在社会中他的个性才可能得到自由和充分的发展"。第二，我们主张的"人本"不是极端的个人主义，更不是萨特存在主义的极端个性解放、极端的利己主义、极端的无政府主义，而是集体主义意义中的人本；我们主张的"人本"应该是民本，是民生与民主。

"人人在行使他的权利和自由时，只受法律所确定的限制，确定此种限制的唯一目的在于保证对旁人的权利和自由给予应有的承认和尊重，并在一个民主的社会中适应道德、公共秩序和普遍福利的正当需要。"由此可见，公权利益、人人平等、尊重他人、和谐与共享精神和原则，不仅是人权精神的基因，构成了鲜明的人权理念，同时也是人类文明的诠释。

第三，我们主张的集体主义，是充分尊重和保障个体合法自由和权益的集体主义。我们确保的利益应该是个人利益、集体利益、国家民族利益的统一。

第四，中国国家宪法中"国家尊重保护人权"的规定，充分反映了中国目前人权事业的目标与宗旨，反映了执政党的宗旨、国家意志、人民的利益和愿望，也符合现代化人类文明国家治理体系应有的趋势和要求。

第五,由于这种关于"人人"解读的特殊人权理念,"生存权"和"发展权"势必属于人权的重要范畴。

发展是一种权利,即是关乎每一个人的人权,又是关乎国家与民族的集体人权。因此,在经济社会发展中,在调整并重置新的世界格局中,要着力强调发展权,必须把人的权利和尊严,以及各个国家及其民众的根本利益置于发展的核心,应切实保障和实现民众的权益,维护社会公平正义。国际社会也必须在发展、和平、安全与人权三个方面采取全球行动。和平与发展是极其重要的主题,维护世界和平,保障人权的可持续发展,是我们的庄严使命和责任。"发展权"也为不同国家与地区的合作共赢、共同发展提供了坚实的基础。这是共享的国际化展开。

四、中国提出"一带一路"倡议,是和谐与"共享"文化的体现;"一带一路"倡议是惠及更多沿线国家的重大利好,意义深刻而重大。

首先,力图探寻经济增长新路。金融危机后,中国将自身产能、技术、资金、经验与模式优势转化为市场与合作优势,着力推动沿线国家间实现合作与对话,建立更加平等均衡的新型全球发展伙伴关系,夯实世界经济长期稳定发展的基础。

其次,实现世界格局再平衡。传统意义上的发展一般由海而起,沿海国家先发展起来,陆上、内地国家则较落后,形成巨大的贫富与发展差距。由此形成国际秩序的"发达国家中心论",导致农村从属于城市,陆地从属于海洋。"一带一路"正在推动全球再平衡,鼓励向西开放,带动西部开发以及中亚、蒙古等内陆国家和地区的开发开放,推进全球包容性发展。"一带一路"是中国主动转移优质产能和产业,使沿途、沿岸国家获益,力图改变中亚发展"洼地"格局,超越贫富差距、地区发展不平衡,推动建立持久和平、普遍安全、共同繁荣的"和谐"世界。

再次,有助于开创地区新型合作。"一带一路"强调共商、共建、共享原则,分享优质产能,共商项目投资、共建基础设施、共享合作成果。实现道路联通、贸易畅通、货币流通、政策沟通、人心相通。

最后,有利于对外援助以及"走出去"战略。"经济带"概念就是对地区经济合作模式的创新,其中经济走廊——中俄蒙经济走廊、新亚欧大陆桥、中国—中亚经济走廊、孟中印缅经济走廊、中国—中南半岛经济走廊等,以经济增长极辐射周边,超越了传统发展经济学理论。"丝绸之路经济带"概念,不同于"经济区"与"经济联盟",具有灵活性高、适用性广以及可操作性强的特点,各国平等自愿参与、协同推进,重塑丝绸之路兼容并包的精神。

第二篇
中国传统文化中的人权源头

The Source of Human Rights in Chinese Traditional Culture

传统文化与当代中国人权观念

Traditional Culture and Human Rights Concept in Modern China

李云龙[*]

摘要：中国和西方对中国人权状况的评价存在巨大反差。中国人自我评价良好，西方人眼中满是问题。这反映了双方在人权观念上的重大差别。中国人权观念更加重视人权的实质内容，倾向于从整体角度理解人权，强调权利与义务的平衡，这些观念深受中国传统文化的影响。

关键词：传统文化　中国人权观念　权利　义务

一、对中国人权状况的不同评价

对中国的人权状况，中国和西方的评价有很大差异。中国政府认为，中国人权事业发展迅速，人权状况良好；中国政府"为维护和不断改善人权状况不遗余力""在维护和促进人权上已取得了巨大的成就"。[1]"中国政治稳定、经济发展、社会进步、民族团结、人民安居乐业、生活水平不断提高，人权状况呈现全面改善的良好态势。"[2]2014年，中国政府宣布：中国人民的生存权和发展权得到更好保障，社会保障体系初步建成，民主法制建设进一步加强，国家政治生活民主化水平进一步提高，公众言论自由权利得到保障，公民人身自由与生命健康权利更有保障，"中国的人权事业正在向更好更高的目标迈进"。[3]中国公众普遍承认，改革开放以来中国人权状况有了巨大改善，中国人享有的人权水平得到全方位提高。无论在经济、社会、文化权利方面还是在公民权利和政治权利方面，中国民众都享受到了远远超过从前的广泛人权。

---

[*] 作者简介：李云龙，中央党校国际战略研究院教授。
[1] 国务院新闻办公室：《中国的人权状况》，中央文献出版社，1991年，第1页。
[2] 国务院新闻办公室：《中国人权事业的进展》，中国人权研究会编：《中国的人权》，五洲传播出版社，1997年，第79页。
[3] 国务院新闻办公室：《2013年中国人权事业的进展》，人民出版社，2014年，第1页。

西方国家对中国人权的评价远非如此乐观。美国政府2011年发表的《国别人权报告》认为："中国的人权记录在某些关键领域的情况仍不容乐观。中国政府加强了对民间团体，特别是对那些投身维权事业和公益事业的组织和个人的控制，加强了对言论自由的限制，并越来越多地干涉和控制媒体、互联网和互联网访问。""公民和团体，特别是那些政府认为具有政治敏感性的个人和团体，在集会、宗教和出行自由等方面仍受到了严格的限制。""中国公民没有权利更换政府。"[1]美国政府2012年发表的《国别人权报告》认为："中国在某些关键领域的人权状况持续恶化。"[2]在对中国人权的总体评价上，西方国家同美国的看法大体类似。例如，英国政府发表的《人权与民主：2012年外交部报告》认为，中国政府继续对表达自由施加限制；中国缺乏法治和司法正义；中国的宗教自由受到限制。[3]

中国与西方国家在中国人权问题上的分歧最明显地表现在中国减贫问题上。减贫是国际社会致力解决的重大人权问题，也是联合国千年发展目标的核心内容。中国认为，减缓和消除贫困是人权保障的重要内容。30多年来，中国有7亿多贫困人口摆脱贫困，是世界上减贫人口最多的国家，也是世界上率先完成联合国千年发展目标的国家。中国的减贫行动是中国人权事业进步的最显著标志。[4]按照这个逻辑，中国农村扶贫行动不应当被责难，而应当得到充分肯定。但是，从西方的观点看，这项让中国倍感自豪的减贫成绩，尽管是事实，但也问题多多。联合国赤贫和人权问题特别报告员菲利普·奥尔斯顿（Philip G. Alston）在结束对中国访问时发表声明，一方面说中国让数亿人脱贫"是惊人的成绩，是主事者的功劳"，另一方面又用绝大部分篇幅质疑中国减贫数据的准确性、不平等状况的深化、城乡差距的扩大、户籍制度的不合理性等。他特别强调，中国缺乏问责机制，如信访程序不透明、法院受政治影响、非政府组织活动受限制、律师受压制等，导致贫困人口权利救济难以实现。[5]奥尔斯顿在接受《纽约时报》采访时更加尖锐地批评了中国，说中国政府对公民社会采取各种各样的压制措施，压制有意义的政策辩论；中国公民几乎没有表达对污染和社会不均等问题不满的途径；信访的程序是"装点门面"。[6]

---

[1] 美国国务院：《2010人权报告》，美国驻华使馆网站：http://chinese.usembassy-china.org.cn/hrr2010.html。

[2] 美国国务院：《2011人权报告》，美国驻华使馆网站：http://chinese.usembassy-china.org.cn/hrr2011.html。

[3] Foreign and Commonwealth Office, *Human Rights and Democracy 2012*, GOV.UK, https://www.gov.uk/government/publications/human-rights-and-democracy-report-2012.

[4] 《中国的减贫行动与人权进步》，国务院新闻办公室网站：http://www.scio.gov.cn/zfbps/32832/Document/1494402/1494402.html.

[5] 《联合国赤贫和人权问题特别报告员菲利普·奥尔斯顿结束对中国访问的声明》，北京大学法学院人权与人道法研究中心，http://www.hrol.org/News/ChinaNews/2016-08/4457.html。

[6] "China's Crackdown on Dissent Could Lead to Unrest, U.N.Adviser Says", *The Newyork Times*, http://www.nytimes.com/2016/08/24/world/asia/china-un-human-rights-philip-alston.html?_r=0.

二、中国人权观念的特点

中国和西方对于中国人权现状的不同评价，实际上反映了人权观念的巨大分歧。中国社会的人权观念有不同于西方的特点。

第一，更加重视人权的实质内容。人权也是一种权利，是一种最普遍的权利。从西方人权发展历程来看，人权的权利形式同内容一样重要。人权的实质内容就是自由、平等及人的价值与尊严，就是生活幸福。但是，人权主张通过赋予每个人一些基本权利的形式实现自由、平等、价值与幸福。新中国建立以来，尤其是改革开放以来，中国在人权的实质内容方面取得了巨大进步，个人自由和社会自由空间扩大，人人平等的法律和政治框架基本建立，传统的等级制度和封建的人身依附关系全面打破，人民收入增加，生活水平和教育水平快速提高，卫生和文化条件不断改善，社会保障体系全面建立。可是，这些人权进步基本上都不是在保障人权的名义下实现的，而是作为中国社会主义现代化建设的组成部分加以推进的。这就造成中国人权进步的事实同国内人权话语的巨大反差：无论政府官员还是一般公众，都很少把上述人权的实质内容同权利形式联系起来。正如联合国赤贫和人权问题特别报告员菲利普·奥尔斯顿在访问中国时观察到的那样，"在中国，我和官员的对话中很明显的一点是，这些机构认为它们所做的大部分工作都是致力于经济和社会权利所反映的目标，但它们通常避免使用专门提及人权的语言"。[1]尽管中国已加入26个国际人权公约，尽管中国已将人权规定为宪法权利，但人权话语还没有主导中国的政治话语体系，更没有主导一般的公共话语体系。中国政府发布的人权白皮书表明，中国无论在公民政治权利还是经济、社会、文化权利方面都有了巨大进步。但是，在具体推动这些进步时，政府官员和民众的认知通常不是维护个人权利，而是促进社会发展；不是实现人权，而是使人们生活幸福。

第二，更加倾向于从整体观点看待人权。同西方把人权理解为个人权利不同，中国习惯于从整体角度理解人权，所以很容易接受自决权、主权等集体性人权概念。中国把人权理解为大多数人的生活状况，而不是少数人的地位和待遇。邓小平说："什么是人权？首先一条，是多少人的人权？是少数人的人权，还是多数人的人权，全国人民的人权？西方世界的所谓'人权'和我们讲的'人权'，本质上是两回事，观点不同。"[2]这说明中国人权观念同西方人权观念有根本区别。西方首先从个体视角看待人权，努力追求实现每个人的基本人权，而中国则首先从整体的角度、从多数人角度看待人权。

第三，更加强调权利与义务的均衡。权利和义务永远是相对的。没有无权利的义务，也没

---

[1] 《联合国赤贫和人权问题特别报告员菲利普·奥尔斯顿结束对中国访问的声明》，北京大学法学院人权与人道法研究中心，http://www.hrol.org/News/ChinaNews/2016-08/4457.html。

[2] 《邓小平文选》第3卷，人民出版社，1993年，第125页。

有无义务的权利。《世界人权宣言》第29条也特别强调了义务的重要性。但是,世界各国对权利和义务关系的理解还是有差别的。有的国家更加强调权利,强调保障个人基本人权的优先地位。中国则强调,个人权利须有一定限度,个人对社会的义务同样重要,甚至具有优先地位。个人在享受自己的权利时,应当时刻牢记自己对社会的义务,不能因为行使个人的权利而损害社会和其他人的利益。

三、中国传统文化的特点

影响中国当代人权观念的因素有很多种,如西方思想的传播、中国革命进程、马克思主义意识形态的主导地位、中国的现代化进程以及当代国际人权机制等。但是,有一个长久发挥作用的因素,就是中国文化传统。中国当代人权观念在很大程度上仍然有着中国传统文化的烙印。

重视义务的文化传统对中国当代人权观念影响深远。近代西方国家形成了以个人权利为基础的社会结构和价值观念。像原子一样分离开来的个人是组成社会的基本单位,而明确地界定出来的权利是把这些个人联合为一个社会整体的重要纽带。与西方这种重视权利的社会不同,中国是一个重视义务的社会。中国发展出了以义务和整体为中心的社会观念和社会制度。有些美国学者注意到了这一点。他们指出:"在中国传统中,个人不是中心,也不存在美国那种意义上的个人权利概念。……例如,孔子谈到等级制中的社会关系,诸如父子、夫妻关系,这些关系都是根据彼此之间的义务和合法期待而被规定的。""传统中国的理想不是个人自由或平等,而是秩序和和谐,不是个人独立,而是无私和合作,不是个人良心自由,而是与正统真理一致。在个人与社会之间不存在区别、分离和对抗,只有渗透到一切个人行为中的根本统一与和谐。……个人的发展不是社会的目的。社会的目的不是去保持和促进个人自由,而是保持等级秩序的和谐,是关心真理取胜。正义就是和谐所要求的东西和有助于和谐的东西。"[1]

因此,把中国人紧密联系在一起的不是权利划分,而是义务规定。社会不是告诉个人他应当享有的权利,然后由他自己依法要求和捍卫这些权利,而是给个人规定一系列义务,通过相互尽义务的方式完成社会结合和利益分配。例如,父慈、子孝、君明、臣忠,这都是对父、子、君、臣的义务规定。通过各自尽到自己应尽的义务,父亲和儿子也都分别实现了自己的利益。这里的关键是,儿子得到父亲的关怀不能作为儿子的权利规定下来,而要作为父亲的职责规

---

[1] R. Randle Edwards, Louis Henkin and Andrew J. Nathan, *Human Rights in Contemporary China*, Columbia University Press, New York, 1986, 21.

定下来。同样，得到儿子的孝顺也不能作为父亲的权利，而只能作为儿子的义务规定下来。这种义务不仅仅是道德要求，它具有高度的强制性。中国社会强迫个人尽到自己对他人和社会的基本义务，就像西方社会强迫人们尊重和承认其他人的权利一样。之所以会出现这样的现象，完全是由于中国社会不把个人、而把家族和村社等集体当作社会的基本单位。个人作为集体的一员才取得存在的意义和价值。

这种重视义务的特点明显体现在中国社会占支配地位的"礼"的概念中。中国古代社会长期实行"礼治"。"礼"有多方面的含义。第一，"礼"最初是指祭祀祖宗的时间、地点、祭祀方式和献祭时的姿势等方面的规定。第二，"礼"指礼节性或礼貌性的行为。在社会习俗中，涉及各种社会关系的礼不计其数。待客、娶妻、交战以及其他各种讲究礼节的场合，都有应遵循的礼。第三，"礼"还指儒家描绘的那种完美社会中所有国家制度和社会关系的总和。[1]礼治就是要按照"礼"的面貌来支配国家的政治、经济和文化活动。例如，周朝的时候，诸侯对周天子有朝觐之礼；诸侯之间有朝聘之礼；训练军队有军礼。[2]这种"政以礼成"的传统一直延续下来，且扩展到社会生活的各个方面。凡是有人与人之间的社会关系的地方，就有"礼"。中国传统的"礼"不仅是一般的礼貌规定，而且是对人的社会和政治角色及行为规范的严格规定。"礼"仅仅规定了一个人在处理与他人关系方面应当尽到的义务，而没有提及他应该从其他人那里得到什么回报，即没有规定他的权利。当然，在一个人人遵守"礼"的规定的社会里，一个人对其他人尽到了"礼"的义务，其他人也会同样对他尽到"礼"的义务。这样，相互之间的利益关系就得到了有效的调节。西方人通过"权利"的形式赋予个人的利益，在中国就通过守"礼"这种尽义务的方式给予个人了。但是，得到别人所尽的义务，却不是个人的权利。例如，"父慈子孝"是一种基本的相互义务规定，但得到儿子的孝顺和得到父亲的关怀从来也没有被规定为父亲和儿子的权利。如果儿子不孝、父亲不慈，这并不意味着儿子侵犯了父亲的权利，或父亲侵犯了儿子的权利，而是儿子或父亲违反了以社会整体利益的名义颁布的"礼"，一种普遍性的、具有悠久历史带来的尊严的社会规范。就是说，如果儿子没有尽到孝的义务，那么他侵犯的是整个社会的利益。社会对于不孝之子的处罚，也从来不是根据他对父亲权利的损害程度来恢复原状，而是根据他对整个社会奉行的伦理原则的破坏程度来施加惩罚。

中国传统文化不习惯于从权利的角度提出和思考问题。"权利"这个词本身就是从西方近代思想中传入中国的概念。中国传统文化更习惯于从"义务"角度思考问题。历史和传统规定了扮演各种角色的个人应尽的各种各样的义务，这些义务具有绝对的、不可抗拒的性质，是社

---

[1] D·布迪、C·莫里斯：《中华帝国的法律》，江苏人民出版社，1995年，第13—14页。
[2] 武树臣等著：《中国传统法律文化》，北京大学出版社，1996年，第173—174页。

会对个人的强制性要求。在强大的社会舆论面前,在从婴儿开始的意识形态和习俗礼节的灌输下,在个人必须高度依赖家族、社区等社会集体才能生存下去的情况下,个人的选择余地其实十分有限。一般说来,个人都有遵守义务的要求。一个人从出生开始,就在家族中获得了一个位置。在他成长的每个阶段,都要完成特定的行为,尽特定的义务。你是子,就应当孝;你是兄,就应当友;你是弟,就应当悌;你是夫,就应当义;你是父,就应当慈。[1]同样,一个人在更广阔的社会生活中,也要尽到一系列的义务,如对朋友信、对君忠、对民仁等义。借助这种以义务为中心组织的社会和国家,中国维持了几千年不间断的历史发展,创造了辉煌的文化,抵御了北方游牧民族的多次进攻。这种社会组织形式曾经显示出强大的生命力。仅仅是在近代,它才被西方文化击败。

中国传统文化重视义务的特点,也表现在法律上。西方的法律主要处理个人与个人之间的权利关系,旨在保护个人权利。[2]中国社会既然不强调个人权利,当然也不会建立以保护个人权利为目标的法律制度了。即使是那些表面上看似乎在维护某个当事人利益的司法审判,实际上维护的是社会整体的利益。只有当某种行为触犯了社会整体的利益、对现行社会规范构成了挑战的时候,中国的法律才会积极介入。相反,如果案件仅仅涉及同社会普遍利益没有多大关系的纯粹个人利益,那么中国的法律就不太愿意发挥作用。这也是中国古代的刑法十分发达,但民法却不发达的主要原因。正如D·布迪和C·莫里斯指出的那样,"保护个人或团体的利益——尤其是经济方面的利益——免受其他个人或团体的损害,并不是法律的主要任务;而对于受到国家损害的个人或团体的利益,法律根本不予保护。真正与法律有关系的,只是那些道德上或典礼仪式中的不当行为,或者,是那些在中国人看来对整个社会秩序具有破坏作用的犯罪行为。""因此,正式的法律总是以垂直的方式发生作用——由国家指向个人,而不是以水平方式在个体之间发生作用。如果甲乙两人之间发生纠纷,甲不得直接向乙提起诉讼,而必须向政府提出控诉,由政府决定是否向乙提起诉讼。"[3]

中国自古以来就不鼓励争讼。为维护自己的利益走上公堂,不论多么有道理,都不会得到积极的评价。孔子的目标是通过贯彻礼治(即使每个人都尽到自己的义务)来消除讼争。他说:"听讼吾犹人也。必也使无讼乎!"[4]春秋时期郑国的子产"铸刑书",晋国的叔向批评这种做法,认为把法律写成文字,公开发布,会推动人们相互之间争夺利益。他说:"昔先王议事以制,不为刑辟,惧民之有争心也。……民知有辟,则不忌于上,并有争心,以征于书,而侥幸以成

---

[1] 武树臣等著:《中国传统法律文化》,北京大学出版社,1996年,第70和750页。
[2] 威廉·琼斯:"大清律例研究",见高道蕴、高鸿钧和贺卫方编:《美国学者论中国法律传统》,中国政法大学出版社,1996年,第384—386页。
[3] D·布迪、C·莫里斯:《中华帝国的法律》,江苏人民出版社,1995年,第2页。
[4] 《论语·颜渊》

之，弗可为也。……民知有争端矣，将弃礼而徵于书，锥刀之末，将尽争之。"[1]

四、文化传统对中国人权观念的影响

这种重视义务的文化传统深刻地影响了中国人权观念的发展。中国完全赞同普遍人权确立的人道主义和社会进步的目标，而且也在不遗余力地贯彻落实《世界人权宣言》规定的人权内容，也在扩大社会的自由范围、努力追求公正地实施法律、普及教育和改善医疗条件。但是，中国实现普遍人权的方式却同西方国家大不相同。中国没有把个人当作社会的基本单位，没有把人权全部划归个人，没有采取让每个人都全力维护自身权利的办法。中国把人权当作社会赋予所有人的利益，不仅涉及个人，而且更多地与社会整体的利益相关。中国的人权是作为社会和公共机构对于个人的义务提出来的，其目标是使社会更加顺利地运转，而不是单纯保护个人权利。中国不鼓励个人提出极端的权利要求，而更倾向于通过社会性的义务实现人权所追求的目标。中国理解的人权，始终是那些代表社会进步、文明和人道主义的因素，是公正的法律、良好的社会福利、教育、医疗以及和谐的人际关系。中国理解的人权，更多地是指一种社会普遍进步的状态，而非西方国家理解的那种每个人天生就享有的权利。西方理解的那种人权，在中国很不发达，因为中国社会不是以个人权利为中心的组织起来的。中国的权利意识和权利关系本身就不发达，那种以权利观念和权利关系为基础的人权当然不会发达。这也是西方国家何以经常批评中国、说中国没有人权的一个原因。

从这个角度就比较容易理解中国和西方为什么会对中国人权有截然相反的评价了。中国是从人权的实质内容层面看待中国人权。从联合国人权两公约规定的5个方面，即公民权利、政治权利、经济权利、社会权利和文化权利来看，中国都进步明显，处于发展中国家前列。但是，西方国家着重从人权的形式方面评价中国人权，结果发现大量问题。中国没有像西方那样优先保障个人人权，没有实行西方那样的人权保障形式，没有实行西方那样的法治，没有实行西方那样的民主政治。在西方观念中，这些都是严重的问题。人权怎么能够脱离"权利"这个形式？没有权利形式，还能叫人权吗？从缺乏权利形式角度看，中国人权是不及格的。因此，中国与西方对中国人权状况的不同评价，实际上是反映了不同的人权立场。如果拘泥于权利形式，对中国人权状况肯定不会有积极评价。如果从人权实质内容角度进行评价，就可以发现中国人权诸多积极方面。

当代中国人权观念仍在不断发展。中国目前正在快速转变为工业社会和市场经济，正在

---

[1]《左传·昭公六年》

加速实现现代化。在急剧的社会变迁过程中,中国的人权观念也必然会发生重要变化。可是,期望中国接受西方式的人权观念是不现实的,因为除了西方国家以外,非西方国家很少能够实现西方式的人权。中国将根据中国国情,吸收传统文化的积极成分,借鉴包括西方国际人权有益思想,发展出适合中国经济社会发展状况的人权观念。未来中国的人权观念肯定不会拘泥于传统文化的范围,而要努力适应中国现代化发展的水平。但是,中国人权观念的发展肯定也不会简单地重复和照搬西方的模式。在经济社会发展需要、中国文化传统和国际人权思潮的三重影响下,中国将形成一种全新的人权观念。但是,无论中国人权观念发生什么样的变化,中国传统文化的底色将会永远存在。

中国文化的和谐思想与人权

Harmonious Thought in Chinese Culture and Human Rights

张晓玲[*]

摘要：中国文化倡导的和谐观念，反映了中国文化中的自由、平等和博爱的精神，体现了尊重人、以人为本的理念，是中国文化中的人权理想。中国的和谐观念培养了中华民族崇尚中庸的思维方式，滋养了中华民族礼让、仁爱、顾全大局、克己奉公和爱好和平的精神，成为中华民族具有强大的生命力和凝聚力的文化根源。在当代，和谐观念具有积极的价值。它可以成为处理人与人、人与社会、民族与民族、国家与国家、不同文化与文化之间、人与自然环境之间关系的基本原则。

关键词：中国文化　和谐思想　人权

一

中国文化源远流长，追求和谐是中国文化的基本价值取向。张岱年先生指出：和谐思想是儒家的最高价值标准，也是"整个中国传统文化的最高价值原则"。

作为中国传统文化主流的儒家就是和谐之说。孔子提出："礼之用，和为贵。"孟子说："天时不如地利，地利不如人和"。荀子提出："和齐百姓。"《礼记》提出"致天下之和"，追求大同的理想社会，"大道之行，天下为公。选贤与能，讲信修睦。故人不独亲其亲，不独子其子，使老有所终，幼有所长，矜寡孤独废疾者皆有所养"。

在中国文化中，和谐是一个具有深刻内涵的充满生命力的思想：其一，和谐首先是人与人之间关系的协调。孔子提出了"己所不欲，勿施于人"的原则和"己欲立而立人，己欲达而达人"的原则。"己所不欲，勿施于人"的原则强调处理人与人之间关系最基本的要求是，不能把自己的要求强加于人，更不能把不希望加之于自己的加之于别人。"己欲立而立人，己欲达而达人"的原则进一步要求，要实现人与人之间的和谐，还要求发挥人的善性，要"善群""利

---

[*] 作者简介：张晓玲，中共中央党校政法教研部副主任、教授、博士生导师，中央党校人权中心研究主任。

群""乐群"。曾子曰:"吾日三省吾身:为人谋而不忠乎?与朋友交而不信乎?传不习乎?"荀子提出要"以善和人"。只有乐于助人,将心比心,推己及人,才会有社会的和谐。

其二,和谐以"仁爱"为基础和为最高的追求目标。孔子说:"仁者,人也,亲亲为大。"爱人首先从爱亲人开始,这是符合人性的。并且,爱人者,也将受到人们的尊重。孟子说:"爱人者,人恒爱之;敬人者,人恒敬之。"

但是,人与人之间的和谐不能停留在这里,还要由里及外,推广到整个社会,要"老吾老,以及人之老;幼吾幼,以及人之幼"。只要人与人之间充满善意,相互尊重,就能够达到和谐的社会理想。再推而广之,把和谐推广到处理民族国家关系中,"协和万邦",达到"天下一家"。和谐价值观形成了中华民族爱好和平的精神。

其三,强调人的自我身心和谐既是和谐思想的重要内容,也是实现人与人之间和谐的重要条件。中国文化强调身心和谐,但身心和谐的目的不仅仅是为了个人的自我完善,而是为了达到社会和谐。儒家经典《大学》提出"修身""齐家""治国""平天下"。中国文化认为,人总是面临群与己的关系。修养善性、提升道德,达到人格完善、自我实现,不是导向自我中心,而是为了超越自我,建立一个理性的和谐的社会。

其四,强调人与自然的和谐。天人协调的思想起源于《周易》,经过孔子、孟子、董仲舒、张载等人的发展,成为中国文化的一个基本特征。

这一思想认为人是自然界的一部分,人和自然界组成了一个和谐的生命统一体。人在改造自然的同时,要遵循自然规律,不要任意妄为,以达到"天人合一"。孔子主张爱护自然界的生命:"君赐生,必畜之。"孟子提出"爱物"思想,要求不要用细密的网打鱼,砍伐木材要遵守规定的季节。只有保护自然,才能使自然用之不尽。张载提出"民吾同胞,物吾与也"即万物都是我的朋友的思想","是故立必俱立,知必周知,爱必兼爱,成不独成"。王船山也提出:"于民必仁,于物必爱。"这些思想家主张把仁爱扩大到自然界,认识到人要生存,必须让万物生存,人要爱自己,必须要爱他人和万物,这种"泛爱物"的思想是中国古代朴素的生态伦理观。

其五,肯定世界的多样性是和谐思想的重要前提。中国文化重视和谐,但是,和不是否定多样性,更不是要消灭差异,而是"和而不同"。第一,从本体论上讲,"和而不同"是肯定事物的多样性,承认世界上存在客观的不同事物,在不同的基础上形成和谐,才能使事物得到产生和发展,"夫和实生物,同则不继"。第二,从认识论上讲,和不是无原则的附和,而是保持独立性和个性,"和而不流"。孔子不满意颜回完全赞同自己观点的做法,"君子和而不同,小人同而不和。"他主张在学术上要独立思考,积极探索。

中国文化倡导的和谐观念，反映了中国文化中自由、平等、博爱的精神，体现了尊重人、以人为本的理念，是中国文化中的人权理想。美国学者劳仁明确指出，"早期人权的观念并不仅仅产生在西方，或仅与特定的自由民主政体相联系，而是产生在许多地方的文化之中。多少世纪以来，不同文化中的思想家们用不同的方式，表达了这些人权观念。"

中国的和谐观念培养了中华民族崇尚中庸的思维方式，滋养了中华民族礼让、仁爱、顾全大局、克己奉公和爱好和平的精神，成为中华民族具有强大的生命力和凝聚力的文化根源。

二

在当代，和谐观念具有积极的价值。它可以成为处理人与人、人与社会、民族与民族、国家与国家、不同文化与文化之间、人与自然环境之间关系的基本原则。

首先，作为现代人权的一个基本原则，和谐要求必须把每一个人都看成是平等的，要受到平等的尊重。正如《世界人权宣言》宣布的那样："人人生而自由：在尊严和权利上是平等的。"不承认每一个人固有的尊严和价值是一样的，就会产生歧视和暴力等严重的人权问题。

和谐还要求人类学会爱人，加强人与人之间的相互交流和理解。一个不关心他人，自私自利的人，忽视自己对家庭、对社会的责任和义务，会造成人与人之间关系的紧张，造成人自我身心的扭曲，腐蚀着社会的和谐发展；个人的发展离不开社会的发展，关心和帮助他人，特别是帮助社会的弱者，是人类善性的要求，也是实现社会安定和共同进步的要求。为了全人类的生存和发展，必须学会合作和仁爱，这是人类共同生存的基本原则。

其次，随着经济全球化的发展，世界各国的联系越来越密切，把和谐作为处理民族与国家关系的准则，以和平的方式处理民族、国家之间的矛盾显得越来越重要。在当今世界，不能用和谐的思维处理民族和国家关系，使得局部和地区间的冲突和战争不断，伤害了大量的无辜平民、妇女和儿童。当代人权追求的和平目标一直没有实现。

和平安全的国际环境是人类共享人权的基本前提。为了维护人类的福祉，和平权被确立为一项新的人权。2015年习近平总书记在纪念中国人民抗日战争暨世界反法西斯战争胜利70周年大会讲话中强调，为了和平，我们要牢固树立人类命运共同体意识。偏见和歧视、仇恨和战争，只会带来灾难和痛苦。相互尊重、平等相处、和平发展、共同繁荣，才是人间正道。"中国将坚定不移走和平发展道路，并且希望世界各国共同走和平发展道路，让和平的阳光永远普照人类生活的星球。"

与和平权相联系的是发展权。发展权既是个人权利，又是集体权利。20世纪下半期以来，新的科技革命带来了知识经济的到来，人类创造了巨大的财富，但是，财富的增长并没有带来普遍的丰足和发展,世界的贫困问题成为一个严重的人权问题。

贫穷是产生国际恐怖主义的一块土壤。解决南北差距问题,是实现国际人权的基本要求。每一个人都享有平等的生存和发展权,推己及人,发达国家应当承担帮助发展中国家的国际义务。

缺乏和谐思维,世界就没有安宁。汤因比先生曾经指出:"人类已经掌握了可以毁灭自己的高度技术文明手段,同时又处于极端的政治意识形态的营垒。"要使人类避免危机,"最重要的精神就是中国文明的精髓——和谐。"人类本来是一个大家庭,应当平等和睦地生活在这个世界上:构造和谐的国家关系,使不同文化传统和社会制度的民族和国家和平地生存和发展,是当代人权追求的目标。

第三,环境权要求人类改变以征服自然为目的的思维方式,要求把保护自然、与自然和谐发展作为人类生存的责任。

忽视人与自然的和谐是造成当今世界生态问题严重、人类环境权受到危害的重要原因。对于当今世界环境问题,应该引起世界各国的高度重视,否则,我们不仅会预支后代的资源,剥夺子孙的生存权和发展权,而且会导致人类与环境的同归于尽。1992年,1575名科学家发表的《世界科学家对人类的警告》指出:"人类和自然正在走上相互抵触的道路。"汤因比说:"人类如果想使自然正常地存续下去,自身也要在必需的自然环境中生存下去的话。归根结底必须和自然共存。"

第四,和谐观念以承认和接受多元文化为前提。不同的文化对于人权的理解有所不同,怎样才能消除由于差异而造成的人权观的冲突? 这需要大力倡导和谐、宽容、相互学习、求同存异的理念。

习近平主席明确指出,"实现人民充分享有人权是人类社会的共同奋斗目标",我们要"加强不同文明交流互鉴、促进各国人权交流合作"。英国著名学者罗素在1922年指出:"不同文明之间的交流过去已经多次证明是人类文明发展的里程碑。"在当代,人权的发展,离不开人类各种文化的对话和贡献。

中华传统文化与国际人权法的一致性

The Consistency of Chinese Traditional Culture and International Human Rights Law

赵建文[*]

摘要：中华古代文化中没有"人权"概念，但不是没有人权的实质内容。传统的民本思想是中国古代人权保护的理论基础并且至今仍有重要影响。在西方的权利理论传入中国之前，在中华传统文化背景之下，中国古代总体上实现了个人的基本权利保护。中华优秀法律文化传统对当代中国的人权保护仍然具有积极意义。中华优秀文化传统不仅不妨碍中国履行根据国际人权法承担的义务，而且有助于防止某些极端或不和谐现象的发生。近百年来，中华传统文化不断推陈出新，向着更有利于人权保护的方向演变。中华传统文化的某些元素已经融入了国际人权法，中国根据国际人权条约制定或修改国内法，间接地借鉴了包括源自西方文化的人权理念和制度在内的人类优秀文化成果。由于中华传统文化与国际人权法本质上的一致性，二者不仅是相容的，而且可以是相补益的。人权是人类社会的普遍价值，但人权普遍性与特殊性是并存的，中国的人权事业是有中华文化特色的。

关键词：人权 国际人权法 中华传统文化

以儒家思想为代表的中华传统文化与主要源于西方文化的国际人权法是否相容或在多大程度上相容的问题，多年来一直是国内外人权论坛上的重要议题。本文从探讨中国古代人权保护的理论基础和个人权利保护的实际情况入手，研究中国古代是否有与当时的社会发展程度相适应的基本的人权保护，中华文化是否有人权基因以及中华文化与国际人权法是否有本质上的一致性。

---

[*] 作者简介：赵建文，中国社会科学院国际法研究所研究员。

一、中国古代人权保护的理论基础：民本思想

"中国传统文化中有许多精华"，"'民为邦本'的民本思想"就是其中之一。[1]在中国最早的史书《尚书》中就有民本思想的表述。《尚书·五子之歌》记载："皇祖有训，民可近，不可下。民惟邦本，本固邦宁。"春秋时期的管子说："夫霸王之所始也，以人为本，本理则国固，本乱则国危。"《管子·霸言》处在春秋战国之交的孔子主张"重民""爱民""惠民"。（《论语·尧曰》）战国时期的孟子发挥了孔子思想，比较完整地阐发了民本理论。此后，民本思想逐渐形成了文化传统。汉代贾谊指出："民者，国之本，财用所出，安危所系。"（《新书·大政》）唐太宗李世民说："凡事皆须务本。国以人为本，人以衣食为本，凡营衣食以不失时为本。"（《贞观政要·务农》）宋朝宰相王安石指出："百姓所以养国家也，未闻以国家养百姓也。"（《王文公文集》卷二《再上龚舍人书》）元史记载："世祖即位之初，首诏天下，国以民为本，民以衣食为本，衣食以农桑为本。"（《元史·志·食货一》）明末清初黄宗羲在《明夷待访录》一书中为传统的民本思想增添了更多的民主因素。[2]

中国传统的民本思想中的"民"或"人"，有时是指作为整体的人民，有时是指人民中的个体。中国古代思想家在概括地论及人民的地位和利益时，通常是把"民"或"人"作为整体看待的，就像当代国际法上的"人民自决权""人民发展权"把一个国家或一个地区的所有的人作为一个人民来看待一样。同时，中国古代思想家论及人民的具体利益时，比如在论及生命权、财产权、疾病伤残者救助等具体问题时，通常是把"民"或"人"作个体的人来看待的。

国家由人民、领土、政府等要素组成。其中，人民是国家的根本。从人权的角度看，"中国传统的民本论主要涉及三个层面上的问题：第一，肯定人民在政治上的根本地位和决定作用；第二，要求统治者在政治实践中以服务民众为目的；第三，反对君主专制制度，追求民众的政治权利。在这三个层面中，第一、第二两个层面往往为社会各阶层所普遍接受，而第三个层面涉及民权问题，基本上只是少数激进的思想家和明智的统治者才具有的。"[3]显然，作为中华传统文化的"以民为本"，说到底，就是"以人民的权利为本"。这与国际人权法的目的或精神是一致的。

（一）民本思想肯定了人民的根本地位

人民在国家中具有根本地位的论断是民本思想体系的核心和出发点。从中国古代思想家

---

[1] 温家宝："关于社会主义初级阶段的历史任务和我国对外政策的几个问题"，《人民日报》2007年2月27日，第2版。

[2] 在中国古代的思想家、政治家中，有的说"以人为本"，如唐太宗，有的说"以民为本"，如元世祖。这两种说法没有实质性差别，尽管在不同文献的上下文中"民"与"人"的含义可能有差别。

[3] 周桂钿主编：《中国传统政治哲学》，河北人民出版社2001年版，第296页。

们的论述看，人民的根本地位主要体现在以下三点：

国家是人民的，不是君主私有的。孟子认为天下属于人民，不属于君主。《孟子·万章上》记载："万章曰：'尧以天下与舜，有诸？'孟子曰：'否。天子不能以天下与人。'"对此，朱熹在《孟子集注·万章上》中的注解是："天下者，天下之天下，非一人之私有故也。"明清之际的黄宗羲在《明夷待访录》中对封建专制主义进行了系统批判，主张"天下（人民）为主，君为客"，倡导臣子"为天下，非为君也；为万民，非为一姓也"。

君主的权力是人民授予的。中国古代有"君权天授"的理念，但由于"天"与"民"相通，君权天授也就是君权民授。《尚书·泰誓》记载的周代先贤的认识是："天视自我民视，天听自我民听……天矜于民，民之所欲，天必从之。"[1]《说苑·建本》记载，齐桓公问管仲曰："王者何贵？"曰："贵天。"桓公仰而视天。管仲曰："所谓天者，非谓苍苍莽莽之天也。人君者，以百姓为天。百姓与之则安，辅之则强，非之则危，背之则亡。诗云：'人而无良，相怨一方。'民怨其上，不遂亡者，未之有也。"

人民的地位高于或重于君主。孟子认为："民为贵，社稷次之，君为轻。"（《孟子·尽心下》）宋代朱熹解释孟子的民贵君轻思想时说："盖国以民为本，社稷亦为民而立，而君之尊，又系于二者之存亡，故其轻重如此。"（《孟子集注》）19世纪末康有为在论证自己的变法主张时认为孟子民贵君轻的思想有"立民主之制"的含义。（《孟子微》卷一）不管儒家的提出"重民"思想的动机是为君主专制统治服务还是为人民服务，以及是否可能在此基础上产生与近代民主制度相契合的人权观念，客观上对人民是有好处的。

（二）民本思想认为为政者有为人民服务的责任

当代的人权理论是从个人权利推出政府的义务，而中国传统的民本思想是从人民的根本地位推出政府为人民服务的责任。例如，《荀子·大略》指出："天之生民，非为君也；天之立君，以为民也。"

中国古代文献中关于政府为人民服务的责任的论述很多，如"为政之道，以顺民心为本，以厚民生为本"。（《二程文集》卷五）

为政者应当顺民心。所谓顺民心，也就是根据民心向背来施政。老子说："圣人无常心，以百姓心为心。"（《老子·四十九章》）管子说："政之所兴，在顺民心。政之所废，在逆民心。"（《管子·牧民》）孟子说："桀、纣之失天下也，失其民也；失其民者，失其心也。得天下有道：得其民，斯得天下矣；得其民有道：得其心，斯得民矣；得其心有道：所欲与之聚之，所恶勿施，尔也。"（《孟子·离娄上》）儒家经典《大学》指出："《诗》云：'乐只君子，民之父母。'民之所

---

[1] 不管《泰誓》是不是后人所撰，这些话表达了古代中国人的传统观念是肯定的。

好好之,民之所恶恶之。此之谓民之父母。"

为政者应当重民生。《尚书·大禹谟》指出:"政在养民"。《尚书·梓材》指出:"欲至于万年,惟王子子孙孙永保民"。墨子说:"古者明王圣人,所以王天下,正诸侯者,彼其爱民谨忠,利民谨厚。"(《墨子·节用》)孟子认为,"为民父母,使民 然,将终岁勤动,不得以养其父母,又称贷而益之,使老稚转乎沟壑,恶在其为民父母也?"(《孟子·滕文公上》)司马迁认为:"制国有常,利民为本。"(《史记·赵世家》)

(三)民本思想主张失民心的为政者应当被取代

中国古代民本思想没有提出"权利"概念,没有设计出人民应当享有的制度性的或程序性的具体的政治权利,但不可否认其中蕴含着某些"民主"权利的要素。得民心者应当得天下、失民心者应当被取代的思想,实际上是把合乎民心作为政治合法性的基础,蕴涵着《世界人权宣言》所表述的"人民的意志是政府权力的基础"的意思。

孟子认为,君主或政府官员都是受人民之托的管理者,必须依照人民意志履行其责任,不称职者应当被取代。《孟子·梁惠王下》记载:"孟子谓齐宣王曰:'王之臣有托其妻子于其友而之楚游者,比其反也,则冻馁其妻子,则如之何?'王曰:'弃之。'曰:'士师不能治士,则如之何?'王曰:'已之。'曰:'四境之内不治,则如之何?'王顾左右而言他。"孟子赞成推翻无德之君。他说:"贼仁者谓之贼,贼义者谓之残,残贼之人谓之一夫,闻诛一夫纣矣,未闻弑君也。""君有大过则谏,反复之而不听,则易位。"(《孟子·万章下》)[1]对于暴君,孟子提出了四种反抗方式:拒绝为暴君服务,辞职远离暴君,把暴君易位和诛暴君。[2]《荀子·王制》中有一个形象的比喻:"君者,舟也;庶人者,水也。水则载舟,水则覆舟。"中国古代周期性的朝代更替现象一再证明了民本思想的真理性。历朝历代开始的时候,通常能够以民为本,人民能够休养生息,所以政通人和。随着政权的稳定,统治者往往忘乎所以。结果是封建王朝的开支无限度的增长,人民负担不断增加,贪污腐败、徇私枉法现象也日益蔓延。随着各种社会矛盾的不断加剧,最后导致人民的反抗和王朝的覆灭。

1911年辛亥革命推翻了腐朽没落的清王朝,结束了中国的封建专制制度。孙中山先生主张的"三民主义"(民族主义、民权主义和民生主义)的精神实质正是民本主义。不过,在国民党政府的统治下,并没有真正实现三民主义,因而逐渐失去了人民的支持。

1945年,毛泽东和黄炎培延安"窑洞对话"的中心议题是中国今后如何能跳出历史上王朝

---

[1] 陈来:"儒家与全球化中的人权对话",载于《儒学与全球化》,齐鲁书社,2004年。
[2] 张晓玲:"论中国传统文化中的人权理想",载《理论前沿》2000年第19期,第17—18页。

更替的周期律。[1]1949年，新中国诞生，国名是"人民共和国"，国家机关是"人民代表大会"，"人民政府""人民法院""人民检察院"。中国宪法确立了以民为本的社会主义制度。中国人民的人权状况不断得到改善。近年来，中国政府坚持"以人为本"的执政方针，传统的民本思想得到升华。温家宝在2009年春节团拜会上讲话指出："'民惟邦本，本固邦宁。'我们所做的一切都是为了最大限度地满足人民日益增长的物质文化需要。"[2] 二、在中华传统文化背景下中国古代的基本人权保障状况

在中国古代，没有西方那样的人权理论，连"人权"这个词也没有，但中国古代法律中不是没有人权的实质内容，古代中国也不是没有人权保护的理论或途经。中国古代基本的人权保护是在自己的文化传统之下实现的。

这里套用现代人权分类中的个人权利名称，举例说明在中华传统文化背景下中国古代个人权利保护的理论和实践。

（一）生命权

中国传统文化特别重视人的价值。中国古籍中有很多这方面的表述。例如："惟天地万物父母，惟人万物之灵。"(《尚书·泰誓》)"天生万物，唯人为贵"。(《列子·天瑞》)"水火有气而无生，草木有生而无知，禽兽有知而无义。人有气、有生、有知，亦且有义，故最为天下贵也。"(《荀子·王制》)"天之所生，地之所养，莫贵乎人。"(汉刘向《说苑·建本》)"人，天地之性最贵者也。"(汉许慎《说文解字》)说："天地之性，唯人为贵。明其有中和之心，仁恕之行，异于木石，不同禽兽，故贵之耳。"(《周书·苏绰列传》)"唯人兼于万物，而为万物之灵，如禽兽之声，以其类而各能得其一；无所不能者人也。推之他事亦莫不然。唯人和天地日月交之用，他类则不能也。人之生，其可谓之贵矣。天地与其贵而不自贵，是悖天地之理，不祥莫大焉。"(宋邵雍《皇极经世》)

孟子说："行一不义，杀一不辜，而得天下，皆不为也。"荀子明确将保护生命与"仁德"联系起来："行一不义，杀一不辜，而得天下，仁者不为也。"(《荀子·王霸》)"杀一不辜而得天

---

[1] 在黄炎培先生的《延安归来》一书中记载了他和毛泽东在延安窑洞中谈论历史上兴亡周期律的著名对话：1945年7月4日下午，毛泽东邀请到延安访问的国民党参政员黄炎培等人到他住的窑洞里作客。毛主席问黄先生来延安考察有何感想？黄炎培坦然答道："我生60多年，耳闻的不说，亲眼所见的真所谓'其兴也勃焉，其亡也忽焉'。一人，一家，一团体，一地方，乃至一国家，不少单位都没能跳出这周期律的支配力。初时聚精会神，无人不用心不卖力，历时长久，惰性发作，到风气养成，虽大力无法扭转，且无法补救。……中共诸君从过去到现在，我略略了解的，就是希望找出一条新路，跳出这周期律的支配。"黄炎培在谈到历史上历朝历代都没有能跳出兴亡周期律时，特别提到"人亡政息"的历史现象。对黄炎培的坦诚直言，毛泽东当即非常自信地回答："我们已经找到新路，我们能跳出这周期律。这条新路，就是民主。只有让人民来监督政府，政府才不敢松懈。只有人人起来负责，才不会人亡政息。"黄炎培接着说："这话是对的，只有大政方针决之于公众，个人功业欲才不会发生，只有把地方的事，公之于地方的人，才能使地地得人，人人得事。用民主来打破这周期律，怕是有效的。"

[2] 温家宝："在2009年春节团拜会上的讲话"，《人民日报》2009年1月25日，第1版。

下"而不为,肯定了每一个人的生命价值。可见在中国古代"人命关天"的观念就已家喻户晓、深入人心。

在刑事司法领域,一方面,为保护人的生命权,中国古代刑法对杀人罪行规定了严厉的刑罚;另一方面,对于犯有死刑罪行的人,法律规定了最严格的诉讼程序和可以免除死刑的情节。

为防止错误的死刑判决和慎杀少杀,中国古代建立了死刑复核复奏制度。死刑复核制度是对部分拟判决死刑的案件,在最终判决之前必须报请皇帝审批。死刑复奏制度是指对那些已经判决死刑的案件,在行刑之前必须再次报请皇帝审批,在皇帝批准死刑复奏命令后才能执行死刑。[1]

对于可以判处死刑的罪犯,中国古代刑法有区别情节尽量减少死刑的规定。例如,清朝的死刑判决分为绞、斩立决与绞、斩监候两种。绞立决、斩立决是指对终审判处死刑的罪犯立即执行。绞监侯、斩监候是暂不执行死刑,视情节区别对待。清朝通过中央司法机关对各省上报死刑案件的秋审,对绞、斩监候的处理的结果主要有三种:(1) 情实,即罪行属实,量刑确当,无免除死刑情节,应当处决的,罪犯名字写入黄册,呈报皇帝勾决后执行死刑。(2) 缓决,指罪行属实,但有值得怜悯的情节的情况。如有过失杀人或犯窃赃罪这样的情节的可以减为流刑。正式判为"缓决"的,等待来年秋审或会审时再判,来年或第三年仍然可以判"缓决"。"缓决"三次的一般都要作减刑处理。(3) 可矜,即对情有可原的可减等发落。此外,据说自清雍正年间开始,增加了因父母、祖父母等尊亲属无人奉养而免除死刑的"留养"制度。[2]关于上述减少死刑制度的实施情况,历任清朝内阁大学士及礼部右侍郎的方苞在其康熙年间写成的《狱中杂记》一文中说:"功令:大盗未杀人,及他犯同谋多人者,止主谋一二人立决,余经秋审,皆减等发配";"凡杀人,狱辞无谋(杀)、故(杀)事,经秋审入矜疑,即免死";"每岁大决勾者十四三,留者十六七"(《方望溪全集》)。在这些减少死刑的制度中,即使有立法的首要目的不是保护生命的,也都在客观上减少了死刑的适用。即使"留养"这样的不执行死刑的理由主要是保护宗法伦理价值,但也不能完全排除以社会可以接受的理由减少死刑的政策考虑。

(二) 财产权

管子认为:"法者所以兴功惧暴也,律者所以定分止争也,令者所以令人知事也。"(《管子·七臣七主》)

---

[1] 曾代伟:《中国法制史》,法律出版社,2001年,第150页。
[2] 金泽刚、张正新:"死缓制度的中外渊源及历史",载中南财经政法大学法律史研究所编:《中西法律传统》第四卷,中国政法大学出版社,2004年,第78页。

慎子认为:"一兔走,百人追之。积兔于市,过而不顾。非不欲兔,分定不可争也。"商鞅指出:"一兔走,百人逐之,非以兔可分以为百也,由名分之未定也。夫卖兔者满市,而盗不敢取,由名分已定也。故名分未定,尧、舜、禹、汤且皆如骛焉而逐之;名分已定,贪盗不取。……名分定,则大诈贞信,民皆愿悫,而自治也。姑夫名分定,势治之道也;名分不定,势乱之道也。"(《商君书·定分》)管子、商鞅所讲的财产的"定分"或"定名分",就是确定财产的归属或产权。正如梁启超所指出的:"创设权利,必借法律,故曰定分止争也。"[1]

孟子认为:"民之为道也,有恒产者有恒心,无恒产者无恒心。苟无恒心,放辟邪侈,无不为己。"《孟子·滕文公上》为使人们有恒产,孟子倡导实行仁政,从"正"田地"经界"开始,明晰土地归属。北宋苏轼写道:"且夫天地之间,物各有主,苟非吾之所有,虽一毫而莫取。惟江上之清风,与山间之明月,耳得之而为声,目遇之而成色,取之无禁,用之不竭,是造物者之无尽藏也。"(《前赤壁赋》)孟子讲的"有恒产"或"无恒产"、苏轼讲的"物各有主"或物的"所有",都已经很接近现代产权概念。

《汉书》记载汉成帝时期的大臣谷永对汉成帝的批评,很能说明古代"明王"如何对待人民的财产。谷永说:"王者以民为基,民以财为本,财竭则下畔,下畔则下亡。是以明王爱养基本,不敢穷极,使民如承大祭。今陛下轻夺民财,不爱民力,……大兴繇役,重增赋敛……百姓财竭力尽,……公家无一年之畜,百姓无旬日之储,上下俱匮,无以相救。《诗》云:'殷监不远,在夏后之世。'愿陛下追观夏、商、周、秦所以失之,以镜考已行。有不合者,臣当伏妄言之诛。"(《汉书·谷永传》)

根据中国古代法律,国家采取刑事和民事手段保护人民的财产权。比如对盗窃罪的处罚、对债权债务关系的保护。

"史实告诉我们,古代中国同西方社会一样(如果不说更为发达的话)有着发达的财产、契约等私权制度。否则,古代中国法就不会有对盗窃的刑法制裁,也不会有对土地归属、使用等的制度规范。尽管它没有同罗马法一样发达的私法体系,对本属私法的保护也多在刑律中体现,但不能据此否认古代中国有"实在"私权存在之事实。正如郑成思指出的:'我们不能认为在没有民法的时期或环境中,就不存在民事权利。依刑法或行政管理(控制)法规、法令、敕令等等,在古代、在现代,都产生过并继续产生着一定的民事权利。'"[2]

(三) 政治权利:担任公职的权利

在中国古代实行皇帝家族统治,没有选举制度或公决制度,臣民没有选举权或投票权;没

---

[1] 梁启超:"管子传",《饮冰室合集·专集》第二十八篇。
[2] 彭诚信:"'观念权利'在古代中国的缺失——从文化根源的比较视角论私权的产生基础",《环球法律评论》2004年第3期,第9页。

有保证民众参与国家管理的制度及相应程序,谈不上臣民参与国家管理的权利。但是,"在中国,王位以下的一切政府职位,都向每一臣民开放。"[1]在中国古代的科举制度下,不分贫富贵贱,各阶层的人都有通过科举考试担任国家公职的权利。

《论语·子张第十九》记载:"子夏曰:'仕而优则学,学而优则仕。'"这里集中体现了儒家关于"学"与"仕"的关系的思想。儒家主张由读书人中的优秀者担任国家公职。荀子明确反对世袭,说:"虽王公士大夫之子孙也,不能属于礼义,则归之庶人。虽庶人之子孙也,积文学正身行,能属于礼义,则归之卿相士大夫。"(《王制篇第九》)在他看来,"我欲贱而贵,愚而智,贫而富,可乎?曰:其惟学乎!"(《荀子·儒效》在科举制度施行之前,国家官员大多从权贵子弟中选拔,来自平民阶层的人担任国家官员的较少。至少从隋朝开始,设立科举制度选拔人才,让读书人参加人才选拔考试,使学而优则仕制度化。自科举制度设立后,"布衣卿相"层出不穷。例如,明代进士出身于上三代未获得生员以上科名家庭者占47.5%,出身于上三代只产生过一个或一个以上生员的家庭者占2.5%,这表明明代进士有半数来自平民家庭。[2]

向全社会平等开放的科举制度保证了所有社会阶层的成员担任公职的公平机会,不断地给封建政权补充新的官员。"中国的科举制度是一种通过公开考试选拔官吏的政治制度,其内涵是公开考试,竞争择优录取人才。这一实质性的内容为近代社会文官制度的建立奠定了坚实的基础。正是在这个意义上,科举制度的内涵在世界范围内得到了全新的诠释。"[3]

(四)平等权问题

中国古代文化中是有平等理念的。这至少有以下几个方面的内容:

墨家关于天下所有人地位平等的理念。例如,墨子认为:"天下无大小国,皆天之邑业,人无幼长贱贵,皆天之臣也。"(《墨子·法仪》)他还主张:"官无常贵,民无终贱。"(《墨子·尚贤上》)这与秦末农民起义领袖陈胜发出的"王侯将相宁有种乎"(《史记·陈涉世家》)的质问所体现的思想是一致的。东汉王充也有类似墨家的平等思想,他认为:"夫人,物也,虽贵为王侯,性不异于物也。"《论衡·道虚》墨家的平等思想与兼爱的思想是联系在一起的。墨子主张"视人之国若其国,视人之家若其家,视人之身若其身",互相爱利;他相信"爱人者,人亦爱之;利人者,人必从而利之",从而能够实现人际关系的良性循环,避免国与国、人与人之间互相伤害,互相残杀。(《墨子·兼爱中》)

法家关于法律面前人人平等的思想。例如,韩非子不赞成法的不平等适用。他说:"上古之传言,《春秋》所记,犯法为逆以成大奸者,未尝不从尊贵之臣也。而法令之所以备,刑罚之所

---

[1] 中外关系史学会、复旦大学历史系:《中外关系史译丛》(4),上海译文出版社1988年版,第230页。
[2] 何怀宏:《选举社会及其终结》,三联书店1998年版,第135—136页。
[3] 何学文:"科举制度的内涵及世界意义——兼论文官制度的起源",《人民论坛》2009年第21期。

以诛,常于卑贱,是以其民绝望,无所告诉。"《韩非子·备内》他主张:"法不阿贵,绳不挠曲。法之所加,智者弗能辞,勇者弗敢争。刑过不避大臣,赏善不遗匹夫。故矫上之失,诘下之邪,治乱决缪,绌羡齐非,一民之轨,莫如法。"《韩非子·有度》。当然,法家的法律面前人人平等的理念是不彻底的,因为君主是不包括在法的适用范围之内的。

上述平等理念在中国古代文化中不占主要地位。孔子孟子都主张尊卑等级制度。无论对儒家经典《礼记》中的"刑不上大夫,礼不下庶人"的主张如何解释,"刑"和"礼"都是在"大夫"和"庶人"之间作出区分的,都不是平等对待的。

除中国历史上的科举制度是平等的不拘一格选拔国家公职人员的制度外,从总体上讲,中国古代的法律制度是不平等的。中华传统文化中有根深蒂固的尊卑等级观念。这种观念与皇帝的专制权力牢固地结合在一起。"三纲"(君为臣纲、父为子纲、夫为妻纲)的伦理纲常成为立法和司法的基本原则。君对臣、父对子、夫对妻享有绝对权威,相应地,臣、子、妻处于不平等地。此外,士大夫阶层构成的统治阶级自视为人民的"父母官",实行家长式统治、没有自下而上的平等的政治参与。

(五)自由权问题

在中国古代,人民难以享有充分的人身自由、言论自由、结社自由、婚姻自由等自由权。这里主要谈谈言论自由的问题。

中国古代开明的国君或皇帝能广开言路,能够听取民众意见或勇于纳谏。这实际上是在一定范围内实行言论自由,对缓和封建专制制度起到了一定的作用,但缺乏明确的制度性保障。

在中国古代,一直有在一定范围内实行言论自由的主张。在西周后期,厉王暴虐,不准民众议论他。民众"道路以目",敢怒不敢言。他的卿士邵穆公看到了压制所导致的沉默中潜伏的危机,劝厉王广开言路。他说:"防民之口,甚于防川。川壅而溃,伤人必多,民亦如之。是故为川者,决之使导;为民者,宣之使言。故天子听政,使公卿至于列士献诗,瞽献曲,史献书,师箴,瞍赋,矇诵,百工谏,庶人传语;近臣尽规,亲戚补察,瞽史教诲;耆艾修之,而后王斟酌焉。是以事行而不悖。"(《国语·周语上》)春秋时期,郑国有"乡校",国人时常聚集于此,谈论时政。郑国大夫然明力主毁掉"乡校",当时著名的政治家子产反对说:"夫人朝夕退而游焉,以议执政之善否。其所善者,吾则行之;其所恶者,吾则改之。是吾师也,若之何毁之?"(《左传·襄公三十一年》)在宋代,范仲淹倡导以一种"宁鸣而生,不默而死"(《范文正公集》卷一)的积极心态评议时政。明清之际的黄宗羲主张学校议政辅政,实行言论自由。他说:"天子之所是未必是,天子之所非未必非,天子亦遂不敢自为非是,而公其非是于学校。"

(《明夷待访录》)

综观整个中国古代社会,春秋战国时期中国思想界是自由的,但秦统一之后,特别是在汉代"罢黜百家 独尊儒术",即以儒家思想为治理国家的指导思想之后,春秋战国时期的百家争鸣的自由景象一直没有再现。在长期的封建专制统治之下,中国古代文化形成了专制主义的传统,没有保障民众的言论自由的制度。

(六)适足生活水准权

儒家主张"富民"的"仁政",必然主张把富民放在优先地位。例如,子贡问政于孔子,"子曰:足食、足兵,民信之矣。"(《论语·颜渊》)再如,有一次孔子到卫国,弟子冉有驾车。沿途见到人烟稠密,孔子颇为高兴,感慨地说:"'庶矣哉'。冉有曰:'既庶矣,又何加焉?'曰:'富之。'曰:'既富矣,又何加焉?'曰:'教之。'"(《论语·子路》)"足食—足兵""富之—教之"的先后顺序表明,孔子认为应当优先解决人民的基本生活需要问题。康有为《论语注》诠释道:"孔子虽重教化,而以富民为先。……此与宋儒徒陈高义,但言'饿死事小,失节事大'者亦异矣。宋后之治法,薄为俸禄而责吏之廉,未尝养民而期俗之善。……盖未富而言教,悖乎公理,紊乎行序也。"

孔子孟子都主张减轻人民的徭役和税收负担。孔子基于"苛政猛于虎"的认知,反对横征暴敛,主张"省力役,薄赋税""使民富且寿"。孟子指出:"易其田畴,薄其税敛,民可使富也。"孟子曾对梁惠王说:"地方百里而可以王。王如施仁政于民,省刑罚,薄税敛,深耕易耨,壮者以暇日修其孝悌忠信,入以事其父兄,出以事其长上,可使制梃以挞秦楚之坚甲利兵矣。彼夺其民时,使不得耕耨以养其父母。父母冻饿,兄弟妻子离散。彼陷溺其民,王往而征之,夫谁与王敌?故曰:'仁者无敌。'王请勿疑。"(《孟子·梁惠王上》)

孟子主张为政者应保证民众达到适足生活水准。孟子回答梁惠王的问题时说:"不违农时,谷不可胜食也;数罟不入洿池,鱼鳖不可胜食也;斧斤以时入山林,材木不可胜用也。谷与鱼鳖不可胜食,林木不可胜用,是使民养生丧死无憾也。养生丧死无憾,王道之始也。……是故明君制民之产,必使仰足以事父母,俯足以畜妻子,乐岁终身饱,凶年免于死亡。然后驱而之善,故民之从之也轻。今也制民之产,仰不足以事父母、俯不足以畜妻子,乐岁终身苦,凶年不免于死亡,此惟救死而恐不赡,奚暇治礼义哉?"(《孟子·梁惠王上》)

从总体上讲,中国古代各个朝代都重视农业生产,出台保障和改善民生的措施,基本上尽到了保障人民生活的责任。不过,受社会发展水平的制约,中国古代人民的生活水平并不富足。尽管全面准确地判断中国古代普通民众的生活水平是困难的,我们还是可以找到一些大致可信的数据。据考证,中国春秋战国时期人均占有粮食614.8斤,汉代人均1048.35斤,唐代高峰时期1450.92斤，宋代高峰时期1457.87斤，明代1192.94斤，清朝人口迅速增加，清末每年人均粮食占有是736斤。考虑到古代中国人食物结构单一，公认的温饱标准是每人每年700斤。[1]如果除去生产成本和税负，古代中国农民的平均收入水平并不高。如果遇到战乱或灾荒导致粮食减产，收入水平会更低。从整体来看，中国古代普通农民的生活水平是徘徊在温饱线上下的，小康人家不多。

（七）受教育权

受教育权与传统中华文化的价值观念特别相融。作为封建社会意识形态的儒家理论非常重视文化教育的作用。《礼记·学记》说："古之王者，建国居民，教学为先。"孔子认为，在人民的基本生活需要有保障的情况下，必须解决礼义教化问题。

儒家倡导德政，认为"道之以政，齐之以刑，民免而无耻；道之以德，齐之以礼，有耻且格。"汉代以来的皇帝大都标榜"以德治天下"，强调将教化作为施政的基本手段。《唐律疏议》开宗明义即说："德礼为政教之本，刑罚为政教之用"。

儒家非常重视理想人格的培养。孔子设想的理想人格是"君子"。根据《论语》中的要求，君子应具备诸如温、良、恭、俭、让和仁、义、礼、智、信等品质。孟子设想的理想人格是"大丈夫"，其特征是"富贵不能淫、贫贱不能移、威武不能屈"。

孔子主张"有教无类"，彰显教育面前人人平等的价值理念。在孔子看来，人不分贫富贵贱，都应该享受教育的权利。当然，孔子的有教无类是不包括妇女的，带有当时的时代特征，但与贵族教育相比，孔子推崇并躬行平等的平民教育，是显著的进步。

在中国古代的教育机构中，私塾、书院自始就是向全社会开放的，官学也逐渐实现了平等开放。然而，在中国古代，不可能有免费的教育。穷人的受教育权是受到经济条件制约的。

（八）特殊群体的权利

救助特殊群体是中国古代法律文化传统之一。对老年人、残疾人等特殊群体的权利保护，是儒家的仁爱思想的要求。孟子指出："老而无妻曰鳏，老而无夫曰寡，老而无子曰独，幼而无父曰孤。此四者，天下之穷民而无告者。文王发政施仁，必先斯四者。《诗》云：'哿矣富人，哀此茕独！'"（《孟子·梁惠王下》）在《礼记·礼运》所描述的儒家的理想社会中，包括特殊群体享有的权利："大道之行也，天下为公。选贤与能，讲信修睦，故人不独亲其亲，不独子其子，使老有所终，壮有所用，幼有所长，矜寡孤独废疾者，皆有所养。"

中国古代历代都有救助特殊群体的法律规定及相关实践。例如，唐令规定："诸鳏寡孤独贫穷老疾不能自存者，令近亲收养。若无近亲，付乡里安恤。"[2]再如，《明律·户律·户役》

---

[1] 卜风贤："传统农业时代乡村粮食安全水平估测"，《中国农史》2007年第4期，第19页。
[2] 《宋刑统》卷十二，《户婚》引唐户令。

规定:"凡鳏寡孤独及笃疾之人贫穷无亲属依倚不能自存,所在官司应收养而不收养者杖六十。若应给衣粮而官吏减者以监守自盗论。"

由上可见,中国古代在自己的文化传统下实现了一定程度的人权保护,证明了世界上并非只有西方文化才是保护人权的,中华文化也是有人权基因的。"事实上中华传统文化中蕴含的现代人权思想资源如满天繁星,不胜枚举,这些都为源自西方的'人权'概念提供了新的诠释角度和论证根据,丰富了'人权'内涵,成为'人权'概念多样性文化土壤的中药成分。"[1]

三、中华优秀法律文化传统对当代中国人权保护的积极意义

中华优秀法律文化传统对当代中国的人权保护仍然具有积极意义。这里以下列几项中华法律文化传统为例加以说明。

(一)注重以人为本,尊重人的尊严和价值

战国时期《孙膑兵法·月战》指出:"天地之间,莫贵于人"。类似的把人看作社会的最高价值思想蕴含了现代人权理念。孟子思想中的"义"的概念和"义利之辨",包含了没有其他等价的东西可以取代人的尊严和价值的理念。

1949年9月16日,毛泽东在《唯心历史观的破产》一文中指出:"世间一切事物中,人是第一可宝贵的。"

2006年4月21日中华人民共和国主席胡锦涛在耶鲁大学演讲指出:"中华文明历来注重以民为本,尊重人的尊严和价值。早在千百年前,中国人就提出'民惟邦本,本固邦宁'、'天地之间,莫贵于人',强调要利民、裕民、养民、惠民。今天,我们坚持以人为本,就是要坚持发展为了人民、发展依靠人民、发展成果由人民共享,关注人的价值、权益和自由,关注人的生活质量、发展潜能和幸福指数,最终是为了实现人的全面发展。"

2010年3月,温家宝总理在第十一届全国人大第三次会议上做政府工作报告时也明确提出:"我们所做的一切都是要让人民生活得更加幸福、更有尊严,让社会更加公正、更加和谐。"

"70年前,为维护人类和平、正义、尊严,全世界热爱和平与自由的国家和人民,经过艰苦卓绝的浴血奋战,付出数以千万计生命的代价,赢得了世界反法西斯战争的胜利。中国人民抗击日本军国主义的野蛮侵略长达14年之久,为世界反法西斯战争胜利付出了巨大牺牲、作出了重大贡献。近代以后,中国人民历经苦难,深知人的价值、基本人权、人格尊严对社会发展进

---

[1] 罗豪才:"不一样的文化可一样尊重人的尊严——在第四届'北京人权论坛'开幕式上的致辞",《光明日报》2011年9月22日,第13版。

步的重大意义,倍加珍惜来之不易的和平发展环境,将坚定不移走和平发展道路、坚定不移推进中国人权事业和世界人权事业。"[1]

(二)从人类本性善良出发看待和解决人的权利问题

儒家的"性善论"肯定每个人在道德上的自主性和可完善性。以性善论为基础的道德理想主义是中国古代法的指导思想之一。《三字经》一开头就概括了孔孟的"性善"思想——"人之初、性本善。性相近,习相远。"

儒家认为每个人都有天赋善性,也就是有向善的内在根据。因此,通过道德教育和个人修养,每个人都会成为高尚的君子,国家因而成为"君子国"。这方面,孟子讲得最为透彻。他认为:"恻隐之心,人皆有之;善恶之心,人皆有之;恭敬之心,人皆有之;是非之心,人皆有之。恻隐之心,仁也;善恶之心,义也;恭敬之心,礼也;是非之心,智也。仁义礼智,非由外铄我也,我固之有也。""今人乍见孺子将入于井,皆有怵惕恻隐之心——非所以内交于孺子之父母也,非所以要誉于乡党朋友也,非恶其声而然也。"(《孟子·告子上》)王阳明认为:"良知良能,愚夫愚妇与圣人同。"孙中山认为:"天与我以良知,学问有深浅,是非之心则人皆有之。"[2]曾国藩晚年在《与弟书》中写道:"子弟之贤否,六分本于天生,四分由于家教。"

"性善论"是中国古代实行"德治"的思想基础。中国古代先贤们认为,固有善端的人类经过后天培养和后天努力,"皆可以为尧舜"。但不加精心养护,人的善良本性会被外界不良事物所侵蚀。故国家应当设教化和刑罚促进人们养善拒恶。[3]

中国古代推崇以德治天下,长期实行儒家的"德主刑辅"的治国方略,即以道德教化为治理国家的主要手段,在道德教化不发生作用的情况下才适用刑罚。儒家认为刑罚只能惩罚于犯罪之后,而德教可以止邪于未形,可以从根本上解决问题。儒家的这种重视道德教化,注重犯罪预防,主张标本兼治的思想,长期成为古代中国统治者处理"德"与"刑"关系的指导思想。此外,将德主刑辅的治国方略运用到如何对待罪犯问题上,就是施行惩罚与教育相结合的方针。在惩罚的同时,对罪犯进行多方面的感化和改造。

与在西方传统文化里占据支配地位的"原罪说""性恶论"认为犯罪是人的本性不同,儒家的"性善论"认为,违法犯罪只是善良本性一时被迷雾遮挡或善性一时消失所导致的,经过教化还可以驱散迷雾,恢复善良本性。性善论者主张从人的所处的社会环境方面寻找犯罪的根源,从政治、经济、文化等多方面对犯罪问题进行综合治理。

---

[1] "习近平致'2015·北京人权论坛'的贺信",《人民日报》2015年9月17日,第1版。
[2] "记孙中山先生之政见演说会",载《民国日报》第3版,上海:1916年7月18日。另见黄彦编:《孙文选集》(中册),广东人民出版社2006年版。
[3] 范忠信:《中国法律传统的基本精神》,山东人民出版社2001年版,第23页。

在中国古代,民风淳朴,社会关系简单,自然经济为主,没有发达的市场经济,也没有来自国外的严重不良影响,德主刑辅是完全合适的。当代中国需要加强法治,同时也不能忽视道德的作用。

《世界人权宣言》第1条规定:"人人生而自由,在尊严及权利上一律平等。他们赋有理性和良心,并应以兄弟关系的精神相对待。"宣言这里所说的每个人生来就赋有理性和良心,和中华传统文化中的性善论很接近。宣言所称的"良心"是儒家所主张的"仁"。这是经参与该宣言起草的中国代表张彭春建议后写上的。"在张彭春看来,'仁'可以和理性并立,作为人权的人性基础。"[1]

(三) 坚持以"仁"为最根本的理政和为人的原则

儒家主张仁是人与人之间关系的最根本原则。汉代刘向在《新序》中说:"德莫大于仁。""仁"是基于承认他人价值的一种美德。要实行这项美德,首先要从自身修养做起,使自己达到仁的要求。颜渊向孔子问仁,子曰:"克己复礼为仁。一日克己复礼,天下归仁焉。为仁由己,而由人乎哉?"其次,在家庭成员之间实现仁的要求。孔子认为"孝悌"是"仁"的出发点,因为一个连父母兄弟都不爱的人是不可能爱其他人的。孔子解释仁的根本涵义时说:"君子务本,本立而道生。孝悌也者,其为仁之本与!"其三,要用对待家庭成员间的友善态度来对待一切人。孔子主张"泛爱众""推己及人":"己所不欲,勿施于人""己欲立而立人,己欲达而达人"。由上可见,儒家主张的仁,是人与人之间的关系,是仁心的逐步扩展。这种扩展首先是自我的道德修养,其次是关心与自己有较近社会关系的人,如家人,然后再把这种关爱之情扩展至离自己较远的圈子里的人,直至全人类。

儒家主张为政者应当实行仁政。孔子在对"仁"的解释中,已有关于"仁政"的思想,就是要求为政者有爱民之心,为老百姓谋利益,使老百姓能够安居乐业。孟子与梁惠王论政时,发挥孔子的思想,提出了仁政主张。孟子主张的仁政的要求是多方面的,有利于人权的实现的。例如,"民贵君轻"、"制民恒产"、"勿夺农时"、"省刑罚,薄税敛"、实行"王道"避免"霸道"、轻刑罚重教化、为政者与民同忧同乐等。当然,儒家的"仁政"思想不可能完全符合当今对执政者的要求,比如其中未含法治的要求。有学者主张:"中国政治法律传统的'德政'、'仁政'、'善政'观念,至今仍深深地影响着我们很多人的政治法律思维。我们要建设当代中国的'宪政',就必须超越'德政'、'仁政'、'善政'的传统。"[2]时代不同了,当代人应当在继承的基础上超越前人,执政者应当更好地尊重、保护和促成人权。

---

[1] 鞠成伟:"儒家思想对世界新人权理论的贡献——从张彭春对世界人权宣言订立的贡献出发",《环球法律评论》2011年第1期,第141页。
[2] 范忠信:"超越'德政''仁政''善政'传统,建设宪政",《法学》2008年第4期,第26页。

中国古代文化主张"仁法",反对恶法。墨子认为"法不仁不可以为法"。明代儒家学者方孝孺说:"古之人既行仁义之政矣,以为未足以尽天下之变,于是推仁义而寓之于法,使吾之法行而仁义亦阴行其中。"《世界人权宣言》序言指出:"鉴于为使人类不致迫不得已铤而走险,对暴政和压迫进行反抗,有必要使人权受法治的保护"。儒家所主张的"仁政"是与"暴政"相对立的,是与人权相符合的。

(四) 在个人与社会的关系上注重个人对社会的责任

法国1789年《人权宣言》第2条规定:"任何政治结合的目的都在于保存人的自然的和不可动摇的权利。这些权利就是自由、财产、安全和反抗压迫。"西方的人权理论是建立在个人主义基础上的,注重个人的权利和自由,更有利于发挥个人价值。在个人与社会的关系上西方人权理论要求个人不逃避社会责任。

中华文化中的人权理论是建立在集体主义基础上的,注重个人对社会的责任,更有利于发挥集体的价值。在这种理论指导下,可能在必要时将集体、国家或社会利益置于优先地位。这种传统的形成与中国古代的生产方式有关。家庭或宗族是中国古代农业、手工业或商业的基本活动形式,个人在主要由血缘纽带形成的家庭或宗族组织中从事劳动和生活。个人从属于家庭或宗族,个人离开家庭或宗族以独立身份参与职业活动或社会活动的情况较少。此外,中国自古就是中央集权的国家,这种大一统的政治传统与注重个人对社会的责任的集体主义的文化传统是相辅相成的。

中国古代法没有明确的权利和义务概念,法律的重要任务之一是使个人对国家或对社会尽其特定身份上的责任。"天下兴亡,匹夫有责"是中国人的重要理念。近代以来,中国沦为半殖民地地位,国家的独立和自由是每个中国人的重要责任。有学者指出:"中国落后挨打所带来的耻辱给他们思想的震撼比他们对中国个人的悲惨生活状况的关切要强烈得多。因此,个人作为活生生的个体容易被他们看高的眼睛冷落在一边,最多也只能作为民族和国家致强致富的一种工具而被记起。""在他们看来,国家比个人更重要。当他们关切个体的时候,实际上还是为国家所盘算。"[1]

上述看法是有道理的,但从人权角度看,多少有些偏颇。在当代中国,人是作为权利主体而不是作为工具对待的。中华传统法律文化注重个人对社会的责任,并不是要牺牲个人利益,而是着眼于问题的关键或困难所在,强调社会责任的重要性,防止以个人利益侵犯集体、国家或社会利益。中华文化注重个人对社会的责任的传统与保护个人利益、发挥个人价值并不矛盾。作为人口大国,每个人都发挥出个人价值,将使中国具有无限的活力和前进

---

[1] 王人博:《宪政文化与近代中国》,法律出版社1997年版,第133、158页。

动力。如果个人价值的发挥与国家或社会发展需要相一致,实现个人价值实际上也是履行了个人对社会的责任。

中华文化注重个人对社会的责任的传统应当继续发扬。英国学者米尔恩(A. J. M. Milne)在其研究人权与人类多样性的著作中指出"人类生活总是在社会共同体中进行的",人离不开社会。[1]每个人履行对他人和对社会的责任是其享有整体的和或共同的社会利益的保证。《世界人权宣言》第29条第1款规定:"人人对社会负有义务,因为只有在社会中,他的个性才可能得到自由和充分的发展。"《经济、社会和文化权利国际公约》和《公民权利和政治权利国际公约》的序言都宣布:"认识到个人对其他个人和对他所属的社会负有义务,应为促进和遵行本公约所承认的权利而努力"。国际人权文书的这些内容与中华传统文化都是一致的。

(五)在秩序与自由的关系中秩序优先

秩序是自然界和人类社会继续存在的必要条件。秩序代表社会公共利益,意味着社会成员的人身和财产的安全、社会生活的可预期和连续性。秩序是法律的重要价值目标。法律使人类社会的运转规范化,从而保证有秩序。社会越向前发展,对秩序的要求越高,法律也就愈加复杂。

中国人自古崇尚自然秩序,甚至可以说中华传统文化中存在基于"天理"的"秩序情结"。中国古代社会以礼法并用的方式,从多方面维护国家政治秩序、社会等级秩序、家族伦理秩序。在秩序与自由的关系上,中华传统法律文化有秩序优先的价值取向,法律的天平往往向秩序倾斜。这对古代中国社会稳定有序的运转和人民生活的安宁都起到了积极作用。

西方的权利理论传入中国后,引起中国部分知识精英的反思:中国历史上为了秩序而限制自由,如限制言论自由,是否限制过了头,对社会的发展活力和科学文化的创新产生了不利影响。从19世纪90年代开始,严复、梁启超等人开始在中国大力介绍西方的自由主义。梁启超在《新民说》赞美璀璨的"自由之花"和庄严的"自由之神",指出"自由者,天下之公理,人生之要具,无往而不适用者也。""不自由,毋宁死,斯语也,实十八九两世纪中欧美诸国民所以立国之本原也。"[2]但是,后来的实践证明,自由主义并未在中国生根、开花和结果,在秩序和自由的关系中秩序优先的中华文化传统并未改变。

无秩序的、绝对的自由实际上意味着不自由。人类社会需要的是有秩序的自由和有自由的秩序。《世界人权宣言》第28条规定:"人人有权享受一种社会的和国际的秩序,在这种秩序中,本宣言所载的权利和自由能获得充分实现。"根据该宣言第29条第2款,为"在一个合民主

---

[1] [英]A·J·M·米尔恩:《人的权利与人的多样性——人权哲学》,夏勇、张志铭译,中国大百科全书出版社1995年版,第47页。

[2] 何晓明:"近代中国:重构秩序优先于个人自由",《光明日报》2009年9月16日。

的社会中适应道德、公共秩序和普遍福利的正当需要"可以依法对该宣言所宣布的权利和自由加以限制。秩序与自由都是人类社会的重要价值,二者应当根据具体的时空背景加以平衡,以便人类社会实现更有秩序更有效率的发展。

(六)坚持中庸和谐的行为准则和价值目标

李约瑟先生认为:"古代中国人在整个自然界寻求秩序与和谐,并将此视为一切人类关系的理想。"[1]古代中国人有天人合一的观念,把宇宙的秩序与和谐奉为楷模,力图创造一个合乎自然的社会。儒家、道家、法家、墨家学说对中国和谐文化传统的形成都有较大贡献。

儒家关于和谐的思想在中华传统文化发展史上长期占据主要地位。孔子说:"礼之用,和为贵。"孟子说:"天时不如地利,地利不如人和。"儒家和谐思想的主要要求包括:

"修己"和"利他"。在处理纷繁复杂的人际关系时,儒家十分强调通过"修己"与"利他"实现人际关系的和谐。在"修己"方面,儒家文化提倡安分、知足、摄生、反省、勤俭等。在"利他"方面,儒家文化强调"恕道"。《论语·卫灵公第十五》记载:"子贡问曰:'有一言而可以终身行之者乎?'子曰:'其恕乎!己所不欲,勿施于人。'"除推己及人外,还要"反求诸己",时时要调转方向看自己,乃至改变自己以适应他人。

"协和万邦"。儒家崇尚和平,反对暴力和战争。在春秋时期,已经出现如何处理中原的华夏民族和周边的夷、狄、戎、蛮等诸少数民族的关系问题。孔子主张:"远人不服,则修文德以来之。既来之,则安之。"孔子的反对武力征伐、主张"修文德服远人"的和平思想,奠定了中国古代的和平外交政策的思想基础。

"和而不同"。儒家的"和而不同"的思想有三个要点:一是承认"不同"或差异的存在;二是利用事物的差异实现不同事物的互济互补;三是实现和谐发展的局面。今天,"和而不同"这一中华文化的古老理念仍然具有强大的活力,仍然可以作为人与人、国与国关系的一项原则。这是对待世界多元文化的唯一正确的原则,是维护世界和平与发展的重要原则。

中庸之道。中庸是儒家主张的人们的行为规范,并不是折中主义或"和稀泥"。宋代朱熹说:"中者,无过无不及之名也;庸,平常也。"另一位宋代大儒程颢解释说:"不偏之谓中,不易之为庸。中者,天下之正道;庸者,天下之定理。"中庸之道强调行为勿过勿不及,要求恰到好处。中庸之道在中国古代立法上的反映之一就是注意寻找各种利益的平衡点,在执法上宽严相济,避免极端措施。个人行使权利不应过度,防止片面性,防止将权利绝对化。在全社会实现中庸是儒家的理想。《中庸》说:"中也者,天下之大本也;和也者,天下之达道也。致中和,天地位焉,万物育焉。"如果达到这里所谓的"致中和"的境界,就不仅实现了整个人类社

---

[1] 李约瑟:《李约瑟文集》,辽宁科学技术出版社,1986年,第383页。

会的和谐，而且也实现了人类与自然万物的和谐。

无讼。我国最早的"讼"字出现在《易经》里。《易经》的《讼卦》卦辞曰："讼，有孚，窒。惕，中吉，终凶。"大意是：若进行争讼则无论胜诉败诉都是不吉利的。曾任鲁国司寇并审理过讼案的孔子说："听讼，吾犹人也，必也使无讼乎。"这句话后来成为中国古代司法活动的指导原则。中国老百姓不但不好讼，而且"厌讼"甚至"贱讼"。诉讼纠纷被认为是社会病态现象，争讼在人们心目中缺乏道德上的正当性。国家司法活动的主要目标和法律的使命不是解决纠纷，而是要彻底地消灭诉讼现象。清代《钦颁州县事宜》一书记载，息讼是官吏的基本职责："州县官为民父母，上之宣朝廷德化以移风易俗，……由听讼以驯至无讼，法令行而德化亦与之俱行矣"，应做到"讼庭无鼠牙雀角之争，草野有让畔让路之美，和气致祥"。[1]人们认为，诉讼可能导致人们之间情感淡化、关系紧张等困局，也可能导致滥用诉讼手段现象的发生。在古代，发生纠纷时如果不利用非诉讼方式而首先诉诸法院，就会被人指责好讼。当今中国综合运用和解、调解、仲裁、诉讼等方式解决纷争的做法是中华传统文化的体现。在多样化的权利救济方式中，人民调解制度在中国民事诉讼中具有重要地位。我国现行民事诉讼法把人民调解作为一项基本原则，是中国社会主义法治的独创。[2]与此相对照，西方人发生纠纷时，习惯于以诉诸法院寻求解决。诉讼是西方人解决纠纷的首选的和基本的手段，但在中国古代，运用诉讼手段解决纠纷不占主要地位。

除儒家思想外，道家、法家等学说也追求和谐的目标。根据道家学说，"无为"是实现社会和谐的基本途径。法家代表人物商鞅和韩非，强调法治是实现社会和谐的基本途径。

以上各项中华法律文化传统都有重要现代价值。如果能在实施国际人权法的过程中，使中华传统文化与国际人权法实现有机的结合，可以防止在中国发生西方现代人权理论和实践的某些偏差或弊端。这些偏差或弊端今天对欧美国家的持续发展产生了不利影响。中华传统文化是在中华民族世世代代的实践检验的基础上形成的，是协调了多种价值的历史经验的产物，对于中国的人权事业是有用的，对于解决当今整个人类社会的人权及其他问题也是有重要价值的。

美国公共学者、政治经济评论员、跨国公司战略顾问罗伯特·劳伦斯·库恩指出："西方媒体天然对各种形式的权力，特别是对政府和企业的权力持怀疑态度。不管是西方政府，还是中国政府，不管是本国企业还是外企，都是如此。西方社会的基础建立在个人至上、政府机构

---

[1] 清代田文镜、李卫合写的《州县事宜》"听断"篇。田文镜雍正时任河东总督，与浙江总督李卫，遵雍正谕旨，将地方官吏应遵之各项规则缮录以进，后又经雍正皇帝钦颁天下，故此书也称"钦颁州县事宜"。
[2] 从古至今也有赞赏诉讼的，说"没有争讼，就不会有真理，也不会有公道。""真正和平，是从争讼里寻出来的。"转引自杨鸿烈：《中国法律思想史》，中国政法大学出版社，2004年，第29—30页。

相互制衡基础上。这就是为什么西方媒体无法认识到中国社会基础的优点。中国仍是发展中国家,中国共产党的领导是为了最广大人民的福祉。在中国,政治制度是保障中国实现小康,并最终实现现代化的途径。而在西方,政治制度是事实也是目的,因为他们不相信其他的制度能够长久地提供公共产品。"[1]

四、中华文化向更有利于人权保护的方向演变

中华古代文化没有创造出系统的权利理论,不利于充分的人权保护;中华古代文化中有悖于人权的内容应当破除。令人可喜的是,通过借鉴其他文化的理念和制度,通过自身的推陈出新,中华文化正在向着更有利于人权保护的方向演变。

(一)中华古代文化没有创造出系统的权利理论

产生于西方国家的系统的权利理论丰富了人类的法律文化宝库。

为什么西方文化创造出系统的权利理论?为什么中华古代文化没有这样的贡献?原因都是多方面的和综合性的。

中华古代文化未能创造出系统的权利理论,肯定与缺乏西方那样的产生个人权利理论的文化条件或文化氛围分不开。在中国古代,作为主流社会意识形态的儒家学说重义轻利,专制制度下不重视个人权利,一直没有出现文艺复兴那样的思想解放运动。皇权专制统治与含有宗法等级思想的儒家学说结合在一起,以儒家学说为理论依据确立人的行为规范。汉代董仲舒将孔子宗法等级思想归结为"三纲"并加以制度化。宋代以来,程朱理学把宗法制度及其伦理纲常视为"天理",提出"存天理、灭人欲"的主张,强化了专制统治的理论和实践。这表明,古代中华文化不鼓励个人的主体性和自主性,没有形成"个人主义"的文化传统,没有西方国家那样的个人权利取向的文化底蕴。"私权理论的出现与形成跟个人的自我主体意识以及法律对个人主体资格的承认与尊重程度密切相关。对于没有平等、自由等自我主体意识的人来说,不可能也没必要存在'观念'上的权利理论,因为他们本身就缺乏权利争取观念以及进取精神。而在一个不承认个人主体性的社会,必然不会产生'观念'上的权利理论,无论有着多么丰富、完善的财产、契约等'实在'权利制度。"[2]

中华古代文化未能产生出系统的权利理论,还与中国古代社会没有产生出对个人权利理论的迫切需求有关。首先,在中国古代,个人与个人、个人与社会、个人与国家以及个人与自然之间的冲突,儒家主张通过国家实行仁政和个人存养善性而求得平衡。儒家教导百姓和君主应

---

[1] [美]罗伯特·劳伦斯·库恩:"不要误解中国的人权进步(国际论坛)",《人民日报》2016年10月31日,第3版。
[2] 彭诚信:"'观念权利'在古代中国的缺失——从文化根源的比较视角论私权的产生基础",《环球法律评论》2004年第3期,第9页。

"修身、齐家、治国、平天下",且必求之于"格物、致知、诚意、正心"。其次,在古代中国,儒家经典虽被称为东方的"圣经",但不是宗教。在中华传统文化中,人处在天地的中心,人是万物之灵长,宇宙之精华,没有西方文化那样的宗教神学色彩。这不会带来西方那样的宗教上的不容忍和无以复加的对所谓异端分子的宗教压迫。在西方,由于受宗教神权的残酷压迫,人权是为对抗神权和封建特权提出来的,是从主张人的世俗权利开始的。其三,中国古代一家一户为生产单位的自给自足的小农经济的生产方式,左邻右舍乡里乡亲的"熟人社会",也不利于产生系统的权利理论。

总的说来,中国传统的民本思想,要求统治者以民为本,也指出了权利为民之所本,但"遗憾地只是缺乏应有的抽象概念,更缺乏具体的制度设计。因此,尽管从理论上赋予民众一些应有权利,但由于没有明确的、可以作为制度操作原则和技术的民权概念,民权的要求不能落实。"[1]

(二)借鉴其他国家有利于人权保护的文化理念及相关制度

我们应当发扬中华文化优秀传统,也应当借鉴世界其他国家的有利于人权保护的优秀文化。我们要有文化自信,不能贬损中华传统文化的价值从而盲目地移植外国文化传统,也不能夸大中华传统文化的价值从而排除借鉴外国优秀文化传统。

有台湾学者在谈民主时指出:"自康梁以后,每一代中国的知识分子当中,都有人主张中国传统中原有民主的论调。那种说法,即使不是自卑心理在作祟——看见西洋的好东西,就硬说我们自己也有——也多半是牵强附会的结果,或者是为了政治利益所做的宣传工作。我们必须认清这一点:因为我们传统中并无民主的观念与制度,所以在中国实行民主实在不是一件容易的事,虽然我们有了实行民主的要求而客观上也有许多有利的条件可以配合。有了这种思想上的了解与警惕,我们就不会以为继续保持或发扬原有的'民主'就是实行民主了"。[2]

在关于中华传统文化中有无"民主""法治"和"人权"的内容问题上,中外学者没有统一的见解,也不可能有完全统一的见解。但是这种分歧不应妨碍我们发扬中华文化的优秀传统和借鉴西方的"民主""法治"和"人权"理论与实践。

《国际法院规约》第9条要求法官的组成能代表"世界各大文化和各主要法律"。联合国各人权条约机构的组成也有类似的要求。这是因为在民主、法治和人权领域,各大文明和各主要法系各有特色。中华文化源远流长、博大精深的原因之一,就是勇于兼容并蓄,善于博采众长,从不故步自封。我们需要借鉴外国先进文化成果。例如,如果我们能够科学地借鉴源于西方的有关个人价值和权利的理念及相关制度,提倡和保护充分发挥自我价值的个性精神,将

---

[1] 夏勇:"民本新说——三联书店'民权译丛'总序",《读书》2003年第10期。
[2] 林毓生:《中国传统的创造性转化》,生活·读书·新知三联书店,1988年。

有助于创立能够推动社会较快发展的富有活力的制度。

(三) 推陈出新，树立新传统

在19世纪末，西方的人权思想传入后，在中国思想界引起了震荡。戊戌变法、辛亥革命都弘扬了"人权"精神。1915年9月，陈独秀在标志新文化运动兴起的《青年杂志》创刊号上发表了《敬告青年》一文。文中指出："欲脱蒙昧时代，羞为浅化之民，则急起直追，当以科学与人权并重。"不久，他在《〈新青年〉罪案之答辩书》一文中将民主与科学称为"德先生"与"赛先生"，认为"只有这两位先生，可以救治中国政治上道德上学术上思想上一切的黑暗。"李大钊认为，宪法最主要的精神是保障"思想自由"。他说："对于今兹制定之宪法，其他皆有商榷之余地，独于思想自由之保障，则为绝对的主张。"[1] 这些五四新文化运动的代表人物高举民主、科学和人权的旗帜，提倡个性解放，用人权理论批判当权者的倒行逆施，使五四运动成为一场爱国运动和思想解放运动。五四运动以来，民主、科学和人权日益深入人心，逐渐成为一种社会意识和价值观念。

"提到中国的文化传统，一般人总是只将它与中国古代文化联系起来。实际上，我们还有一个文化传统，那就是五四新文化。目前，对于中国这两个文化传统，不同的人有着不同的态度和看法，而由此产生的偏向、矛盾、困惑成为学界的一个难以逾越的障碍。……五四新文化则一直将中国古代文化中的专制主义思想作为主导线索进行批判，认为必须克服这一国民劣根性，才能实现中国的现代化。当然，中国古代传统文化中不乏可贵的精华，这是需要继承和发扬的。"[2]

新近有学者主张通过博采中华文化多家之长形成"合成的新思想""形成中国版的人权价值观"，即"将集体—国家主义的法家意识形态、集体—家族主义的儒家意识形态与个人—自然主义的道家无为思想和个人主义'为我'的杨家思想进行很好的综合，从而使我们实现集体主义和个人主义之间的平衡。"[3]

文化传统虽然相对稳定，但不是一成不变的，而是逐渐演化和更新的。产生于中国古代的文化传统，不可能都适用于当代中国的人权保护。中华传统文化中有悖人权的内容已经或正在被更新。例如，关于性别关系，古代中华传统文化观念是男尊女卑。但是，在20世纪，这方面发生了巨大变化。1995年第四次世界妇女大会在中国召开，中国已成为世界上实现男女平等、妇女解放较好的国家。新的性别平等的文化传统正在形成。

---

[1] 《李大钊全集》第1卷，第231页。
[2] 王铁仙："两种中华文化传统：区分、辩证与融通"，《中国社会科学》2010年第5期。
[3] [美]廖凯原："《黄帝四经》新见：中国法治与德治科学观的反熵运行体系"，《环球法律评论》2011年第2期，第39页。

五、中华文化与国际人权法的相互作用及其意义

由于中华文化与国际人权法在本质上是一致的,在中国参与制定国际人权法和履行根据国际人权法承担的义务的过程中,二者相互作用,显示出了重要意义。

(一)中华文化元素融入国际人权法

国际人权法更多地受到了西方文化的影响,但中华文化的某些元素已经融入国际人权法。

例如,中华文化对《世界人权宣言》产生了有益影响,儒家伦理的核心元素"仁"融入了该宣言。1947年初开始起草《世界人权宣言》时,中国代表张彭春是人权委员会的副主席。人权委员会的同行们称赞"他是一位学者型的外交家,似乎具有一种人格魅力,可以使人权委员会的工作变得轻松";"他具有幽默感,从哲学的角度考虑问题,几乎在任何场合他都能够引述机智的中国谚语来应场";他是"协调的艺术大师","随时都有解决问题的实际办法","在讨论陷入僵局的许多时候,他总能想出化解的办法"。不难看出,张彭春的言行中洋溢着中华文化的智慧。他个人的这些能力体现出了中华文化的力量。这里还需要指出,在《世界人权宣言》第1条中"增加'良心'被公认是对儒家伦理观中最重要思想所作的很西化的翻译。这是由委员会中的中国委员张彭春提议加进去的。"他把"仁"翻译成conscience(良心),为各国代表认可。同时他坚持要求去掉《世界人权宣言》原条文中带有浓厚宗教色彩的"本性"和"上帝"的提法。张彭春说:"宣言应该既反映出托马斯·阿奎那的思想,也应该反映出孔子的思想。"[1]人权委员会最后接受了张彭春的建议。[2]

再如,中华文化扶弱济困的传统对《残疾人权利公约》的制定产生了积极影响。中国是上世纪90年代最早倡议制定残疾人权利公约的国家之一。2000年3月,中国邀请世界盲人联盟、世界聋人联合会、融合国际、残疾人国际等残疾人组织以及各大洲10多个国家的残疾人事务负责人或代表,召开"世界残疾人非政府组织领导人会议",会上通过了《北京宣言》,促进了联合国启动公约制定的进程。中国提交了公约草案,参与了公约谈判的全过程,为协调和促成各方达成协议发挥了建设性作用。公约采纳了中国的多项建议,例如中国关于该公约不仅应当是残疾人权利保护法,还应当是残疾人事业促进法,要通过残疾人事业的发展实现残疾人权利的建议。这项使公约更加全面和完整的建议是中国解决残疾人权利问题的历史经验,带有中华文化特色。

(二)国际人权法对中华法律文化的影响

与中华传统文化相比,西方有关个人权利的文化传统以及相关制度更多地反映在国际人

---

[1] "中国代表张彭春与世界人权宣言",《人权》2003年第6期。
[2] [瑞典]哥德门德尔·阿尔弗雷德松、[挪威]阿斯布左恩·艾德:《世界人权宣言:努力实现的共同标准》,四川人民出版社,1999年,第6、44页。

权条约之中。在谈判的过程中，包括中国在内的非西方国家接受国际人权条约、愿意签署、立法机关能够批准或决定加入，表明了人权是人类社会的普遍价值，也表明了不同的人类文化传统是应当也是可以相互借鉴的。通过国际人权条约的缔结和履行间接地借鉴外国文化传统，与直接借鉴外国法律的方式相比，阻力会小一些。这些年来，在中国缔结和履行国际人权条约的过程中，特别是在根据国际人权条约制定、修改中国法律的过程中，在实现中国的相关法律与国际人权法的衔接的同时，促进了中华文化借鉴国际人权法所体现的包括源自西方国家的人类共同的法律文明成果。

国务院新闻办公室2011年10月27日发布的《中国特色社会主义法律体系》白皮书指出："中国特色社会主义法律体系体现了继承中国法制文化优秀传统和借鉴人类法制文明成果的文化要求……一方面，注重继承中国传统法制文化优秀成分，适应改革开放和社会主义现代化建设需要进行制度创新，实现了传统文化与现代文明的融合；另一方面，注意研究借鉴国外立法有益经验，吸收国外法制文明先进成果，但又不简单照搬照抄，使法律制度既符合中国国情和实际，又顺应当代世界法制文明时代潮流。这个法律体系具有很强的包容性和开放性，充分体现了它的独特文化特征。"[1] 这里所说的"吸收国外法制文明先进成果"，应当是包括国际人权法所凝聚的世界法制文明先进成果的。这些年来中国刑法和刑事诉讼法的修改，非常明显地体现了国际人权法的影响。

（三）在中华文化背景下完全能够实现人权普遍性和文化多样性的统一

英国学者米尔恩在《人权与人类多样性》一书中指出，西方传统只不过是人类众多传统的一种。该书出版商麦克米兰出版公司在评价这本书时说，人类生活并非千篇一律，人类有很多不同的文化和文明传统，应当认真对待人类文化多样性，而不应该像《世界人权宣言》那样，如此多地反映西方的制度和价值。[2] 人类文化多样性包括人权文化的多样性是客观存在的。"多元文化催生了多元价值观和多元的人权观，以《世界人权宣言》为代表的人权基本价值是全人类的共识，也得益于全人类的贡献，是世界多元文化交汇、融合的硕果。历史地看人权观念的推广和人权话语的普及从来都不是哪一种特定人权文化的独角戏，相反其所体现的一直都是多元文化的交汇和融合。"[3] 人权并非西方国家所独有，"而是人类在漫长的历史进程中共同追求的价值观和共同创造的文明成果。只是在不同的历史阶段、不同的国家，它的

---

[1] 国务院新闻办公室："中国特色社会主义法律体系"，《人民日报》2011年10月28日，第14版。
[2] [英]A·J·M·米尔恩：《人的权利与人的多样性——人权哲学》，夏勇、张志铭译，中国大百科全书出版社，1995年版，第47页。
[3] 罗豪才："不一样的文化可一样尊重人的尊严——在第四届'北京人权论坛'开幕式上的致辞"，《光明日报》2011年9月22日，第13版。

实现形式和途径各不相同"。[1]各国之间人权或公民权的各种差异，一再证明了马克思的下述论断的真理性："权利永远不能超出社会的经济结构以及由经济结构所制约的社会的文化发展。"[2]

这一论断用来解释权利的现实形态是正确的，用来解释权利理论的产生、人权与文化多样性的联系也是正确的。之所以人权与文化多样性分不开，就是因为人权是受"社会的经济结构以及由经济结构所制约的社会的文化发展"状况的制约的。系统的权利理论没有从中华文化产生而是从西方文化产生，原因是中国和西方的政治、经济和文化的基础不同。所以，如果把在其他国家的政治、经济和文化基础上产生的人权理念及制度全部地原封不动地搬到中国，会因为文化差异而出现水土不服的问题。只有科学地借鉴其他文化传统的人权理念或具体制度才能实现促进中国人权事业的目的。

坚持人权的普遍性与尊重文化多样性都是有国际法的根据的。国际人权法与文化多样性是可以并存的。《维也纳宣言和行动纲领》第一部分第5段宣布："所有人权都是普遍的、不可分割的、相互依存的和相互联系的。国际社会必须在全球范围内用公平和平等的方式、站在同样的立足点和带着同样的重视程度对待人权。尽管国家和区域的特殊性和各种历史的、文化的和宗教的背景的意义必须予以考虑，但是各国都有义务促进和保护所有人权和基本自由，不论它们的政治的、经济的和文化的制度如何。"这是处理人权普遍性与文化特殊性之间关系的唯一正确的原则。

由于中华文化与国际人权法具有本质上的一致性，一方面是中华文化的某些元素已经融入国际人权法，这样的融入会随着中华文化走向全世界呈现出增强的趋势；另一方面是中国有关人权的法律不断地根据国际人权法修改和完善，已经基本上实现了与中国根据国际人权法所承担的义务相一致。这使国际人权法对中华法律文化产生了显著的影响。这种影响还会随着中国的改革开放和建设法治国家的进程以及国际社会的民主、法治和人权的潮流的进展而有所增强。中华文化与国际人权法的相互作用表明，中华文化与国际人权法不仅是相容的，而且可以是相补益的。中华优秀文化传统有助于国际人权法在中国的实施，并且可以对人类共同的人权事业做出贡献。

---

[1] 温家宝："关于社会主义初级阶段的历史任务和我国对外政策的几个问题"，《人民日报》2007年2月27日，第2版。
[2] 《马克思恩格斯选集》第三卷，人民出版社，1972年，第12页。

中国文化的自由、民主、人权观念
——兼论劳动权利作为现实的人权赖以充分实现的历史前提

Freedom, Democracy and Human Rights Perspective in Chinese Culture

周可真*

摘要：中西方文化都有关于自由、民主和人权的自觉意识和观念形态，都并存有绝对自由和相对自由两种传统观念：以亚里士多德、老子为代表的绝对自由观念和以毕达哥拉斯、西塞罗、洛克、孔子为代表的相对自由观念；都有关于民为国本和执政为民的政治思想，但在近现代，西方资产阶级的民主观念是一种国家政体观念，中国共产党的民主观念是一种国家治理观念；都把人权理解为与生俱来的东西，但中国传统文化强调人的生存权，西方近现代文化则强调人的自由权。生存权可理解为"天赋人权"，自由则不能简单纳入"天赋人权"范畴。人权是一种自然历史权利，在现实性上就是人的劳动权利。在知识经济时代，建立一种人人共享信息资源的社会制度，是人权赖以充分实现的历史前提。

关键词：中国文化　自由　民主　人权

本文之作是为了应对现实的国际环境而以"求同存异"的会通思维来寻求中国文化与西方文化之间的价值共同点。

---

* 作者简介：周可真（1958— ），男，江苏宜兴市人，中国社会科学院研究生院哲学博士。现为苏州大学政治与公共管理学院教授、博士生导师，苏州大学学术委员会委员、研究生教育委员会副主任、哲学学科带头人，兼任中国哲学史学会理事、江苏省儒学会副会长。主要学术著作有《顾炎武年谱》《顾炎武哲学思想研究》《明清之际新仁学——顾炎武思想研究》，并在《中国社会科学（英文版）》、《哲学研究》《中国哲学史》《江海学刊》等内刊物发表学术论文九十余篇。最近十余年转向管理哲学，目前主持国家社科基金重点项目"儒、道、法的国家治理哲学研究"。

一

　　作为一种价值观,"自由"在西方文化中具有悠久的传统。早在古希腊时代,亚里士多德(Aristotle,前384—前322)就提出了"人本自由"的口号,并因而推崇"自由学术"。在亚里士多德看来,"自由"的意义是在于"为自己的生存而生存,不为别人的生存而生存",相应地,"自由学术"的意义即在于"为学术自身而成立的学术"——在《形而上学》中,亚里士多德如此写道:"古往今来人们开始哲理探索,都应起于对自然万物的惊异;……他们探索哲理只是为想脱出愚蠢,显然,他们为求知而从事学术,并无任何实用的目的。……这样,显然,我们不为任何其他利益而找寻智慧;只因人本自由,为自己的生存而生存,不为别人的生存而生存,所以我们认取哲学为唯一的自由学术而深加探索,这正是为学术自身而成立的唯一学术。……所有其他学术,较之哲学确为更切实用,但任何学术均不比哲学为更佳"[1];相反,哲学作为"理论学术",它是"优于其他学术而为人们所企求的"[2]。由此可见,亚里士多德之所以将哲学视为优于其他学术的高级学术,是因为在他看来,哲学是最合人的自由本性的学术。按其思想逻辑,为人们所企求的理想生活或高级生活应是合乎人的自由本性的生活,而哲学作为一个特殊学者群体所从事的求知活动乃是最理想、最高级的生活形式——显然,亚里士多德是把投身于探索哲理的学术事业当作其追求自由的必然选择和实现自由的必由之路了。古罗马的西塞罗(Marcus Tullius Cicero,前106-前43)同样推崇"自由",其"为了得到自由,我们服从法律"[3]的名言表明,他所倡导的"自由"是政治学意义上受到法律制约的自由,这有别于亚里士多德所讲的那种存在论意义上不受任何外在因素束缚而纯粹自为的绝对自由。到了近代,英国的洛克(John Locke,1632—1704)对西塞罗的自由观更有补充性的发展,洛克指出:"自由固然要受法律的约束,但法律的目的不是废除或限制自由,而是保护和扩大自由。""法律按其真正的含义而言,与其说是限制还不如说是指导一个自由而有智慧的人来追求他的正当利益,它并不在受这种法律约束的人们的一般福利范围之外作出规定。"[4]作为17世纪英国古典自然法学派的主要代表、自由主义的奠基人,洛克的自由观在近代以来西方世界的主流价值观中是极具代表性的。

　　如今,以美国为核心国的西方世界常自封为"自由世界",似乎"自由"是唯西方有之,而为东方所阙如。其实,就中国来说,其传统文化中并非完全不存在与之相对应的价值观。

---

[1] 亚里士多德:《形而上学》,吴寿彭译,商务印书馆1959年版,第5—6页。
[2] 参见亚里士多德:《形而上学》,吴寿彭译,商务印书馆1959年版,第119—120页。
[3] 西塞罗:《为奥鲁斯·科伦提乌斯·哈比图斯辩护》第53卷第146章,转引自严存生《法的价值问题》,中国政法大学出版社2002年版,第520页。
[4] 参见洛克:《政府论》(下篇),商务印书馆1964年版,第35—36页。

中国道家哲学中就有与古希腊亚里士多德哲学自由观相似的自由观，这种自由观是通过其"道"论而集中地表达出来的。道家鼻祖老子在《道德经》中将"先天地生"的"道"描述为"独立而不改，周行而不殆"[1]，庄子则在《大宗师》中将"道"描述为"自本自根，未有天地，自古以固存"[2]，其所谓"独立而不改"，所谓"自本自根"，都是在于说明，"道"是一种无条件的绝对存在，具有不受任何外在因素制约的绝对自主自由性。与之相应，在老、庄的理想人格论中，与"道"合一的"圣人""至人"，其心灵与"道"一样，也是绝对自主自由的，其在现实的世俗生活中表现出来，就是如婴儿般的"无知无欲"而置身于是非争辩之外，既不为名利所牵累，也不为死生而烦恼。道家所推崇的这种心灵自由，如果用西语来表达，也可谓是"意志自由"。如果说亚里士多德是以其信守中道原则而推崇意志自由[3]的话，那么，道家老庄之推崇意志自由同样是由于其信守中道原则[4]。更进一步说，亚氏和老庄之所以都信守中道原则而推崇意志自由，是因为他们都形而上学地假定了宇宙本体的存在——这个被老庄同称为"道"并且被老子描述为"独立而不改，周行而不殆"的宇宙本体，在亚氏哲学中则被描述为"创作第一级单纯永恒运动，而自己绝不运动，也不附带地运动"[5]，故而被称为"不动变本体"[6]——尽管其对宇宙本体的具体描述有差异，但其本体作为一种无条件的绝对存在而理所当然地所具有的绝对自由本性却是相同的。因此，如果说按照亚氏"于神最合适的学术正应是一门神圣的学术"[7]的逻辑，从事"最神圣的学术"的哲学家理所当然应该是最契合于"神"（即"不动变本体"）的本性的绝对自由者的话，那么，按照老子"从事于道者，同于道"[8]的逻辑，"从事于道者"的"圣人"也理所当然应该是像"独立而不改""自本自根"的"道"一样的绝对自由者——其自由在伦理意义上便是所谓"意志自由"。

在中国传统文化中，还不仅是道家，儒家也有一种自由观念，尽管其自由观念的具体内涵不同于道家的绝对自由观念。

儒家政治思想的本质特征乃在于主张"为国以礼"[9]。所谓"礼"，就是儒家为治国平天

---

[1] 《老子·二十五章》
[2] 《庄子·大宗师》
[3] 参见余仕麟："孔子'中庸'思想与亚里士多德'中道'思想之比较"，《北京大学学报（哲学社会科学版）》2003年第1期；强琛、钱昌照："儒家与亚里士多德'中庸'伦理思想比较"，《海南大学学报（人文社会科学版）》2004年第3期。
[4] 参见拙文："'法自然'即'守中'——读〈老〉札记一则""儒家、道家同尚'中道'"，均载拙著《顾炎武与中国文化》，黄山书社，2009年。
[5] 参见亚里士多德：《形而上学》，吴寿彭译，商务印书馆，1959年，第249页。
[6] 参见亚里士多德：《形而上学》，吴寿彭译，商务印书馆，1959年，第237页。
[7] 亚里士多德：《形而上学》，吴寿彭译，商务印书馆，1959年，第5—6页。
[8] 《老子·三十七章》
[9] 《论语·子路》

下所设定的一种被声称为"承天之道,以治人之情"的天命国家的天然组织法度。[1]儒家国家治理思想最显著的特点就在于其极具组织观念,极重组织制度的权威性和组织行为的规范性,强调凡事皆须按组织制度的规定办理,即所谓"非礼勿视,非礼勿听,非礼勿言,非礼勿动"[2],这乃是对包括君、臣在内的君子的普遍要求。孔子曰:"所谓大臣者,以道事君,不可则止。"[3]这意思就是说,"臣事君"是礼制社会组织中的一种合作行为,从大臣方面来说,他们应该采取合"礼"的文明行为来参与这种政治形式的合作,但假使君主方面不是相应地同样采取以"礼"相待的文明行为来对待大臣的话,大臣就可以中止同君主的合作关系了——所谓"邦有道,则仕"[4]"无道则隐"[5]"道不行,乘桴浮于海也"[6]。非常明显,在孔子心目中,君臣之间的政治关系是一种以相互合作为内容的组织关系,这种政治形式的合作应当是君臣之间都相互依"礼"行事的文明合作。假如合作双方之任何一方不依"礼"行事,文明合作关系便不复存在;而假使合作双方都不是依"礼"行事,这样的合作方式就不是"群"而是"党"了。孔子所谓"群而不党"[7],正是在于提倡依"礼"行事的文明合作,反对违"礼"的不文明合作。在孔子的组织观念里,作为一种组织制度的"礼",它具有双重的组织文化意义:既具有引导组织成员文明行为的德治意义,又具有强制组织成员规范行事的法治意义。后一种意义是意味着组织中的管理者(君、臣)或管理部门(朝廷、政府)本身也要受到"礼"的制约,而没有什么人或部门可以具有越"礼"行事的特权。儒家之"礼"固然有为组织成员定尊卑、别贵贱的分等定级意义,但是正如唐甄(1630—1704)所说:"圣人定尊卑之分,将使顺而率之,非使亢而远之。"[8]也就是说,"定尊卑之分"的"礼"对于君主来说,其意义绝不在于让其享有凌驾于其他一切人之上而为所欲为的特权,而恰恰在于让其行为受到制约,使其有章可循地规范行事,并以这种规范性的有序行为方式来实现其对整个组织的领导。所谓"上好礼,则民莫敢不敬"(《论语·子路》),正是说,要成为一个让民众敬服的贤明君主,就必须依"礼"行事,而且只要依"礼"行事,就必定能成为一个让民众敬服的贤明君主。先秦时代的儒家,无论是其鼻祖孔子,还是思孟之儒或荀卿之儒,没有任何一个人或派别认为,凡具有君主或天子身份的人就是天生的"圣上",大臣与百姓都应该无条件服从"圣上"的"圣

---

[1] 《礼记·礼运》引孔子语:"夫礼,先王以承天之道,以治人之情……是故礼必本于天……圣人以礼示之,天下国家可得而正也。"
[2] 《论语·颜渊》
[3] 《论语·八佾》
[4] 《论语·卫灵公》
[5] 《论语·泰伯》
[6] 《论语·公冶长》
[7] 《论语·卫灵公》
[8] 唐甄:《潜书·抑尊》。

旨"——这种观念根本不是儒家的观念,而是法家的观念——在法家看来,任何人只要一朝得势而取得君位,不管其道德素质和能力状况如何,为大臣者都得忠于君主,无条件服从君主。秦汉以后统治者所宣扬的"忠君",根本是先秦法家的君臣观,而非先秦儒家的君臣观。被汉武帝看重而采纳其"独尊儒术"建议的董仲舒,其"儒术"的重要内容之一,就是在"天子"之上设置一个能赏善罚恶的意志之"天",其目的是用"天道"来制约人间帝王的行为,在现实性上就是用体现"天道"的"礼"来规范帝王的行为,这与先秦儒家的政治思想是一致的。到了宋明新儒家,"天道"被安置于人心,成为人心固有的"天理"——"性"或"良知",程朱提倡"格物穷理",王阳明提倡"致良知",其政治意义都是在于要求统治者按"天道"或"天理"行事,这与董仲舒的政治思想绝无原则性区别,同样是以"天道"来制约人间帝王的行为。儒家从先秦儒家到汉儒再到宋儒,其一贯的思想乃是忠诚于"道",在现实性上就是忠诚于体现"天道"的"礼"。

从国家治理角度看,儒家所讲的"礼"也具有法律意义。孔子所谓"道之以政,齐之以刑,民免而无耻;道之以德,齐之以礼,有耻且格"[9],这里的"礼"与"刑"相对,用现代法学术语来说,其区别在于:"刑"是属于实体法范畴的法律,"礼"是属于程序法范畴的法律。故孔子所谓"克己复礼为仁"[10]也可以被解释为"为了仁,我们服从礼",这与古罗马法学家西塞罗所谓"为了自由,我们服从法律"具有相似意义,而并非风马牛不相及。进而言之,孔子所谓"仁"未尝不可以被理解为一种自由,而且就这种自由的实现必须以约束自己("克己")而服从法律("复礼")为前提而言,孔子的自由观更可以说是兼有古希腊毕达哥拉斯(前572—前497)关于"不能制约自己的人,不能称之为自由的人"[11]、古罗马西塞罗关于"为了自由,我们服从法律"两种自由观的内容。而孔子又有"从心所欲不逾矩"[12]之说,考虑到这句话是他就自己七十岁所达到的人生境界而言,故此说完全可以被理解为是他对"克己复礼为仁"之说的补充和完善,亦即他对自由("仁")的完整界说,按照这种界说,自由("仁")有两个方面:对礼制的服从("不逾矩")和对自我需求的服从("从心所欲")。这意味着按孔子的观点,自由("仁")有两个尺度:外在的制度("礼")尺度和内在的心理("欲")尺度。人追求自由("仁")的行为应该而且必须同时符合这两个尺度,而只要满足了这两个条件,他就可以达到自由("成仁")。由于孔子这里所讲的"从心所欲"是以"不逾矩"为条件的,即"欲"是在"礼"的范围之内,故如果把"礼"理解为法律的话,"欲"就可以被理解为一种受到法律("礼")承认和支

---

[9] 《论语·为政》
[10] 参见《论语·颜渊》。
[11] 转引自《环球时报·生命周刊》2005年4月12日,第23版。
[12] 参见《论语·为政》。

持的正当的个人需求，这与英语"right"（汉译"权利"）一词所包含的意义（正当、合理、合法或合乎道德的东西）是一致的，所以，其"欲"也可理解为是孔子自由（"仁"）观中的权利概念。孔子所谓"富与贵，是人之所欲也；不以其道得之，不处也"[1]，这里为"道"所容的富贵之"欲"，正可理解为孔子所肯定的人皆具有的追求富贵的权利。

仁学家孔子的自由观与道学家老庄的自由观之差异，正如古罗马法学家西塞罗的自由观与古希腊哲学家亚里士多德的自由观之差异，都是属于相对自由观与绝对自由观之差异。而以孔子为代表的中国儒家的自由观，更是与近代以来西方文化中以自由为核心的主流价值观有相一致之处，因为近代以来西方主流价值观中自由的意义也无非是服从国家法律和行使个人权利这两个方面的统一。

二

进一步研究，更可以发现，在传统儒家思想中还存在着一种与其自由观念相辅相成的民主观念，这种民主观念蕴含于儒家的国家主体价值观中，按照这种价值观，掌权之君只是为民掌权，所以应该为民服务。[2]这种分明是把民当作国家主体来看待的"民为国主"观念，后来被明清之际启蒙思想家黄宗羲（1610—1695）所接续，复以"古者以天下为主，君为客，凡君之所毕世而经营者，为天下也"[3]的表述形式重新表达出来。黄宗羲这里所讲的"天下"是与"君"相对而言，实指天下之民；其"以天下为主，君为客"之说，犹言"民为主，君为客"。而"君为客"的意思，就是"君之所毕世而经营者，为天下也"。显然，黄宗羲"民为主，君为客"所包含的政治理念和荀子"立君为民"所包含的政治理念是完全一致的，都是属于"民为目的，君为工具"的国家主体价值观。顾炎武在读了黄宗羲所写的《明夷待访录》之后，曾公开明确地表示了他完全赞同《待访录》所表达的观点与主张："……大著《待访录》读之再三，于是知天下之未尝无人，百王之敝可以复起，而三代之盛可以徐还也。"[4]所以，我们不必总是按传统的儒家道统传承观念去理解儒家思想发展的历史脉络，好像唯有汉儒董仲舒、宋儒二程（颐、颢）、朱熹等这样一批其思想曾得到郡县制帝国官方认可并长期作为官方正统思想予以宣扬的大儒才是儒家道统的正宗传承人，不能认为唯有按那种理解方式才能把握到儒家的真思想、真精神，而是也可以按孔孟到荀子再到黄宗羲、顾炎武的发展线索来理解儒家思想和把握儒家的真思想、真精神。按照后一种理解方式，儒家政治哲学的真思想应该被理解

---

[1] 《论语·里仁》
[2] 详见拙文："中国传统国家治理思想的三种基本类型"，《哲学动态》2015年第1期。
[3] 黄宗羲：《明夷待访录·原君》。
[4] 顾炎武：《与黄太冲书》，载《顾亭林诗文集》，中华书局，1983年，第238页。

为"民本君末"观念从"民为国本"到"民为国主"的发展过程,其真精神应该被本质地理解为"以民为主"的国家民主精神。

正如儒家思想中有一种与其自由观念相辅相成的民主观念,道家思想中也有一种与其自由观念相辅相成的民主观念,这种被笔者概括为"民主君辅"的国家主体观念和儒家"民本君末"观念,都在于肯定人民在国家中的根本地位,强调国家必须依赖于人民才能存在,执政者应当为民服务,因而都可以被纳入"民为国主"范畴,被视为"民为国主"观念的两种形态。[1]

与其"民为国主"的民主政治理想相一致,儒、道也有其特定的人权观念,这首先突出地表现在,无论是儒家还是道家,无不重视民生问题的解决。肯定"富与贵,是人之所欲也;不以其道得之,不处也"的孔子,固然主张对百姓"先富后教"[2],并为达致"富民"目标而反对重税,要求推行"敛从其薄"[3]的薄敛政策,认为真正的"圣王"是"博施于民而能济众"[4]的,孟子也认为"行王政"者当有"救民于水火"[5]的恻隐仁心,并提出了"制民恒产"和薄赋敛等具体的王政措施,荀子更是基于"下贫则上贫,下富则上富"的认知,认为"使天下必有余,而上不忧不足",据此提出了为实现"上下俱富"而"明主必谨养其和,节其流、开其源,而时斟酌焉"的"国计",以及"轻田野之税,平关市之征,省商贾之数,罕兴力役,无夺农时"[6]的配套政策,就是主张"不尚贤,使民不争;不贵难得之货,使民不为盗;不见可欲,使民心不乱"而欲致"虚其心,实其腹;弱其志,强其骨。常使民无知无欲,使夫知者不敢为也"的"圣人之治"[7]的老子,其实也有关于"民自富"的治国目标和政治设想,具体而言,"'自富'是由于'圣人常善救人'而'无弃人'、'常善救物'而'无弃物'而达到社会财富相对充足和均衡分享,这是老子'小国寡民'的社会理想中的共同富裕,这种共同富裕并不是社会财富充分涌流,以至于达到了可以各取所需或按需分配的那种'享乐型共同富裕',而是社会财富有限但能满足全体社会成员的生存需要,足以使他们不愁吃、不愁穿、不愁住,而且个个都自我感觉吃得香甜,穿得漂亮,住得安适('甘其食,美其服,安其居')的'温饱型共同富裕'。这种'温饱型共同富裕'是老子依据'自然'原则所要创建的'自均'社会的核心内容,它意味着不仅解决了全体社会成员的生存问题,而且实现了他们对社会财富的均衡分享。"[8]

[1] 详见拙文:《中国传统国家治理思想的三种基本类型》。
[2] 参见《论语·子路》。
[3] 参见《左传·哀公十一年》。
[4] 参见《论语·雍也》。
[5] 参见《孟子·滕文公下》。
[6] 参见《荀子·富国》。
[7] 《老子·三章》。
[8] 拙文:"自然即公平:老子公平思想新论",《江海学刊》2014年第6期。

其实，不仅是儒、道，墨家、农家、杂家等也都重视民生问题的解决，兹不俱论，仅就其重视民生问题的解决的思想本质而言，这其实也就是肯定每个人都有其生存权，解决民生问题，就是保障每个人的生存权。但是，中国传统的人权观念并不把重视人的生存权局限于保护和保障每个人的自然物质生命。就儒、道以及儒、释、道合一的理学的思想来说，其主要倾向是重视人的自然道德生命胜过重视人的自然物质生命。人的生命的这种双重自然属性，到了宋明理学那里，被形而上学地归结为"天地之性"和"气质之性"，它们分别属于"理"和"气"，其关系是"体"与"用"的关系——"天地之性"（"理"）为"体"，"气质之性"（"气"）为"用"。而"体用一源，显微无间"（程颐语）——"天地之性"是依存于"气质之性"，不能离开"气质之性"而独立自存的。按朱熹之说："天地之间，有理有气。理也者，形而上之道也，生物之本也；气也者，形而下之器也，物之具也。"[1] 就"生物之本"的"理"对"生物之具"的"气"具有驾驭其运动的支配作用而言，人的"天地之性"就是人自己决定自己的自由本性，即自我驾驭其"气质之性"的自主性。就这种人人生来就具有的自主性是来源于作为宇宙本体的"理"——"太极"而言，它具有神圣不可侵犯的至尊性，在此意义上，"天地之性"就是人生于天地之间所具有的至尊不可侵犯的天赋主权。由于这种天赋主权具有"生物之本"的意义——对人而言则具有"立人之本"的意义，这种自主权同时也是人的生存权，只因其依赖于自然物质生命权（"气质之性"）而存在，所以它在现实性上又表现为自然物质生命权，这种关系也就是所谓"体用可分而实不二"（熊十力语）。

故为中国传统生命哲学所肯定并强调应予保障而不可侵犯的生存权，既是每个人的自然物质生命权，也是每个人的自然道德生命权——一种自己主宰自己而不容外来侵犯的天赋主权。就儒、道以及儒、释、道合一的理学的主要思想倾向而言，人的生存权是被本质地理解为每个人的自主权的。这种属于"理"范畴的生存权作为一种自主性、自由性，其自我张扬并不是表现为支配外界的事物和人，而是表现为自作主张而不为外物左右和不屈服于外力的压迫——当受到外部势力的侵害时，则表现为宁死不屈地抵抗侵犯者，誓死捍卫自己的人格尊严，所谓"杀身成仁"、"舍生取义"是也。其"仁"或"义"就是指人的自然道德生命权（"天地之性"），其"身"或"生"就是指人的自然物质生命权（"气质之性"）。

"杀身成仁""舍生取义"的行为是坚守中国传统主流价值观的中国人誓死捍卫其天赋的道德生命权而自我张扬其自主性和自由性的突出表现，它是在鱼和熊掌不可兼得的情况下为维护其人格尊严所做出的无奈而无悔的选择和自认为死有所值、死得其所的必要牺牲。这种自主选择，这种自我牺牲，集中地体现了中华民族在几千年里所逐渐养成而可与天地同久的

---

[1] 《朱文公文集》卷五十八《答黄道夫》。

"浩然正气"!

"浩然正气"是中华文化的真正灵魂,它作为维护中华民族所推崇的天赋道德生命权的内在力量,必须通过如孟子所讲的那种"集义"[1]方式才能养成,这意味着为它所维护的人权是依赖于"积善"的道德修养的,而这种"欲事事皆合于义"的道德修养过程,本质上是一种克尽为人之道德义务的奉献行为。所以,按照中国传统主流价值观中的人权观念,不仅天赋的人权在本质上是一种道德生命权,而且这种生命权作为一种道德权利是依赖于权利主体所应尽的道德义务的,在这里,义务是权利的前提和根据,没有义务便没有权利。强调道德生命对于人的存在的根本意义和肯定权利和义务的统一,是中国传统人权观念的本质特征。这种人权观念的实践形式在本质上是一种如孔子所说的那种"己欲立而立人,己欲达而达人"[2]的成己成人之道德实践。

三

据实说,无论是西方文化还是中国文化,都有关于自由、民主和人权的自觉意识和观念形态,而且就自由观念来说,这两种文化中都并存有绝对自由和相对自由两种传统观念:以古希腊亚里士多德、中国道家老庄为代表的绝对自由观念和以古希腊毕达哥拉斯、古罗马西塞罗以及近代英国洛克、中国儒家鼻祖孔子为代表的相对自由观念;就民主观念来说,中西两种文化都有关于民为国本和执政为民的政治思想,只是近代以来西方资产阶级是按其民主理念来构建国家政制并使这种民主政制得以普遍推行,而中国古来的有识之士只是将民主当作一种执政理念来加以宣扬并敦促执政者在执政过程中体现这种政治理念,而自从共产党执政以来这种理念更是在很大程度上被执政者自觉地努力贯彻和落实于执政过程中——就西方资产阶级的民主观念和中国共产党的民主观念之间的差异来说,前者是一种国家政体(system of government)观念,后者是一种国家治理(governance)观念;就人权观念来说,中西文化中人权都被理解为与生俱来的东西,只是中国传统人权观念所强调的是人的生存权,而西方近代以来的人权观念是强调人的自由权,但正是后一种人权观念将"自由"也纳入"天赋人权"范畴,这是不能不令人怀疑其合理性的,因为人的生存作为人的自然生命存在与环境之间物质能量的变换关系,从原始社会一直到现代社会是没有根本区别的,这意味着人的生存权在本质上是属于自然范畴,它是真正的自然权利——"天赋人权",然而人的自由却不是这样。

如果不是把自由仅仅当作一种抽象的概念,而是同时更把它当作一种人可以切身感受到

---

[1] 《孟子·公孙丑上》:"(孟子曰)我善养吾浩然之气。……其为气也……是集义所生者,非义袭而取之也。"朱熹注:"集义,犹言积善,盖欲事事皆合于义也。"

[2] 《论语·雍也》

的实在的东西来加以理解的话,那就不能不承认,实在的自由总是具体的、有条件的,不管其条件是来自于外部自然界还是来自于人自身的肉体和精神,人们为了获得这种具体实在的自由,不能不受到这些外在的或内在的条件因素的制约,人们可以通过自己的活动来改变这些因素对他们的具体制约形式,但却不能也不可能消除这些因素而达到不受任何条件制约的绝对独立自主的状态。因此,对于人类来说,其具体实在的自由必定是和他们自己的生命活动联系在一起的。而按照马克思主义的观点,人类的生命活动首先是在于他们为了生活而生产满足其生存所需要的衣、食、住以及其他东西的历史活动,亦即生产其物质生活本身的劳动,人的自由在根本上就是同这种历史活动相联系的,并且如马克思所说:"这个领域内的自由只能是:社会化的人,联合起来的生产者,将合理地调节他们和自然之间的物质变换,把它置于他们的共同控制之下,而不让它作为盲目的力量来统治自己;靠消耗最小的力量,在最无愧于和最适合于他们的人类本性的条件下来进行这种物质变换。"[1]这种见之于劳动的自由之所以可以被称作自由,是因为劳动所要达到的目的可以被看作劳动者自我提出的目的,因而为达成这个目的的劳动就可以被看作劳动者自我实现其目的的过程。[2]

当把劳动理解为一种现实的自由时,就必然要把自由与认识支配劳动者及其活动的那些规律联系起来,因为劳动者自我实现其目的的过程并不是在无知状态下进行的,所以恩格斯是这样来理解和解释自由的:"自由不在于幻想中摆脱自然规律而独立,而在于认识这些规律,从而能够有计划地使自然规律为一定的目的服务。这无论对外部自然界的规律,或对支配人本身的肉体存在和精神存在的规律来说,都是一样的。这两类规律,我们最多只能在观念中而不能在现实把它们相互分开。因此,意志自由只是借助于对事物的认识来作出决定的那种能力。因此,人对一定问题的判断愈是自由,这个判断的内容所具有的必然性就愈大;而犹豫不决是以不知为基础的,它看来好像是在许多不同的和相互矛盾的可能的决定中任意进行选择,但恰好由此证明它的不自由,证明它被正好应该由它支配的对象所支配。因此,自由是在于根据对自然界的必然性的认识来支配我们自己和外部自然界。"[3]

要言之,马克思主义创始人所讲的"自由"具有双重意义——"意志自由"和"劳动自由"。

---

[1] 马克思:《资本论》第3卷,《马克思恩格斯全集》第25卷,人民出版社1961年版,第926—927页。
[2] 马克思:"'你必须汗流满面地劳动!'这是耶和华对亚当的诅咒。而亚当·斯密正是把劳动看作诅咒。在他看来,'安逸'是适当的状态,是与'自由'和'幸福'等同的东西。一个人'在通常的健康、体力、精神、技能、技巧的状况下',也有从事一份正常的劳动和停止安逸的需求,这在斯密看来是完全不能理解的。诚然,劳动尺度本身在这里是由外面提供的,是由必须达到的目的和为达到这个目的而必须由劳动来克服的那些障碍所提供的。但是克服这种障碍本身,就是自由的实现,而且进一步说,外在目的失掉了单纯外在必然性的外观,被看作个人自己自我提出的目的,因而被看作自我实现,主体的物化,也就是实在的自由,——而这种自由见之于活动恰恰就是劳动。"(《马克思恩格斯全集》第46卷下册,人民出版社,1985年,第112页)
[3] 《马克思恩格斯选集》第3卷,人民出版社,1972年,第153—154页。

"意志自由"是指作为认识主体的人依据对自然规律的认识对他所面临的一定问题能够做出具有必然性的判断;"劳动自由"则是指作为实践主体的人在劳动中能够依据自己的必然性判断来决定自己的行动,亦即能够自觉控制自然规律,使它不再以盲目的力量形式支配其劳动。故劳动自由蕴含意志自由,它是基于意志自由又体现意志自由的,是通过人对自然规律的自觉控制行为表现出来的现实自由。

所以,如果说人的生存权可以被当作"天赋人权"来理解的话,那么,人的自由却不能简单地理解为也是"天赋人权",相反,自由作为人在其历史活动中生成和发展的一种社会权利,本质上是被用来实现人的自然权利(生存权)的;人类行使其自由权利的过程,本质上就是满足其天赋生存权的过程,亦即实现人的自然生命存在与环境之间物质能量变换的过程,这个过程恰恰就是被马克思和恩格斯称为"第一个历史活动"的劳动。这意味着人的自然权利(生存权)是寓于社会权利(自由权)之中,并通过社会权利的行使(社会化的人的劳动)而得到体现的。正是在这个意义上,如果借用马克思《<资本论>第一卷第一版序言》中"自然历史过程"的提法,就未尝不可以说,人权是一种自然历史权利,它在现实性上就是人的劳动权利。要使每个人的劳动权利都得到切实的保障和充分的实现,就必须创造这样一种社会条件,在这种条件下,相互合作的劳动者共同分享其劳动所必需的生产资料的所有权。随着人类进入到知识在生产中占主导地位的知识经济时代,由知识所构成的信息资源成为生产资料的主要源泉,从而建立一种人人共享信息资源的社会制度——笔者称之为"后现代范畴的共产制或公有制"[1],就成为保障和实现人权(劳动权利)的必要历史前提。

---

[1] 详见拙文:"普遍自由和普遍平等:后现代文化哲学范畴的核心价值——兼论全球化时代文化研究的应然思维方式",《贵阳学院学报(社会科学版)》2014年第5期。

和平权：中国传统的和平主义思想与当代外交实践的贡献

The Right to Peace: The Contribution of Chinese Traditional Pacifism to Modern Diplomatic Practice

罗艳华[*]

摘要： 和平权作为一项基本人权虽然还存在一些争议，但正在逐步获得国际社会的认同，是第三代人权的典型代表。中国的传统文化中是否存在与和平权的缘起相关的要素呢？新中国的外交实践是否对于维护和平权有所贡献呢？这是本文想要探讨的问题，以此说明和平权产生的思想根源与中国传统文化中的和平主义思想是一致的，新中国的外交实践在维护和平权方面做出了多方面的贡献。

关键词： 和平权　和平主义　中国传统　外交

一、和平权的发展现状

和平权是人在和平环境中生存的权利。和平权作为第三代人权中的代表性权利，已得到了一系列国际法律文件的确认，正在逐步获得国际社会的认同。

《联合国宪章》是首次将人权与和平联系起来的国际文书。《联合国宪章》在其序言中申明："欲免后世再遭今代人类两度身历惨不堪言之战祸，重申基本人权、人格尊严与价值以及男女与大小各国平等权利之信念。"从而为和平权的产生奠定了基础。《世界人权宣言》序言开宗明义地指出，人权"乃是世界自由、正义与和平的基础"。1976年，联合国人权会议提出："所有人类拥有生存于国际和平与安全条件下的权利。"1978年12月联合国大会通过了《为各社会共享和平生活做好准备的宣言》，第一次在国际性文件中将和平作为一项权利加以规

---

[*] 作者简介：罗艳华，北京大学国际关系学院教授，博士生导师。主要研究领域：人权与国际关系、国际关系史、非传统安全等。

定,宣告了"个人、国家和全人类享有和平生活的权利",认为尊重和平权符合全人类的共同利益,是各国发展的必不可少的条件。1984年,第39届联合国大会专门通过了一个《人民享有和平权利宣言》,它庄严宣布:"全球人民均有享受和平的神圣权利。"而维护和实现这种权利是每个国家的根本义务。为了保障人民的和平权,各国务必以消除战争、放弃在国际关系中使用武力和以和平方式解决国际争端为目标。该宣言虽不具有法律效力,但其影响巨大,标志着和平权作为国际人权法的一项权利正式形成。此外,一些区域性组织的文件也对和平权进行了确认。例如1981年非洲统一组织通过的《非洲人权和民族权宪章》明确规定:"一切民族均有权享受国内和国际的和平与安全。"

进入二十一世纪以来,国际社会在为推进和完善和平权做进一步的努力。2008年6月联合国人权理事会通过的一项决议,即《增进人民享有和平的权利》的决议。该决议要求联合国人权事务高级专员在2009年4月前召集为期3天的"人民享有和平权利问题"研讨会,以便进一步澄清本项权利的内容和范围;提出可采取哪些措施提高对落实本项权利的重要性的认识;提出可采取哪些具体行动动员各国、政府间组织及非政府组织增进人民享有和平的权利。同时,要求人权事务高级专员与各国和有关利益攸关方协商,选定10名专家参与研讨,并向2009年6月举行的理事会第十一届会议报告研讨会结果。联合国人权理事会在2010年5月通过的第14/3号决议中授权咨询委员会与成员国、民间社会、学术界和所有其他利益攸关方共同协商,编纂有关人民享有和平权的宣言草案。由此,咨询委员会成立了一个有关《人民享有和平权宣言草案》的起草小组。随后,人权理事会第8/9、11/4和14/3号决议宣布承认和平权。[1]对此,咨询委员会提议采取集中要点的方式,澄清和平权并增强落实和平权。[2]2012年7月,联合国人权理事会决定设立政府间工作组,起草《联合国和平权宣言》。这个工作组至今已经召开3次会议,不断对《联合国和平权宣言》草案进行修改。[3]

虽然和平权得到国际社会越来越多的确认,但也还存在一些争议。这主要是因为和平权的主体既包括个人,也包括国家、民族以及全人类。因此它既是一项个人权利,也是一项集体权利。而在西方社会,一些人认为人权的主体只能是个人,因此对于和平权仍然有所质疑。但这并不影响和平权作为一项基本人权正在得到国际社会越来越多的认同。人权的概念是不断丰富和发展的,第三代人权的出现使得人权的概念有了很大飞跃。第三代人权也被称为连带权利。所谓的连带权利,主要是人权的主体扩展为集体,其产生的背景主要是第二次世界大战后第三世界国家登上历史舞台后要求实现的民族自决权、发展权、和平权、环境权等权利诉

---

[1] 但有若干成员国在就此决议表决中表示反对。
[2] 参见唐颖侠:"作为人权的和平权:争议与内涵",《人权》2015年第5期。
[3] 李云龙:《努力维护人民的和平权——中国的理解和实践》,光明网:http://theory.gmw.cn/2015-09/17/content_17070846.html。

求。因这些权利涉及人类生存与发展所面对的共同问题故称之为连带权利。[1]集体人权较之个人权利而言,最鲜明的特色乃是其权利拥有和行使主体除个人外,还有国家、民族及人类共同体等。和平权即是第三代人权的典型代表。

二、"和平权"产生的思想根源与中国传统文化中的和平主义思想的契合

和平权产生的思想根源主要有两方面的内容,一方面是和平主义思想,另一方面是人权思想。两种思想的结合促使了和平权的诞生。其中和平主义思想在世界上很多国家的传统文化中都有所体现。人类崇尚和平的思想由来已久,几乎所有的文明都致力于限制乃至消除战争与暴力。中国传统文化中的和平主义思想也是源远流长。

中国自古以来就有爱好和平的传统。中国的儒家素以"以和为贵""协和万邦"的思想来追求"仁者无敌"的境界,反对不义之战。孟子说:"争城以战,杀人盈城,此所谓率土地而食人肉,罪不容于死也。"墨家更是直接提出了反战思想,其核心理念即为"兼爱"和"非攻",反对战争,因天下之大害来自战也。战争是"天下之巨害",只有制止互相征伐,社会才能得到安宁。道家反对武力,反对战争,主张"不以兵强天下"。老子说:"夫兵者,不祥之器,物或恶之,故有欲者不居。""师之所处,荆棘生焉;大军之后,必有凶年"。就连专门研究军事和战争的兵家其思想也包含了可贵的和平理念,提出"慎战"、反对不义战争的观点,且历来都把"不战而屈人之兵"作为最高战争理念。中国历史上的各个思想流派,除了法家之外,几乎都对战争持否定态度,都强调和平的价值。[2]

中国传统文化中的这种源远流长的和平主义思想是构成世界文明的重要瑰宝,其与促使和平权产生的和平主义思想是一致的。因此可以说,中国传统文化中的和平主义思想也是促使和平权产生的重要思想来源之一。

三、新中国维护和平权的努力

为了维护中国人民和世界人民享有和平环境中生存和发展的权利,新中国做出了多方面的努力。

1.中国奉行独立自主的和平外交政策

新中国自成立以来,一直奉行独立自主的和平外交政策。这一政策的核心内涵可以归纳为以下三点:

---

[1] 龚向和、朱军:"新形势下和平权内涵的变迁与重构",《人权》2015年第5期。
[2] 李云龙:《努力维护人民的和平权——中国的理解和实践》,光明网,http://theory.gmw.cn/2015-09/17/content_17070846.html。

(1)在任何时候、任何情况下,中国都要坚持独立自主、自力更生,坚定地站在广大发展中国家一边,绝不依附于或者屈从于任何大国或大国集团。中国判断是非的标准,就是看它是否有利于维护世界和平、发展各国友好合作和促进世界经济繁荣。

(2)中国主张世界上所有国家不论大小、富贫、强弱,一律平等,坚决反对以大欺小、以富压贫、以强凌弱。中国自己绝不称霸,也坚决反对来自任何方面和以任何形式出现的霸权主义。

(3)中国信守互相尊重主权和领土完整、互不侵犯、互不干涉内政、平等互利、和平共处五项原则,并且主张这些原则应该成为世界上所有国家之间关系的基本准则。中国致力于建设以和平共处五项原则为基础的公正合理的国际政治、经济秩序。[1]

在这其中,维护世界和平的目标和和平共处的原则对于维护和平权是至关重要的。

上个世纪末期以来,随着国际国内形势的变化,中国在继续实行独立自主的和平外交政策的过程中,突出强调了以下几点:(1)在国内实行改革的同时,对外实行开放政策。(2)坚定地走和平发展道路。和平发展道路的精髓就是争取和平的国际环境来发展自己,又以自己的发展促进世界的和平。(3)坚定不移地站在发展中国家一边。(4)倡导建立维护世界和平、促进共同繁荣的和谐世界。这几点是中国独立自主的和平外交政策在新时期的继承和发展。[2]其中,坚定地走和平发展道路,倡导建立维护世界和平的和谐世界对于维护和平权是非常重要的。

2.在国际关系中,中国一贯倡导维护世界和平,主张使用和平手段解决争端,反对使用武力

中国致力于在和平共处五项原则基础上同世界上所有国家建立和发展正常关系,和睦相处,友好合作;坚决反对任何国家以任何借口干涉别国内政,特别是动用武力进行干预;主张各国之间的争端,包括历史遗留下来的纠纷,应当通过友好协商加以解决,反对诉诸武力或武力威胁,更反对因争端而彼此兵戎相见。正如《2010年中国的国防》白皮书所指出的,中国"维护世界和平稳定。坚持互信、互利、平等、协作的新安全观,主张用和平方式解决地区热点问题和国际争端,反对任意使用武力或以武力相威胁,反对侵略扩张,反对霸权主义和强权政治。按照和平共处五项原则开展对外军事交往,发展不结盟、不对抗、不针对第三方的军事合作关系,推动建立公平有效的集体安全机制和军事互信机制。坚持开放、务实、合作的理念,深化国际安全合作,加强与主要国家和周边国家的战略协作和磋商,加强与发展中国家的军

---

[1] 参见丁原洪:《全面理解中国独立自主的和平外交政策》,中国社会科学在线:http://www.csstoday.net/guojiguancha/guoji/17109.html,2012年7月12日。

[2] 同上。

事交流与合作，参加联合国维和行动、海上护航、国际反恐合作和救灾行动。支持按照公正、合理、全面、均衡的原则，实现有效裁军和军备控制，维护全球战略稳定。"[1]

3.中国积极参加联合国维持和平行动

联合国进行的维持和平行动是国际社会维护世界和平的主要途径。中国是联合国维和行动的积极参与者。

中国参与维和行动始于1988年。1988年12月6日，第43届联合国大会一致同意中国加入联合国维持和平行动特别委员会。1990年4月，中国军队第一次向联合国停战监督组织派出5名军事观察员。1992年4月，中国军队向联合国柬埔寨临时权力机构派出由400名官兵组成的工程兵大队，开创了我军派遣成建制部队参与联合国维和行动的先河。2001年12月，国防部维和事务办公室成立，负责统一协调和管理中国军队参与联合国维和行动的工作。2002年2月，中国正式加入联合国一级维和待命安排机制。2003年4月，中国军队派出首批赴刚果（金）维和部队。同年12月，中国军队派出首批赴利比里亚维和部队。2006年4月，中国军队派出首批赴黎巴嫩维和部队。同年5月，中国军队派出首批赴苏丹维和部队。2007年9月17日，中国国防部维和事务办公室官员赵京民就任联合国西撒哈拉全民投票特派团部队指挥官，成为首位担任联合国维和部队高级指挥官的中国军人。2007年11月，中国派出首批赴苏丹达尔富尔地区维和部队，这是联合国第一支进驻该地区的维和部队。2013年12月，中国派出首批赴马里维和部队，其中警卫分队是我军派出的首支安全部队。2015年1月，中国首支维和步兵营前往南苏丹任务区执行任务。[2]联合国方面的数据显示，目前中国共派出3000多名维和人员在南苏丹、黎巴嫩、马里等地执行维和任务。2016年至2018年，中国将承担10.2%的维和摊款，仅次于美国。

参与联合国维和行动28年来，中国的维和努力和表现得到了国际社会的高度评价。联合国负责维和事务的副秘书长拉德苏对此指出："近年来，中国已成为联合国维和行动的重要贡献者，联合国将继续寻求同中国在维和领域的合作。"他指出，中国是联合国安理会五个常任理事国中派出维和人员最多的国家。目前，中国也是联合国维和行动的第二大出资国。中国维和人员装备精良、训练有素、纪律性强，为完成维和任务做了充分准备。他们不仅为联合国工作，也在维和任务区同当地民众建立了良好关系。[3]

综上所述，和平权作为第三代人权中的代表性权利，已经得到了一系列国际法律文件的

---

[1] 国务院新闻办公室：《2010年中国的国防》白皮书，2011年3月31日，新华网。http://news.xinhuanet.com/2011-03/31/c_121252443.html。

[2] 参见《中国参加联合国维和行动大事记》，2015年5月29日，中国国防部网站。http://news.mod.gov.cn/headlines/2015-05/29/content_4587298.html。

[3] 《联合国副秘书长：中国是联合国维和行动的重要贡献者》，2016年5月29日，新华网。http://news.xinhuanet.com/world/2016-05/29/c_1118951018.html。

确认，正在逐步获得国际社会的认同。和平权产生的思想根源与中国传统文化中的和平主义思想是一致的。和平权在中国的传统文化中能够找到本土的源头。中国作为一个爱好和平的国家自1949年成立以来在维护和平权方面做出了诸多努力，其中既包括以维护和平为宗旨的外交政策，也包括一贯反对使用武力的外交原则，还有28年来参与联合国维持和平行动的实践，所有这一切都是中国在国际社会为维护和平权所做出的重要贡献。

论张彭春多元主义人权观的文化渊源

The Cultural Source of Mr. Pengchun CHANG's Pluralistic Human Rights Theory

孙平华[*]

摘要: 张彭春在联合国国际舞台上的活动对早期联合国事务做出了重要贡献,他成功跨越了东西方政治意识形态之间和不同哲学思想的鸿沟,弥合了不同信仰和不同观点之间的巨大分歧,通过大力主张不同文化之间的互鉴和包容,成为世界不同文明冲突的有力协调者,构筑了全人类的道德共识。他对国际人权保护体系的贡献不是偶然的,他所代表的是中国传统文化和东方智慧,这是全人类最可宝贵的精神财富和文化遗产。张彭春能够并善于以中国传统文化思想为基础,将东西方哲学家和政治家的思想进行深入的比较和分析,成功地跨越东西方文化的思想分野,并找到超越东西方世界的全人类的人性本质、形成具有跨越多元文化思想的多元主义哲学主张。正是凭借这一多元主义哲学主张,他在参与起草《世界人权宣言》的过程中,将国际人权问题的诸多方面加以深入阐述和剖析,他的许多主张深深打动了来自于不同文化背景的代表,在中西方之间达成了广泛共识,成为有效建构国际人权保护制度的重要设计师。坚持文化多元,求同存异的文化多元主义正是张彭春多元主义人权观的重要理论源泉。

关键词: 张彭春 多元主义 人权观

---

[*] 作者简介: 孙平华,中国政法大学教授、人权法学博士、英国埃克斯特大学访问学者、美国《政治科学与公共事务杂志》审稿人。代表论著有:《〈世界人权宣言〉研究》(北京大学出版社2012年版), *Human Rights Protection System in China* (Springer, 2014), 《张彭春:世界人权体系的重要设计师》(社会科学文献出版社2017年版)和 *Historic Achievement of a Common Standard: Pengchun Chang and the Universal Declaration of Human Rights* (Springer, 2017)。

该文系作者所主持的2014年国家社科基金中华学术外译项目——"历史性共同标准的达成:张彭春与世界人权宣言"(批准号:14WFX005)的阶段性研究成果,获"中华社会科学基金"资助。同时,该文又是作者所主持的中国政法大学2015年校级人文社会科学规划项目——"张彭春:世界人权体系的主要设计师"(课题编号:15ZFG82001)的阶段性研究成果,获得"中国政法大学校级人文社会科学研究项目"资助。

张彭春对世界人权事业的发展所做出的巨大贡献不是偶然的，张彭春丰富的人生阅历铸就了他对人类多艰的感慨、对人性本质的深刻思索、对人权保护问题的深思熟虑，为他的多元主义人权思想的形成奠定了坚实的基础。他深谙中国传统文化，对儒家哲学思想情有独钟，并能随口援引儒家经典论断；他饱学静思于西方世界、并善于对西方哲学理论与主张追根溯源。虽然他前期以教育哲学作为探讨的切入点，却在中西方哲学的对比和反思中架起了一座融通中西方思想的桥梁；他又深受美国社会学家杜威实用主义哲学的影响，这为他能够脚踏实地解决现实问题提供了思路和途径；他甚至还将中国传统文化与伊斯兰文化相比较，以此寻求不同民族之间的核心利益和共同价值。

张彭春坚持文化的多样性，是一个文化多元主义者，同时也是一位现实主义者。根据汉弗莱回忆录中所述，张彭春是一位实用主义者，而又声称张彭春自称是一个多元主义者。他既能够站在哲学的高度又可以跨越不同哲学流派的分野，他以全人类的共同利益作为思考问题的出发点，而不是仅仅局限于某一民族和社会，他以博大的胸怀、踏实的态度，关注人性、思索人类福祉和人权保护问题，他以跨政治、跨文化、跨种族、跨哲学的视角审视和界定一切问题尤其是人权问题，并形成惯于使用的思维模式，从而形成了一系列的人权哲学主张，催生了他的多元主义哲学人权思想。他的多元主义人权思想为世界人权体系的建构发挥了重要作用。

张彭春多元主义人权观的文化渊源可以从如下几个方面加以讨论：张彭春早年所接受的文化教育及中国传统文化中儒家思想的深厚影响、杜威实用主义哲学的影响和伊斯兰文化观与西方哲学观的影响。

一、早年教育及儒家思想的影响

一个人早期所接受的文化教育对其一生所产生的影响是巨大的。对张彭春来说，他早年所接受的中国传统教育及其所包含的儒家思想，对他的影响最为深刻和久远。他所接受的中国传统教育包括家庭教育、传统私塾教育和"西化"的新式教育。

（一）家庭教育的影响

提起张彭春所受的家庭文化教育的影响，就必须提及对他一生影响最大的两个人。一个是他的父亲张久庵，另一个他的胞兄张伯苓。

父辈的影响。尽管张彭春出生时，他父亲已经59岁，但他的思想和主张对张彭春有很大的影响。张彭春的名字就是其父选取了"孔子述而不作，窃比于我老彭"之典故，所以取字"仲述"。这一起名既显示了父辈对儒家思想的关注和重视，又蕴含了中国伟大思想家孔子谦虚的治学态度。另外，根据张彭春年谱可知："张彭春年幼时，由于其父酷爱音乐，且精通各种传统乐器，经常携张彭春出入剧院，观赏戏剧。因此，张彭春从小就对京剧有所了解，也培养了自己对文艺的兴趣，在戏剧艺术方面奠定了一定的基础。另一方面，正是由于其父悔恨自己过去不事经营祖业致家境中落、生计维艰的往事，决心教子读书、奋发自强、重振家业。这种家庭氛围对年幼的张彭春影响很大。"[1]从张彭春一生所从事的事业来看，张彭春一生不断追求、跨越自我、实现人生价值，而且兢兢业业，奋发图强，不仅实现了父亲的意愿，也为中华民族和全人类做出了杰出贡献。

图片：张彭春（右）与张伯苓（左）在纽约

兄长张伯苓的影响就更大了。作为我国著名教育家、南开大学创始人，张伯苓自幼就在父亲的严格启蒙教育下，熟读儒家经典。张彭春还没成年，父亲就去世了。张伯苓对待张彭春就像父亲对待孩子一样百般呵护、关爱、培养和重用。就连张彭春的儿子张远峰在《怀念我亲爱的父亲》一文中这样写道："大伯比父亲大16岁，他就像父亲的第二个父亲。"[2]这里仅举例来说，1917年8月，张伯苓赴美国哥伦比亚大学师范学院进修研究教育，南开学校校长一职由张彭春代理。那时张彭春才刚满25岁。张伯苓在行前对张彭春说："用不着顾虑，你大胆地干，假若学校垮了，我回来以后，还可以另起炉灶。"[3]这番话不仅表明了张伯苓对其胞弟的培养和器重，而且充分显示了对其嘱托和信任。又如，张彭春1923年从哥伦比亚大学毕业刚刚回

---

[1] 孙平华著：《张彭春：世界人权体系的重要设计师》，社会科学文献出版社，2017年，详见附录一。
[2] 张远峰："怀念我亲爱的父亲"，引自崔国良、崔红主编：《张彭春论教育与戏剧艺术》，南开大学出版社，2004年，第607页。
[3] 参见孙平华著：《张彭春：世界人权体系的重要设计师》，社会科学文献出版社，2017年，详见附录一。

国，就被聘为南开大学教授，之后又被张伯苓推荐到清华学校任教务长，那时张彭春刚31岁。1928年，36岁的张彭春就被委任为南开大学大学部主任（即南开大学代理校长）。这些教育历练成为作为教育家的张彭春人生最为精彩的部分，也成就了张彭春在教育事业上的重大成就——他成为"南开大学的计划人"和"清华大学的功臣"，为这两所世界知名的大学的发展做出了杰出的贡献。上述经历及成就也从侧面反映了家庭教育和影响对他产生的影响之大。

（二）传统私塾教育的影响

张彭春早年所接受的中国传统的私塾教育给他留下了终生难忘的印象。即使是到了晚年，张彭春在回顾南开创建的经历时，还津津乐道地讲述他私塾就读时的故事，勾起他对"迈入那熟读古典书籍的漫长岁月"[1]的回忆。那是一个熟读"四书五经"的学习历程，也就是熟读那些中国传统文化中指导人们如何为人处世的经典名著的过程。张彭春对中国传统文化的精通，对"四书五经"烂熟于胸的把握，都与他早年接受的私塾教育分不开。正是这些接受中国传统教育的经历，铸就了他那"饱学之士"的超人记忆力，以至于他随时都能够脱口而出儒家经典名言，中国传统文化对人的教育的作用至今仍让我们叹服。化国宇博士这样评价道：

"张彭春对儒学和中国传统的热爱与兴趣一直延续终生，以至于他常常喜欢引用孔孟的言论和思想或者古代词句，这已成为张彭春的演讲和写作的习惯。"[2]

（三）"西化"的新式教育的影响

1904年，刚满12岁的少年张彭春，作为第一届学生入读"私立中学堂"，该学堂由其兄长张伯苓与严修共同创办，后改名"私立敬业中学堂"，1905年改名为"天津第一私立中学堂"，1908年下半年改为"私立南开中学堂"。在这所私立学堂，张彭春开始接受与中国传统的私塾教育很不相同的"西化"新式教育，现代科学知识和实际技术成为课程的主要内容，"学习英文、算学、理化、史地和体育等诸科"。[3]张彭春就是在这样的"西式"教育中，开始了英语能力的培养，自然和社会学科的知识得以丰富和积累，人文素质得以培养和发展。张彭春晚年所讲述的"二哥哥"的故事成为他对那段新式教育的笑谈，也显示了他机智幽默的语言风格。

然而，当时南开学校的教育虽然说是"西化"的新式教育，却是继续接受中国传统教育思想，重视道德教育和儒家思想，同时也学习西方有关科学知识。正是这一中国传统教育的滋养，使张彭春对儒家思想有着广泛的认识和深刻的理解，以至于养成了惯于使用儒家经典名

---

[1] 张彭春：''南开是怎样创建的''，引自崔国良、崔红编：《张彭春论教育与戏剧艺术》，南开大学出版社，2004年，第324页。

[2] 化国宇：《人权活动家张彭春与〈世界人权宣言〉》，中国人民大学博士论文，2014年5月，第33页。

[3] 崔国良：''张彭春年谱''，引自崔国良、崔红编：《张彭春论教育与戏剧艺术》，南开大学出版社，2004年，第615页。

言进行演讲和写作的风格。即使他接受的所有高等教育从克拉克大学到哥伦比亚大学，应该说从本科到硕士研究生再到博士阶段的研究，每个阶段都是纯粹的西式教育，但很显然早期所接受的中国传统教育令他受用终身。

中国传统教育注重灌输正统的儒家思想，以儒家思想中的"仁"统摄集体主义人权思想，强调要设身处地为所生活的社会中的他人着想，并时刻铭记和坚守"己所不欲，勿施于人"的道德原则。受其影响，张彭春在就任联合国经社理事会中国常驻代表时，在经社理事会上的三次发言中两次援引儒家经典名言。第一次是在联合国经社理事会第一届开幕式上，他在发表"一种新的忠诚"的演讲中，引用了孟子的名言："以善服人者未有能服人者也，以善养人而后能服天下。"（《孟子·离娄》）并进一步指出"以善养人"就是理事会的使命所在。第二次是在经社理事会第二届一次会议上，他做了一个具有重大国际影响的演讲，题目是："经济'低压'地区的世界意义"。在本次演讲的最后，他援引了被他本人描绘成是"第一位全面阐述中国文化经典要义的思想家"孔子在《礼记·礼运大同篇》中关于"大同世界"理想的描述。这个理想既寄托了人类对经社文权利保护的殷切希望，也抒发了他本人的人文主义思想情怀，表达了他终生所秉持的儒家思想和人权哲学观。

通过上述例证，我们不难看出，张彭春深受中国传统文化思想，尤其是儒家思想的影响，儒家哲学成为他看待问题和处理问题的基本世界观和方法论。儒家思想的精髓已深深根植于他的内心世界，成为他人权哲学主张取之不尽用之不竭的源泉。每当触及有关问题，无论是教育、艺术、哲学、外交还是有关人权的各种问题，他总是能够随时激发他那敏锐的儒家思维，联想到儒家的经典论述，以儒家哲学主张来说服西方世界，在东西方之间成功架起一道通行无阻的桥梁。

这一事实也充分说明了，中国传统文化中的儒家思想蕴含着丰富的人权理念，是现代国际人权理念的重要根基和组成部分。尤其是儒家思想中尊重人，重视人，具有同情心的"仁"的理念，使得张彭春成为一位人文主义者。他在起草《世界人权宣言》的过程中多次提到"人对人的残酷无情"[1]。可以说，张彭春在中国传统文化和儒家思想的影响下，形成了尊重人、同情人、培养人和保护人的朴素的人文主义人权思想和以儒家核心理念"仁"统摄的集体主义人权思想，这是张彭春最终形成的多元主义人权思想的核心内容之一。

从《宣言》的起草实际来看，中国代表张彭春以超群的智慧和渊博的学识，将中国的儒家哲学思想与西方哲学相对照，成功地说服了国际社会，将体现中国传统文化中儒家思想的"仁""礼""德""道""善"等引入宣言的协商过程，并将体现"仁"这一儒家思想的核心价

---

[1] 张远峰："怀念我亲爱的父亲"，引自崔国良、崔红编：《张彭春论教育与戏剧艺术》，南开大学出版社，2004年，第610页。

值观融入作为整个宣言思想基础的第一条之中，从而使宣言包含了非西方传统的哲学思想，使宣言所宣示的各项权利具有更为宽泛的道德基础，从而也使宣言增强了其普遍性的特征。这一成就的国际影响力不逊于中国当代任何一名著名法学家。他与黎巴嫩代表马利克的哲学论争更是成为国际人权史的一段佳话，儒家思想的光芒照亮了世界各国代表的心。所有这一切都与张彭春早年所接受的传统文化教育及儒家思想的影响密切相关。

二、西方教育背景和杜威实用主义哲学的影响

张彭春在美国接受的高等教育以及所参加的各项活动，对他的多元主义人权思想的发展有着重要的影响。他不仅深受中国儒家大同思想的影响，还受到基督教的影响，尤其是受到美国著名教育哲学家杜威的影响。而他所获得的人文学科的知识涵盖了心理学、社会学、哲学、教育学、戏剧艺术及演讲技艺等多学科的内容，铸就了他的"多才多艺"，尤其对他认识问题的思维途径和方法产生了积极的影响，为将来在不同领域做出杰出成就奠定了良好的基础。

张彭春所接受的西方教育经历要从他在美国克拉克大学时论起。1910年9月，张彭春，一位血气方刚的18岁青年，带着自己的梦想进入了克拉克大学 (Clark University) 学习心理学和社会学 (Psychology and Social Science)。1911年12月，张彭春作为"世界大同会"会员，代表克拉克大学分会出席费城 (Philadelphia) 世界总会年会[1]。这一活动的参与说明了张彭春对"世界大同"思想的认可和赞许。1912年至1913年，任克拉克大学学校辩论队队长 (Captain, University Debating Team)，多次获胜；其间，担任《留美学生月报》(Chinese Students' Monthly) 编辑。1914年至1916年，担任《留美青年》(Liu-Mei-Tsing-Nian)[2]编辑。因此，不仅积累了编辑和撰稿经验，辩论经验也使他对于文字之运用特别有训练[3]，为之后的教育实践、戏剧艺术活动、国际文化交流活动、国民人权外交以及参与《世界人权宣言》起草过程的辩论活动等奠定了良好的语言基础。

1913年夏，张彭春获克拉克大学文学学士学位，并进入哥伦比亚大学 (Columbia University) 研究院攻读硕士学位，主要学习教育与哲学 (Education and Philosophy)；因受业于世界著名的教育家杜威教授等，深受杜威实用主义哲学的影响。尽管根据张彭春的回忆，他主要学的是哲学，但对戏剧的爱好远胜于哲学。1913年至1915年，担任北美中国基督教学

---

[1] Ruth H. C. and Sze-Chun Cheng (eds.), *Peng Chun Chang 1892—1957: Biography and Collected Works*. (Privately printed) 1995, 10.
[2] 《留美青年》系北美中国基督教学生会所编杂志。
[3] 同上。

生会书记(Secretary, Chinese Students' Christian Association in North America)。[1]虽然并没有足够的资料说明他对西方基督教的信奉,但是对他有着重要影响的胞兄——南开大学创始人张伯苓,却是一个经过洗礼的虔诚的基督教徒。况且,张彭春学生时代的1915年3月曾为《传教地区的社会进步》一书撰写书评,题目是"一个新世界一种新态度",发表于《留美青年》第1卷第3期。在书评中他认为"在社会发展的过程中,在任一时刻,变革的可能性总是受局限于环境和人性。"[2]该书评透露了张彭春对公理会教派的了解和认识,并提到书中"人生而平等的老式空想主义"和"民主的真正内涵意味着对每一个人的与生俱来的价值的重视和认可"[3]等。他把基督教传教士誉为"热忱的社会改革家"表明他对西方基督教的兼容并蓄。

张彭春多元主义人权观的形成除了深受中国传统文化思想的影响之外,还受到西方哲学,尤其是杜威"实用主义"哲学观的重要影响。历数张彭春所接受的高等教育,应该说都是纯粹的西方教育,从克拉克大学对社会学和心理学的学习和研究,到哥伦比亚大学对教育哲学的研究,对西方教育中所涉及的宽泛的人文学科的认识日益拓展和延伸,尤其是在研究生阶段,他对西方哲学有了深入而系统的研究,熟悉了西方哲学家的各种思想主张,尤其是对杜威"实用主义"哲学思想的认识极为透彻,并在自己的博士论文中花费了不少笔墨论述。

张彭春在其博士论文中多次引述杜威的观点和主张,他的引文来自于杜威教授的以下一些文献:(1)《人类的自然本性和行为》(Human Nature and Conduct);(2)《民主和教育》(Democracy and Education);(3)《在学校和社会中》(In School and Society);(4)《我的教育信条》(My Pedagogic Creed);(5)《什么使中国倒退》(What Holds China Back);(6)《我们怎么想》(How We Think)。

化国宇博士就杜威对张彭春的影响这样评价道:"他对张彭春的影响是全方位的。张氏的教育观、戏剧观和民主人权思想几乎都与杜威一脉相承。"[4]而且,他进一步指出:"张彭春是一位实用主义的实践家。他对民主和民权的坚守是通过态度而不是通过建构理论表现出来的,他从未在理论上探讨民主、民权是什么,但他却用终身去实践这些方面。"[5]因此,张彭春是一位现实主义者和坚持"二元论"的实用主义者。现实主义和实用主义是张彭春形成多元主义人权哲学观的又一个重要来源。

---

[1] 北京清华学校编《游美同学录》(民国六年),周诒春序,北京清华学校1917年出版。
[2] 张彭春:"一个新世界一种新态度",引自崔国良、崔红编:《张彭春论教育与戏剧艺术》,南开大学出版社,2004年,第597页。
[3] 张彭春:"一个新世界一种新态度",引自崔国良、崔红编:《张彭春论教育与戏剧艺术》,南开大学出版社,2004年,第598页。
[4] 化国宇:《人权活动家张彭春与〈世界人权宣言〉》,中国人民大学博士论文(2014年5月),第38页。
[5] 化国宇:《人权活动家张彭春与〈世界人权宣言〉》,中国人民大学博士论文(2014年5月),第39页。

三、对伊斯兰文化和西方哲学的观点

张彭春绝对没有仅仅局限于杜威的"实用主义"与"现实主义"和中国传统文化影响下的"集体主义"与"人道主义"哲学主张,他也曾经将中国传统文化与伊斯兰文化进行比较,将中国儒家思想与西方哲学家的思想进行比较。1942年3月,张彭春对伊拉克王室成员发表了演讲,演讲中在谈到民主的展望时,张彭春说:"中国文明和阿拉伯文明将从他们的民主基础中获得力量,并且支持民主事业,反对一切形式的压迫和不平等。"[1]这就将中国文化思想和阿拉伯文化思想结合了起来。在对18世纪回顾时,张彭春强调指出:"在思想领域,对于18世纪的思想家和学者来说,中国同样闻名遐迩。伏尔泰、狄德罗、歌德、莱布尼兹、哥尔德斯密斯和蒲柏等人都对中国哲学和社会结构等各个方面有极浓厚的兴趣。中国人思想著作的译本影响了18世纪欧洲所谓的启蒙运动哲学。"[2]这里,张彭春列举了许多西方著名的哲学家受到中国哲学的影响,这一方面说明了他作为一个哲学家,对中西哲学的深入理解和全面把握,另一方面也为之后在起草《世界人权宣言》过程经常谈及中国哲学对西方的影响找到了依据。

1942年3月,在对巴格达大学学生的演讲即将结束之时,张彭春提出:"中国有一种思想如今为世界的社会思想家和政治思想家所欣赏。"并引用了中国古代哲学家的一段话:"古之欲明明德于天下者,先治其国;欲治其国,先齐其家;欲齐其家者,先修其身;欲修其身者,先正其心;欲正其心者,先诚其意;欲诚其意者,先致其知,致知在格物。"[3]这一引证表达了我国古代哲学家将道德与政治、政治与教育联系起来,也表达了张彭春的哲学思想。他通过中西文化的对比,在不同的文明和文化之间找到了现代人类所应该拥有的共同的品德。正如南开大学崔国良教授所评价的,如果把胡适形容成新文化运动的"中国文学大师",那么张彭春则是"世界人学大师"[4]。

---

[1] 张彭春:"中华文化的演进",引自崔红编、董秀桦英文编辑:《张彭春论教育与戏剧艺术》,南开大学出版社,2004年,第307页。

[2] 张彭春:"中华文化的演进",引自崔红编、董秀桦英文编辑:《张彭春论教育与戏剧艺术》,南开大学出版社2004年版,第303—308页。/ Chang Peng-chun. *Cultural Development of China*; Ruth H.C.and Sze-Chun Cheng (eds.), *Peng Chun Chang 1892—1957: Biography and Collected Works* (Privately printed),1995, P. 144-146.

[3] 张彭春:《对巴格达大学学生的演讲》,引自崔红编、董秀桦英文编辑:《张彭春论教育与戏剧艺术》,南开大学出版社2004年版,第310-319页。/ Chang Peng-chun. *Cultural Development of China*; Ruth H.C.and Sze-Chun Cheng (eds.), *Peng Chun Chang 1892—1957: Biography and Collected Works* (Privately printed),1995, P. 146-149.

[4] 笔者与崔国良教授电话交流过程中,崔教授多次将胡适与张彭春作对比:"如果说胡适是中国文学大师,那么张彭春则是世界人学大师。"

四、结论

张彭春能够并善于以中国传统文化思想为基础,将东西方哲学家和政治家的思想进行深入的比较和分析,成功地跨越东西方文化的思想分野,并找到超越东西方世界的全人类的人性本质、形成具有跨越多元文化思想的多元主义哲学主张。正是凭借这一多元主义哲学主张,他在参与起草《世界人权宣言》的过程中,将国际人权问题的诸多方面加以深入阐述和剖析,他的许多主张深深打动了来自于不同文化背景的代表,在中西方之间达成了广泛共识,成为有效建构国际人权保护制度的重要设计师。坚持文化多元,求同存异的文化多元主义正是张彭春多元主义人权观的重要理论源泉。

张彭春在联合国国际舞台上的活动对早期联合国事务做出的重要贡献,他成功跨越了东西方政治意识形态之间和不同哲学思想的鸿沟,弥合了不同信仰和不同观点之间的巨大分歧,通过大力主张不同文化之间的互鉴和包容,成为世界不同文明冲突的有力协调者,构筑了全人类的道德共识。他对国际人权保护体系的贡献不是偶然的,他所代表的是中国传统文化和东方智慧,这是全人类最可宝贵的精神财富和文化遗产。

《礼记》人权文化基因的辩证思考

A Dialectical Review on the Human Right Cultural Gene in The Book of Rites

鲜开林[*]

摘要:"大同与小康"是中华民族"不忘初心"的古今人权梦想。一个国家和民族的人权历史发展与其自身的历史文化传统紧密相联。历史悠久的中国传统文化,蕴含着丰厚的人权价值基因。本文以《礼运》《王制》为逻辑主线,着重进行《礼记》人权文化基因的辩证思考:《礼记》人权文化基因的主要内容,《礼记》人权文化基因的进步作用,《礼记》人权文化基因的历史局限,《礼记》人权文化基因的当代启示。

关键词: 文化传统 人权基因 当代启示

就中国传统文化与中国人权发展的历史逻辑演进而言,"大同与小康"[1]是中华民族"不忘初心"[2]的古今人权梦想。一个国家和民族的人权历史发展与其自身的历史文化传统紧密相联。文化传统是人权发展的内生基因,人权发展是文化传统的价值取向。中华优秀传统文化是中华民族的精神命脉,是实现中华民族伟大复兴的强大精神动力。历史悠久的中华优秀传统文化,蕴含着丰厚的人权文化基因。人权文化基因是指积淀深厚、历史悠久、植根民心的人权文化价值胎芽和细胞。中国古代最早的儒家人权文化基因的胎芽和细胞植根于"四书五经"典籍中。"四书"指的是《论语》《孟子》《大学》《中庸》;"五经"指的是《诗经》《尚书》《礼记》《周易》《春秋》。"四书五经"是中华民族儒家传统文化的原典文献,源远流长,形成并凝聚了中华文明的儒家文化基因的初始胎芽和细胞,并影响深远。正如习近平同志指出:"中华文明绵延数千年,有其独特的价值体系。中华优秀传统文化已经成为中华民族的基因,植根

---

[*] 作者简介: 鲜开林(1955—),东北财经大学马克思主义学院教授,东北财经大学人权研究与教育中心执行主任。
[1] 《礼记·礼运》,吴树平、赖长扬主编《全译本白话四书五经》第三卷,《诗经·礼记》,国际文化出版公司,1992年。
[2] 习近平:"在纪念建党九十五周年大会上讲话",《人民日报》2016年7月2日。

在中国人内心,潜移默化影响着中国人的思想方式和行为方式。"[1]如:《诗经》所说"周虽旧邦,其命维新"[2],留给后人以不断创新的文化基因;《书经》即《尚书》所说"百姓昭苏,协和万邦"[3],留给后人以内外和谐的文化基因;《礼记》所说的"大道之行也,天下为公"[4],留给后人以社会公平正义的制度文化基因;《易经》的"无平不陂,无往不复"[5],留给后人以变异求进、求同存异的文化基因。"四书五经"的人权文化基因其内涵博大精深,内容极为丰富浩瀚。本文以《礼运》《王制》为逻辑主线,着重进行《礼记》人权文化基因的辩证思考。

一、《礼记》人权文化基因的主要内容

《礼记》是"四书五经"的典籍文献之一,是中国古代儒家思想文化的经典著作之一,是关于中国古代礼乐制度文化的原点文献汇编。《礼运》《王制》文献成熟于战国末期,主要是儒家关于理想社会及圣王时代理想制度的初始专门探讨:"大同与小康"[6]的社会理想追求,"己所不欲,勿施于人"[7]的处事之道和思考方式。《礼记》极其深远地影响了整个中华民族的历史进程,对中国近现代具有划时代意义的伟大历史人物孙中山、毛泽东等人影响至深。在实现"两个百年"奋斗目标,实现中华民族伟大复兴中国梦的今天仍然熠熠生辉。

《礼记》人权文化基因的主要内容概括起来有如下四个方面:

1."礼必本于天"的民本人文情怀

"礼必本于天"[8]的初始本意,是指人世间的行为之礼和社会规则之礼,都来源于天,受制于天。殷周青铜时代,是天命神学的桎梏时代,也即毫无人性、毫无人格尊严的天命神学专制时期。晚商时期,由于祖先神地位的上升和"帝祖合一"观念的出现,作为天神的"帝"逐步开始由天神转向人世间,"帝"成为先王的祭称。到了西周晚期,尤其是东周(春秋战国)时期,"礼必本于天"这一命题就由殷周的天命神学独占论向人世间的民本人文情怀转变。《礼记》中的初始"礼"起于民生民俗,与人们的衣食住行、葬祭活动方式密切相关。《礼记》社会生活

---

[1] 习近平:"习近平参观考察孔府、孔子研究院座谈会的讲话",《人民日报》2013年11月26日。
[2] 《诗经·大雅·文王》,吴树平、赖长扬主编:《全译本白话四书五经》第三卷,《诗经 礼记》,国际文化出版公司,1992年。
[3] 《尚书·尧典》,吴树平、赖长扬主编:《全译本白话四书五经》第二卷,《周易 尚书》,国际文化出版公司,1992年。
[4] 《礼记·礼运》,吴树平、赖长扬主编:《全译本白话四书五经》第三卷,《诗经 礼记》,国际文化出版公司,1992年。
[5] 《周易·泰》,吴树平、赖长扬主编:《全译本白话四书五经》第二卷,《周易 尚书》,国际文化出版公司,1992年。
[6] 《礼记·礼运》,吴树平、赖长扬主编:《全译本白话四书五经》第三卷,《诗经 礼记》,国际文化出版公司,1992年。
[7] 《论语·卫灵公》,吴树平、赖长扬主编:《全译本白话四书五经》第一卷,《大学 中庸 论语 孟子》,国际文化出版公司,1992年。
[8] 《礼记·大戴礼记》,吴树平、赖长扬主编:《全译本白话四书五经》第三卷,《诗经 礼记》,国际文化出版公司,1992年。

规范秩序中的"礼",既具有至高无上的天"礼",又是社会伦理行为的秩序之"礼"。"礼"根据于"天",效法于"地",服务于"人",由此生成了"礼必本于天"的民本情怀,也由此发现了"人",这是中国古代人的首次思想大解放。这样,从礼仪中抽绎出来"礼"的新观念,不仅消解了殷周以前天命神学"天"的独尊地位,而且礼与礼治开始摆脱原始宗教桎梏走向民本人文情怀。

春秋时代诸神涌现,又大大减低了殷周天命神学的独尊性,使诸神进一步接受人文的规定,并由道德的人文精神加以统一。由此赋予了"礼必本于天"命题的民本人文情怀新内涵。以孔子为代表的儒家文化一反殷周以前的天命传统桎梏,开始把人的观念意识引到重视人的轨道上来,并把天看成是随四时变化、万物生长的自然现象,动摇了殷周天命独尊的神圣性。开始了强调重视和研究人的现实生活,重视人的物质生活和精神生活,从而形成了"人者,天地之心也"[1]的民本人文理念,以及"人为宇宙中心"[2]的民本人文情怀。

2."以天地为本"的生态伦理情结

《礼运》朴素猜测和肯定了在宇宙生态各层次中,人处于较高层次;人体现了天地的德性,阴阳的交感,鬼神的妙合,荟萃了五行的秀气;人是天地的心脏,五行的端绪,是能调和并品尝各种滋味,创造并辨别各种声调,制作并披服各色衣服的高级灵性动物。虽然人是万物之灵,但人仍从属于生态系统整体之中。因此,明君圣人制作典则,必以天地大系统为根本,以阴阳二气交感为起点,以四时所当行的政令为规则,以日星的运行来记时,以四季更替转换为自然法则,以十二个月来计量事功,以五行的节律为本位,以礼仪为器具,以人情为田地,以四灵为家畜。

《礼记》强调人在天地之中一定要顺从山川、动物、植物的自然属性。这种朴素尊重自然与敬畏自然通过祭祀山林川泽方式加以表达。《礼记》强调,制礼与行礼的原则是不能违背自然法则的。如人们取用动植物,必须考量时间,不可以在生长期、繁育期滥砍滥杀,不砍伐小树,不射杀幼兽与怀孕的兽,否则就是不孝。《王制》论述天子、诸侯田猎的礼,绝不能斩尽杀绝,竭泽而渔。"田不以礼曰暴天物。天子不合围,诸侯不俺群。""草木零落,然后入山林。昆虫未蛰,不以火田。不　,不卵,不杀胎,不殀夭,不覆巢。"[3]

3."皆有所养"的民生权益关爱

"民亦劳止,汔可小康。"[4]《礼运》《王制》对社会弱势者给予关爱和扶助的古代制度

---

[1] 《礼记·礼运》,吴树平、赖长扬主编:《全译本白话四书五经》第三卷,《诗经 礼记》,国际文化出版公司,1992年。
[2] 《周易》,吴树平、赖长扬主编:《全译本白话四书五经》第二卷,《周易 尚书》,国际文化出版公司,1992年。
[3] 《礼记·礼运》,吴树平、赖长扬主编:《全译本白话四书五经》第三卷,《诗经 礼记》,国际文化出版公司,1992年。
[4] 《诗经》,吴树平、赖长扬主编:《全译本白话四书五经》第三卷,《诗经 礼记》,国际文化出版公司,1992年。

设计。关于养老制度,《王制》曰:"凡养老,有虞氏以燕礼,夏后氏以飨礼,殷人以食礼,周人修而兼用之。五十养于乡,六十养于国,七十养于学,达于诸侯。有虞氏养国老于上庠,养庶老于下庠;夏后氏养国老于东序,养庶老于西序;殷人养国老于右学,养庶老于左学;周人养国老于东胶,养庶老于。"[1]

关于对待鳏寡孤独与残疾人等社会弱者,孟子曰:"老而无妻曰鳏,老而无夫曰寡,老而无子曰独,幼而无父曰孤。此四者,天下之穷民而无告者。文王发政施仁,必先斯四者。"[2];"居者有积仓,行者有裹(囊)粮";"内无怨女,外无旷夫"(《孟子·梁惠王下》)。《王制》几乎重复孟子之说,指出:"少而无父者谓之孤,老而无子者谓之独,老而无妻者谓之矜,老而无夫者谓之寡。此四者,天民之穷而无告者也,皆有常饩。""常饩",即经常性的粮食救济或生活补贴。又说:"喑、聋、跛、躄、断者、侏儒,百工各以其器食之。"[3]对于聋、哑及肢体有残疾、障碍的人则有供养制度,即由国家养活。国家则以工匠的收入来供养他们。又曰:"庶人耆老不徒食",即老百姓中的老人不能只有饭而无菜肴。又曰:"养耆老以致孝,恤孤独以逮不足。"即通过教化,形成风气,引导人民孝敬长上,帮助贫困者。虞庠,虞庠在国之西郊。

4."人之大端"的人格修养塑造

《礼记》中有关人的教养与人格成长,特别是君子人格的养成智慧,体现了儒家文明的内核本色。儒家教育是多样、全面的,其内核是成德之教,其目的是培养君子,成圣成贤,其方法是用礼乐六艺浸润身心,以自我教育与调节性情心理为主,其功能在于改善政治与风俗,其特点是不脱离平凡生活,知行合一、内外合一的体验。在当代建设现代法治文明社会,培养公民健全自由人格的过程中,尤其需要批判吸收儒家修养身心与涵养性情的传统文化资源。忠信是礼的基本精神,义理则是规矩仪式。"先王之立礼也,有本有文。忠信,礼之本也;义理,礼之文也。无本不立,无文不行。"[4]

"故礼义也者,人之大端也,所以讲信修睦,而固人之肌肤之会,筋骸之束也;所以养生送死,事鬼神之大端也;所以达天道、顺人情之大窦也。故唯圣人为知礼之不可以已也。故坏国、丧家、亡人,必先去其礼。"[5]

《礼运》强调礼对于人的人格成长与治理国政的重要性。礼的功用首先在治理人情。"故圣人修义之柄,礼之序,以治人情。故人情者,圣王之田也,修礼以耕之,陈义以种之,讲学

---

[1]《礼记·王制》,吴树平、赖长扬主编:《全译本白话四书五经》第三卷,《诗经 礼记》,国际文化出版公司,1992年。
[2]《礼记·礼运》,吴树平、赖长扬主编:《全译本白话四书五经》第三卷,《诗经 礼记》,国际文化出版公司,1992年。
[3]《礼记·礼运》,吴树平、赖长扬主编:《全译本白话四书五经》第三卷,《诗经 礼记》,国际文化出版公司,1992年。
[4]《礼记·礼器》,吴树平、赖长扬主编:《全译本白话四书五经》第三卷,《诗经 礼记》,国际文化出版公司,1992年。
[5]《礼记·礼运》,吴树平、赖长扬主编:《全译本白话四书五经》第三卷,《诗经 礼记》,国际文化出版公司,1992年。

以耨之，本仁以聚之，播乐以安之。"[1]这里强调礼为义之实，义为仁之节，仁是义之本，肯定"治国不以礼，犹无耜而耕也；为礼不本于义，犹耕而弗种也；为义而不讲之以学，犹种而弗耨也；讲之於学而不合之以仁，犹耨而弗获也；合之以仁而不安之以乐，犹获而弗食也；安之以乐而不达於顺，犹食而弗肥也。"

《礼运》对于人的界定，如前所述，是把人放在天地之中的。尽管人是天地之最秀者，但人是具有终极信仰的人，人是在自然生态序列中的人。同时，人又是治理的主要对象即"人情以为田，故人以为奥也"[2]。这里对人的界定，是以礼义、仁德为中心的，而人应当是道德的人。这里也强调了治国之本，正是礼，而礼的规范中，重要的是道德仁义的精神。《王制》亦强调道德教化，指出司徒之官的使命是节民性与兴民德，推行六礼、七教、八政。《王制》重视教化，强调"节民性"与"兴民德"[3]，肯定人文教化，发挥退休官员、乡下贤达的作用，运用射礼、乡饮酒礼等，通过习礼对民众、青年进行持续不断的教化。

二、《礼记》人权文化基因的进步作用

《礼记》人权文化基因的历史进步作用，主要体现在以儒家为主导的中国古代传统文化，对源远流长的中华人权文化基因组合所形成的凝聚力和向心力。人权文化基因组合是人权文化基因的系统化和理论化，并产生神奇的聚合效应和整体功能。这是人权文化基因组合生成凝聚力和向心力的内在根据。

1.古代中国原始创新的人权文化基因组合的凝聚力和向心力

古代中国原始创新的人权文化基因组合是中国古代各种人权文化基因的首次差异大聚合，也是中华文明包容多样的原点基因组合。东周时期，孔子删定六经，开创经学时代；老子厘定天道，儒道由此互动；墨子提倡兼爱非攻；共同开启了春秋战国"百家争鸣"的文化时代，古代人权文化基因涌现，古代人权文化基因组合首成格局。虽然中国古代人权文化基因朴素、直观、肤浅，但古代人权文化基因组合的凝聚力和向力却是异常深远和具有神奇的聚合效应。春秋战国时代诸子百家所提供的人权文化基因形成了各种文化互补关系的神奇聚合效应：一是儒道的互补。儒学重"人道"，道学重"天道"，互补而成为"推天道以明人事"[4]的哲学思维方式。二是儒墨互补。墨子的"兼爱"，从下层贫民的要求出发，主张"兼爱互助"；与孔子的

---

[1] 《礼记·礼运》，吴树平、赖长扬主编：《全译本白话四书五经》第三卷，《诗经 礼记》，国际文化出版公司，1992年。
[2] 《礼记·礼运》，吴树平、赖长扬主编：《全译本白话四书五经》第三卷，《诗经 礼记》，国际文化出版公司，1992年。
[3] 《礼记·礼运》，吴树平、赖长扬主编：《全译本白话四书五经》第三卷，《诗经 礼记》，国际文化出版公司，1992年。
[4] 《中庸》，吴树平、赖长扬主编：《全译本白话四书五经》第一卷，《大学 中庸 论语 孟子》，国际文化出版公司，1992年。

"仁者爱人"是契合的。三是儒法的互补。儒学重德化,法学重刑名。综合二者,就是"王道和霸道合一"。这是我们今天法治与德治相统一的中华文明思想源头。正是中国古代人权文化基因组合的凝聚力和向心力,才使得中华文明薪火相传,生生不息,连绵不断。中华文明是世界上唯一没有中断的五千年古老文明,为整个人类文明的历史发展作出了极其独特的卓越贡献。

2.近代中国悲奋抗争的人权文化基因组合的凝聚力和向心力

近代中国历史是落后挨打悲奋抗争的外争国权内争人权的变革新生史,也是古代中国人权文化基因组合历经磨难与浴火重生的历史。从1840年鸦片战争到1949年中华人民共和国成立的110年间,在外争国权内争人权的旧新民主主义革命和社会现代化交织展开的大变革时代,古代中国人权文化基因经历一次从未有过的重大灾难与浴火重生的历史大变迁。它给中华民族文化所增添的新元素,无疑具有现代人权文化基因组合的新希望。一是传统人权文化的价值维度与中西方人权文化交融产生的科学维度的基因组合。经过严复等西方科学知识的传入,到胡适科学方法的汲取,再到"五四"新文化运动科学与民主旗帜的高扬。人文与科学的两组基因形成新生的基因组合。二是传统文化的德治善政维度和同样来自西方社会"天赋人权"的基因组合。三是传统文化中的刚毅坚忍精神基因与近代挽救民族危亡所作长期浴血奋战的无私无畏精神的基因组合。特别是"十月革命的一声炮响,给我们送来了马克思列宁主义,中国的面貌为之一新。"[1]"中国产生了共产党,这是开天辟地的大事变。这一开天辟地的大事变,深刻改变了近代以后中华民族发展的方向和进程,深刻改变了中国人民和中华民族的前途和命运,深刻改变了世界发展的趋势和格局。"[2]在共产党领导的新民主主义革命斗争中塑造了"惊天地,泣鬼神"[3]的红色精神组合,如长征精神、井冈山精神、延安精神等红色精神基因组合,产生了伟大神奇的聚向效应。在这个伟大变革的过程中,"天行健,君子以自强不息"的精神气质,升华为"为祖国生命而战!为民族生存而战!为国家独立而战!为领土完整而战!为人权自由而战!"[4]等中国共产党人崭新的红色精神组合。正是共产党人的红色精神基因组合,才取得了世界反法西斯战争东方主战场的伟大胜利。"为挽救民族危亡、实现民族独立和人民解放,为争取世界和平的伟大事业,作出了彪炳史册的贡献。"[5]

3.当代中国自觉自信的人权文化基因组合的凝聚力和向心力

这是当代中国马克思主义人权理论与当代中国实际相结合意义上的中国人权基因组合的最新形态。也即文化自觉与自信形态的中国人权文化基因组合。这是中国人权话语权体系意义

---

[1] 《毛泽东选集》第4卷,人民出版社,1991年,第1471页。
[2] 习近平:"在庆祝中国共产党成立95周年大会上的讲话",《人民日报》2016年7月2日。
[3] [清]汪琬:《烈妇周氏墓表》。
[4] 《毛泽东选集》第1卷,人民出版社,1991年,第574页。
[5] 习近平:《在纪念中国人民抗日战争暨世界反法西斯战争胜利69周年大会上的重要讲话》,2014年9月4日。

上的人权文化基因崭新组合，在中国五千年的文明历史中产生了从未有过的伟大神奇效应。新中国成立，特别是改革开放30多年来，中国共产党人在推动马克思主义人权理论中国化的伟大实践中，又将科学和民主的人权文化基因组合与中国特色社会主义人权理论与伟大实践紧密结合，创造性地充实了中国化的马克思主义"实事求是"的科学精神、"群众路线"的民主精神、"厚德载物 自强不息"的民族精神、"改革开放"的时代精神，特别创立和形成社会主义核心价值体系和价值观，将中华民族"民惟邦本，本固邦宁"[1]的民本传统基因与"以人民为中心"的"创新、协调、绿色、开放、共享"新发展理念的有机统一，坚持人权普遍性原则与中国具体国情相结合的人权发展道路，把当代中国人权提升到世界先进性人权的战略高度，实现中国人权文化的自觉与自信，构建中国人权话语体系，特别是"G20杭州峰会""一带一路"和"亚投行"的"中国智慧""中国方案""中国规则"，为推动世界人权事业的进步发展作出了重大新贡献，赢得了国际社会的高度赞扬。

三、《礼记》人权文化基因的历史局限

以"四书五经"为代表的中国古代儒家优秀人权文化基因无疑产生了巨大深远的历史作用。但由于社会历史条件和儒家传统文化伦理纲常的教条桎梏，必然使得《礼记》人权文化基因有着固有的无法克服的历史局限性。主要表现：

1.《礼记》人权文化基因的权利主体是封建臣民而不是现代公民

从"礼必本于天"的民本人文情怀，到"以天地为本"的生态伦理情结，从"皆有所养"的弱势民生权益关爱，到"人之大端"的人格修养塑造。这些《礼记》人权文化基因中的民本情怀，既不是西方个人权利本位论，更不是马克思主义人民权利本位论，而是以封建人际关系为本位的儒家伦理民本情怀。"三八二十三"的禅宗故事[2]本身就是情与法、情与理的两难对立。这个禅宗故事既蕴含了中国传统文化人本情怀对人的生命权维护的智慧，同时又暴露了中国传统文化的法治根本缺陷和科学精神的严重不足。于丹教授点评禅宗故事只注重了前者而忘掉了后者。台湾龙应台教授在批评于丹教授时却又只注重了后者，而没有看到前者，两位教授

---

[1]《尚书·五子之歌》，吴树平、赖长扬主编：《全译本白话四书五经》第二卷，《周易 尚书》，国际文化出版公司，1992年。

[2] 于丹点评禅宗故事内容："古代一位混混买了三匹八吊钱一匹的布，付款时声称'三八二十三'而不是'三八二十四'，这位混混竟然以颈上人头作担保说自己是对的，只肯付二十三吊钱。一位小和尚打抱不平，说如果'三八二十三'是对的，他愿意输掉头上的帽子。众人相持不下，于是来到小和尚的师傅——一位德高望重的老和尚处，请他作主。没想到，老和尚沉思了一会，竟然说'三八就是二十三'，小混混是对的。小混混不但用二十三吊钱拿走了三匹布，还得了小和尚的一顶帽子，高兴而去。老和尚却因此受到镇上众人的鄙视与驱逐。小和尚一路上都愤愤不平，最后还是忍不住质问老和尚为何说'三八二十三'。老和尚说，你说那小混混的头重要，还是你头上的帽子重要？他用头来和你的帽子打赌，我能说'三八二十四'吗？小和尚明白过来，我们大概也都能理解那位宅心仁厚、救人一命的老和尚。"

的争辩都是片面的。这个现象很是值得我们深思。现代公民人权，是与封建王权与罗马教权相对立的政治法律概念，它是与商品经济和平等独立自由人的历史条件相联系的，人之为人的并按其自然属性和社会属性实际享有或应当享有的做人的基本权利和自由度。人的权利与尊严是人权本质的核心要素。《世界人权宣言》第1条指出："人人生而自由，在权利和尊严上一律平等。"[1]《发展权利宣言》第1条也指出："发展权利是一项不可剥夺的人权，每个人均有权参与、促进并享受经济、社会、文化和政治发展，在这种发展中，所有人权和基本自由都能获得充分实现。"第2条的第一点指出："人是发展的主体，因此，人应成为发展权利的积极参与者和受益者。"[2] 权利是人民生存与发展之根基，尊严是人民生存和发展更高追求的崇高人格之根本。《礼记》人权文化基因的权利主体不是现代意义的现代公民，而是自然经济、封建王权统治下和儒家伦理纲常桎梏下的人对人的依赖关系的封建臣民。根本没有也不可能形成人的权利与尊严这个现代人权本质的核心要素。

2.《礼记》人权文化基因的权力主导是君主人治而不是民主法治

《礼记》"外王"，一味强调它的伦理教化功能，片面强调德治，没有法治，极力推崇封建统治者的贤明和亲民。《礼记》"外王"的根本缺陷——是人治而没有法治，它所提倡的是封建统治者的品德是不是特别高尚、特别贤明、特别亲民。而现代人权是法定形态的权利，法定权利其实就是法制化了的人权，或应有权利的法制化。这一人之为人的权利的基本形态是由一个国家的宪法、法律和法规等将人们应当享有的权利用法律条文的形式固化下来，赋予它们以法律保护和实现的权威性、强制性和规范性。由于法律是由人制定的，立法者是否愿意就应有权利法律化，使之转化为法定权利，既取决于经济、政治、文化、社会等客观条件，也取决于立法者的观念、价值认同、需要等主观条件。由于受主客观条件的种种限制，在任何国家里，法律的制定都需要有一个过程。而且由于各种因素的影响和制约，立法者是否愿意运用法律条文和手段去确认和规范人的"应有权利"以及这种权利能否得到合理的、充分的保障，也是不确定的。只有存在人的"应有权利"，才能产生应不应当以及如何去保障它的"法定权利"。离开或否认"应有权利"的存在，"法定权利"就会成为"无源之水"和"无本之木"。同时，离开"法定权利"的"应有权利"，在实际生活中也同样没有法律依据和法律效力的。

3.《礼记》人权文化基因的思维方式是朴素直观而不是能动自觉

《礼记》人权文化基因的思维方式是古代朴素的、不自觉的、日常感性生活主观猜测的。

---

[1] United Nations:*Universal Declaration of Human Rights* 第1条，1948年12月10日，第217A(III)号决议通过。见张伟：《联合国核心人权文件汇编》，财富出版社，2013年版，第8页。

[2] United Nations: *Declaration on the Right to Development* 第1条，第2条，第1点。联合国大会1986年12月4日第41/128号决议通过。

《礼记》人权文化基因的观点是朴素直观、感性肤浅的,并零零散散碎片化的散存于古典文献中。朴素直观适应不了现实需要。黑格尔指出:"真理只有作为体系才是现实的。"[1]再好的珍珠只有与宝石并艺术加工创造成精美绝伦的项链,才能发挥其价值连城的整体效应。"整体大于各部分之总和",不仅是亚里士多德的至理名言,而且蕴含有现代系统论的整体原则。深入挖掘和系统梳理人权理论新成果,并非哪个人的主观意志和一时的情感冲动,而是由当代国际国内人权形势发展的需要决定的。当代中国已经站在新的历史起点上,当代中国人权事业也站在新的历史起点上。后金融危机时代,越来越多的西方学者都在认真研究和深入思考中国特色社会主义理论与实践,越来越多的发展中国家正在思考和参考"中国模式"和"中国经验"。然而,许多西方学者却把"中国模式"和"中国经验"仅仅局限在经济的成功上。而联合国的和平、发展、人权"三大目标";美国"人权模式"的唯我独尊和"人权外交"的严峻挑战;西方学术界的人权思潮纷纷兴起,如后现代主义的自然法说、功利主义、抽象的正义论、人本主义、新自由主义、社团主义和女权主义等新思潮,又从不同的视角对人权进行了前瞻性的有益探索。自觉能动的人权理论研究由此具有了世界意义。

总之,在旧中国,数千年封建王权的专制统治土地,结不出现代自由人权的文明果实的。就像恩格斯对黑格尔哲学科学评价的那样:"辩证法的革命的方面,被过分茂密的保守的唯心主义体系所闷死。"[2]《礼记》人权文化基因只有融入当代社会实践,才能获得生机和充满活性。

四、《礼记》人权文化基因的当代启示

《礼记》人权文化基因与当代中国人权发展应当是个什么关系?《诗经》作了"凡益之道,与时偕行"[3]的经典诠释。雅斯贝尔斯的教育本质描述"一棵树摇动另一棵树,一朵云推动另一朵云,一个灵魂唤醒另一灵魂"[4]的精深启示。恩格斯"批判的和革命的"[5]的辩证思维本性。习近平同志关于"不忘本来,吸收外来,面向未来"[6]的科学论述,提供了崭新的世界观和方法论指导。

---

[1] 黑格尔:《精神现象学》(上卷),商务印书馆,1979年,第15页。
[2] 《马克思恩格斯全集》,人民出版社,1972年,第2卷,第75页。
[3] 《诗经·大雅·旱麓》,吴树平、赖长扬主编:《全译本白话四书五经》第一卷,《大学 中庸 论语 孟子》,国际文化出版公司,1992年。
[4] [德]雅斯贝尔斯:《什么是教育》,邹进译,三联书店,1991年。
[5] 《马克思恩格斯选集》,人民出版社,1972年,第2卷,第112页。
[6] 习近平:"结合中国特色社会主义伟大实践 加快构建中国特色哲学社会科学",《人民日报》2016年6月18日。

1. 不忘本来

不忘本来的根本就在于把握传统文化的本质和实质。一是善于吸收《礼记》人权文化基因的优秀传统文化成果。博大精深的中华传统文化积淀着中华民族卓越的精神追求，是中华民族生生不息、发展壮大的丰厚滋养和宝贵财富。《礼记》人权文化基因，是在中国这块东方文明沃土上生长起来的一朵奇葩。如"以天地为本"的生态伦理情结，"皆有所养"的民生权益关爱等等，它在许多方面达到的高度确实为西方古代文明所不及，甚至也为西方现当代文明所不及，正因如此，"取其精华"才有其合理性，也是我们正确对待中国优秀传统人权文化应有的科学态度。二是"古为今用"[1]的《礼记》人权文化基因优秀文化传统，是构建中国特色哲学社会科学的重要来源之一。"以天地为本"的生态伦理情结，也称"天人合一"的中国传统文化，是我们当代生态文明建设应认真汲取的重要思想营养，充分体现了中国生态文明建设的中国风格、中国气派。三是善于剔除《礼记》人权文化基因的"糟粕"。"礼必本于天"固然有其民本人文关怀的情结，但其本质是封建王权的礼制制度。根本目的是为了维护封建王权专制统治。"礼必本于天"的法治缺陷后所固化的"三纲五常"更是糟粕的糟粕。演化到明清之际朱熹"存天理，灭人欲"的人性桎梏，更无一丝半点人文情怀。四是传承《礼记》人权文化基因的根本目的是服务于当代中国人权文明的发展道路，而不能简单"回到复古"。现实生活中，一些人认为，既然"大同与小康"的古今人权梦想绵延数千年，并形成具有东方神韵的"人为贵""和为贵""天人合一"的素朴人权话语元素，以至于今天我们才有资格"民族复兴"这个具有深厚历史感的时代主题，今天我们为什么要将这套话语体系弃之不用？为什么还要另起炉灶另搞一套？我认为，如果以为"回到复古"的人权话语能够担当民族复兴的历史重任，那么，近一个半世纪以来无数仁人志士向西方寻求救亡图存的真理的历史就成了无谓之举，19世纪中叶以来中国人民在各条道路、各个主义、各种话语的反复较量中最终选择了马克思主义就成了历史的误会了。那种想在今天试图将已经完成历史使命的中国传统话语不加改造地简单复活的"复古的人权话语"是根本行不通的。所以，"不忘本来"的真谛，就是善于吸收中华民族优秀传统文化成果，但绝不是简单"回到复古"的人权话语主张。

2. 吸收外来

吸收外来的根本在于把握不同人权文明交流互鉴的发展规律。一是善于批判吸收西方乃至整个人类文明成果。人权文明发展不是脱离人类文明大道故步自封的，而应该是人类一切优秀思想文化成果的合乎规律的借鉴与升华。如批判吸收西方"人文主义""人道主义""人本主义"中尊重人的主体地位和价值等方面的积极合理因素，同时更要抛弃西方"人文主

---

[1] 毛泽东：《书信选集·致陆定一》。

义""人道主义""人本主义"抽象人学唯心史观本质和阶级实质以及认识论局限。二是善于加强各种人权文明平等的交流互鉴。习近平指出:"文明是平等的,人类文明因平等才有交流互鉴的前提。"[1]加强对国际人权文书和各国人权发展模式的研究,加强对国际人权理论和实践的前沿问题的研究,善于从国际国内人权理论与实践成果的相互转化、优势互补中进行创新,牢牢把握世界人权发展的前进方向。尊重各国自主选择社会制度和发展道路的权利,相互借鉴而不是刻意排斥,取长补短而不是唯我独尊,推动各国根据本国国情实现振兴和发展;要加强不同文明的对话和交流,在竞争比较中取长补短,在求同存异中共同发展,努力消除相互的疑虑和隔阂,使人类更加和睦,让世界更加丰富多彩;要以平等开放的精神,尊重和维护世界文明的多样性,促进国际关系民主化,协力构建各种文明兼容并蓄的和谐世界。对于西方先进的人权文化理念,可以作为中国人权话语体系的有益借鉴。三是"洋为中用"的根本目的是形成中国自己的人权话语体系,而决不能"全盘西化"。中国人权话语和中国的人权矛盾与问题,必须具有深厚的本土性和特殊性,决不能"全盘西化"。然而,现实生活中一些人习惯于用"西化的人权话语"来解决中国的人权新问题。这种现象是值得警惕和克服的。西方世界的人权话语霸权立场和人权话语中心主义的逻辑,把西方话语上升为唯一正确的"普世价值"观,而把其他非西方话语看作是反人类文明的落后垃圾。我们国内一些人却对西方的民主法制理念和条款简单照抄照搬,还以为站在学术前沿,用西方的人权概念来解答中国社会的人权现实问题,削中国人权之足来适西方人权之履。所以,中国现阶段的人权矛盾和问题具有民族的本土性,不能期待以"西化的人权话语"来解决中国的人权问题。我们既要改革开放,积极融入世界人权发展的历史大趋势中,"加强不同文明交流互鉴、促进各国人权交流合作,"[2]又必须破除"以西方是非为是非"的人权思维定式。

3.面向未来

面向未来的根本在于把握人类人权文明的发展大趋势。一是善于直面中国现代化建设的现实沃土。《礼记》人权文化基因,必须融入当代中国特色社会主义现代化的伟大实践,才能获得生机和充满思维活性。中国特色社会主义现代化的成功实践,在世界上树立起人类历史上非资本主义发展道路的成功范例。"北京共识"取代"华盛顿共识"就是其典型表现。这就像资本主义发展模式是西方资产阶级人权思想体系和话语体系的物质基础一样,生机勃勃的中国特色社会主义伟大实践,无疑也是创新和发展中国人权思想体系和话语体系取之不竭的力量源泉。二是善于进行当代中国人权的理论创新。在批判继承中国传统文化中,最根本的是着眼于当代中国特色的人权理论创新。特别是党的十八大以来系列人权新观点、新论述。如中

---

[1] "习近平在巴黎联合国教科文组织总部的演讲",《人民日报》2014年3月28日。
[2] "习近平致信祝贺'2015·北京人权论坛'开幕",《人民日报》2015年9月17日。

国梦的人权价值引领；两个百年的人权目标；经济新常态的平等财产权；协商民主的平等参与权；文化自觉自信的平等话语权；权利公平、机会公平、规则公平的平等社会权；形成完备的法律规范体系，推进人权保障制度化进程；形成严密的法治监督体系，强化对国家权力的制约和监督；形成有力的法治人权司法保障体系，努力让人民群众在每一个司法案件中感受到公平正义；腐败是对公民人权的严重侵害，反对腐败是对公民人权的公正维护；依法保障全体社会成员平等参与、平等发展的权利；坚持人权普遍性原则与中国具体国际相结合，走中国特色的发展发展道路；人权问题没有最好，只有更好；讲好中国人权故事，传递好中国人权声音，构建好中国人权话语体系；坚持国际人权交流互鉴的和平发展权；增强全社会尊重和保障人权意识，让人权成为人民的一种习惯和追求。三是善于进行当代中国人权的实践创新。在批判继承《礼记》人权文化基因的优秀成果中，大力实践和创新推动中国实现"两个百年"奋斗目标，实现中华民族伟大复兴的中国人权梦。大力实践和创新推动十八届五中全会提出的"五大发展"新理念，坚持以人民为中心，推动科学发展、促进社会公平正义、坚定走和平发展道路、推动建设持久和平共同繁荣的和谐世界、"一带一路"和"亚投行"的人类命运共同体、人类利益共同体、人类责任共同体等一系列重大战略思想中所包含的中国人权智慧，大力实践和创新推动中国特色社会主义人权发展的新模式和新道路，紧紧围绕依法保证全体社会成员平等参与、平等发展权利这一历史逻辑主线，切实破解制约和影响人权发展的民生现实问题，努力建立起一整套与中国发展模式相适应的人权理论体系和话语体系。不仅为人类贡献"中国的人权话语""中国的人权故事"，而且贡献"中国的人权智慧""中国的人权规则"。

儒家文化视域下的中国集体人权观的传承与发展

The Inheritance and Development of Chinese Collective Human Rights from The perspective of Confucian Culture

茹 宁[*]

摘要：人权概念历经三代发展，内涵日益丰富。承认文化多样性和强调民族发展权的第三代人权观，为非西方文明参与人权理论与实践的发展创造了有利条件。中国历史悠久的儒家文化，蕴含着丰富的人权思想资源，奠定了今天具有中国特色的集体人权观的思想基础。儒家以"群体为本位"的道德价值观，随着时代主题的变迁，通过与各种不同外来思想资源的博弈、互动和融合，其内涵和外延也不断变化：在寻求独立富强的时代主题下，它以"富强—合群"为支点，与西方人权观念达成了某种程度的沟通；在争取国家民族独立的过程中，通过与马克思主义融合，它以广大"人民"为支点而具有了新的时代的"集体主义"内涵；今天，以生存权和发展权为重心的中国人权建设，依然是以"最广大人民的利益"为根本支点。以儒家集体本位思想为文化底蕴的中国集体人权观，不仅契合了第二代和第三代人权发展的主题，而且有利于纠正西方以个体权力为起点的自由主义人权理论的弊端，从而为世界人权事业的发展作出独特的贡献。

关键词：儒家文化　群体本位　人权　集体人权

所谓"人权"，顾名思义，就是人之为人所应当享有的权利。"人权状况的发展受到历史、社会、经济、文化等条件的制约，是一个历史发展过程。"[1]与此相应，作为近代西方文明的产物的"人权"概念，随着历史的发展和社会环境变化，其内涵和外延都在不断发生变化，内容越来越丰富、范围越来越广泛、表现形式也不断多样化。人们对人权的认识也随之经历了逐步深化的过程，形成了思想上前后相继、内涵上不断丰富的三代人权观。认识人权概念的发展特征就成为我们研究人权问题的起点。

---

[*] 作者简介：茹宁，南开大学周恩来政府管理学院教授，博士生导师，南开大学高等教育研究所所长。
[1] 国务院新闻办公室："中国的人权状况"，《人民日报》1991年11月2日。

一、三代人权观的发展及人权的内涵特征

第一代人权观形成于文艺复兴和启蒙运动时期，是新兴资产阶级在反对封建专制主义和中世纪神权的斗争中提出来的，它的诞生是以美国的《独立宣言》和法国的《人权与公民权利宣言》为标志。第一代人权观是一种"消极"人权观，它主张国家"不作为"，排斥其对人们自由生活的干预，以保障人的人身人格权利、政治权利与自由权利。第一代人权着重于在形式上亦即法律上保障个人自由，性质主要是属于公民权利与政治权利的范畴，其理论来源是十七、十八世纪的个人自由主义思想。

第二代人权观的形成以联合国大会于1948年12月10日通过的《世界人权宣言》为标志。《世界人权宣言》与1966年通过的联合国《公民权利和政治权利国际公约》《经济、社会、文化权利国际公约》共同构成了第二代人权观的完整体系。第二代人权观是一种"积极"人权观，要求国家对社会经济生活进行主动而积极的干预，以使人们的经济、文化、社会权利得以实现。第二代人权注重保障弱势群体在社会中的有尊严的生活，关注人的经济权利的取得和保护，着重在实质上为个人自由的实现提供基本的社会与经济条件。第二代人权受19世纪末20世纪初的社会主义运动和革命的影响，反映的是19世纪开始勃兴的社会主义思想。

第三代人权是从第二次世界大战以后的民族解放运动中产生并发展起来的，形成标志是1986年联合国《发展权宣言》的发表。该《宣言》强调发展权是一项不可剥夺的权利，所有的个人和民族均有资格参与、从事和享有经济、社会、文化和政治的发展。第三代人权概念强调人权的差异性，强调在不同的文化传统中，人权概念的内涵可能有所差异；在不同的社会和经济条件下，人权概念的重点应该有所不同。1993年6月联合国在维也纳召开的第二次世界人权大会通过的《维也纳宣言和行动纲领》明确指出：在看待人权问题上，必须重视民族特性和地域特征的意义，以及不同的历史、文化和宗教背景都必须要考虑。

三代人权观的发展历程表明人权概念有其自身形成、发展和不断完善的过程，对这一过程的考察，能够使我们更加清楚地认识和把握人权的本质与特征。首先，人权是普遍性权利与特殊性权利的统一。人权既是因为人之为人的共性而产生的适用于全体人类的共同的、普遍的人权，也有因为不同民族、国家的政治、经济、文化上的差异和民族风俗习惯而产生的适用于某些国家、某些民族的特殊人权。因此，在人权实践中，各国在不违背国际共同准则的前提下制定适合本国国情的人权及其实施的法律，应当受到国际社会的尊重。

其次，人权是个体性权利与集体性权利的统一。个人人权是基于个人基础上的每一个人都应享有的人权，其权利主体是个人。个人人权一般包括以下三方面内容：一是人身人格权，二是政治自由权，三是经济、文化和社会权利。集体人权是相对于个人人权而言的某一类人、

某一群人、某一国人所应享有的人权，其权利主体是某一类特殊社会群体，或某一民族与某一国家。个人人权与集体人权是相互依存联系，具有内在统一性。个人人权是集体人权的基础，而集体人权不仅包含着个人人权，而且是个人人权的有力保障。

最后，人权是权利与义务的对立统一。人权的内容是"权"，即权利。而权利与义务是相对应的一对概念，两者是对立统一关系，这是由人权自身的社会属性所决定的。为了形成正常的社会秩序和社会生活，个人作为社会和国家的一员，理应享有法定的各项权利，同时承担法定的各项义务，包括所有人对其他主体承担尊重和不侵犯其权利的义务，否则，国家和社会无法正常运转，任何人的人权都难以得到保障。人权具有权利和义务的统一性、不可分割性，全面理解和合理处理权利与义务之间的关系，是正确对待人权、加强人权建设的一个重要问题。

由上可见，从第一代人权到第三代人权的发展呈现出的特征是：从只主张普遍性权利到承认特殊性权利，从重视个体人权到重视集体人权，从单纯强调权利到强调权利与义务相统一的人权。人权概念的内涵由此不断"丰满"起来，具有了层次性、多样化和丰富性。与此同时，以西方自由主义思想主导世界人权发展的格局被逐渐打破。而承认文化多样性和强调民族发展权的第三代人权观，则为非西方文明参与人权理论与实践的发展创造了有利条件，同时也为中华文明对世界人权发展做出独特的贡献留下了极大的空间。中国具有悠久的历史文化传统，尤其是作为中华民族生命智慧"源头活水"的儒家文化，蕴含着丰富的人权思想资源，其所倡导的"仁爱""民本""群体""和谐""大同"等思想，成为今天具有中国特色的集体人权思想的重要来源，集体人权不仅契合了第二代和第三代人权发展的主题，而且有利于纠正西方放任式自由主义的弊端，弥补西方权利之不足，从而为世界人权思想与理论的发展作出自己独特的贡献。

二、古典"群己和谐"观照下的儒学人权思想资源

儒家文化蕴含着丰富的人权思想，曾对西方人权思想的发展和进步作出过巨大贡献。在近代初期，儒家思想被介绍到西方，对法国的启蒙主义发生了巨大影响，孔子的"仁君""仁政""德治"等思想，都包含有强烈的人权色彩，法国启蒙主义大师伏尔泰、孟德斯鸠、莱布尼兹、魁奈和百科全书派诸君子，都从这些儒家思想中或多或少得到一些启示。孔子讲的"恕道"，即"己所不欲，勿施于人"，还被直接写入1793年法国《宪法》第六条。[1]鉴于此，西方有人称孔子为18世纪的"世纪守护之尊神"。[2]今天，儒家思想所蕴含的人权思想资源正在逐步被世界各国人民所认同和接受。

---

[1] 谢军：《儒家"仁"与人权的互动》，中国政法大学出版社，2012年，第13页。
[2] [比利时]亨利·皮朗：《中世纪欧洲经济社会史》，乐文译，上海人民出版社，2001年，第39页。

"仁"是儒家思想的核心,而儒家仁学的总体精神是"爱",将"仁""爱"运用到人际关系之中就是要"仁者爱人",这种"爱"具有普世情怀,要求人们关爱自己的同类,"四海之内皆兄弟",这与西方人权所讲的"博爱"有相通之处。儒家"仁爱"思想还要求人们尊重自然,使整个宇宙和谐一体,这与现代人权精神也是相合的。此外,仁学以"仁"为人的本质,因此,人是一种"道德人"。这种人的规定蕴含着人性平等的道德价值。儒家文化讲"人不独亲其亲,不独子其子,使老有所终,壮有所用,幼有所长,矜寡孤独废疾者皆有所养"[1],讲"老吾老,以及人之老;幼吾幼,以及人之幼"[2],这都是从人性平等的视角,倡导社会民众对鳏寡孤独、老幼废疾这类群体给予关爱,这与现代人权思想主张关注社会弱势群体的平等思想也是相通的。

西方人权要求的政治理念是民主,儒家文化产生的政治理论是民本思想,两者在人权保障方面有诸多相通之处。在保障公民政治权利方面,民本思想中有主张民众政治参政的因素,儒家提出的"民贵君轻"和"选贤与能"的主张,在秦以后的两千多年的帝制时代得以实现,并经由隋唐时期的科举而制度化,这为普通民众实现参与政治活动的权利提供了路径。民本思想中还有"民有""民享"的因素,例如,儒家主张"治民之产",使百姓"仰足以事父母,俯足以畜妻子,乐岁终身饱,凶年免于死亡"[3],体现了对民众生命和财产权利的维护,这与西方人权理论宣扬的"私有财产神圣不可侵犯"有共通之处。此外,民本思想强调保障人的利益,甚至提出保障平民的权利,这与西方现代人权观念在某些方面也是相通的。总之,儒家文化中所包含着朴素的民本思想,虽然不同于现代民主和人权理念,但它的部分内容可以成为民主与人权在中国发展的思想基础。

儒家思想的总体特征就是弘扬以集体利益为本位的道德价值观,这种"群体本位"的道德价值观,又融合着"和"的观念。儒家思想认为人与动物的本质区别就在于"人能群,彼不能群",由此讲究"天下为公","以他人为重、以整体为怀",要求人们"先天下之忧而忧,后天下之乐而乐",甚至主张"生亦我所欲也,义亦我所欲也。舍生而取义也",即为了群体的利益,可以不惜牺牲个人的生命与权利。在儒家文化影响下形成的这种道德观念,虽然存在历史局限性,但其积极方面则在于,中国传统文化以"群己和谐"为宗旨,通过强调民众对社会尽义务,来形成有利于社会发展的和谐关系。因此,在中国传统社会,民众并不是没有权利,而是需要通过履行义务的方式来追求和实现自己的权利,进而促进社会整体的和谐有序。儒家"群己和谐"思想可以成为我们所倡导的第四代人权——和谐权的重要思想来源。和谐权继承了

---

[1] 《礼记·礼运篇》
[2] 《孟子·梁惠王上》
[3] 《孟子·梁惠王上》

儒家和谐思想的精髓，主张"和谐社会之人权诉求，在人本身，欲达身与心的协调平衡；在社会，欲达人与人的和美共荣；在宇宙，则欲达人类与自然的同韵合律。"[1]

总之，以集体本位为特征的儒家思想，在很大程度上促进了传统社会的和谐发展，在人权的保障方面也并非无所作为，其对弱势群体的保障、对平民政治参与权利和民众生命财产的维护，都充分证明了其与现代人权思想的相通之处，因此，儒家"群体本位"的道德价值观，成为现代集体人权思想的重要历史性资源。不仅如此，中国传统的"群体本位"和"社会和谐"思想，让国人形成了"集体至上"的基本观念和文化传统，并奠定了之后中国人权发展始终不偏离"群己和谐"的集体主义脉络，从而构成具有中国特色的集体人权形成与发展过程中无法割裂的本土资源。

三、近现代"富强-合群"逻辑下集体人权观的探索发展

中国的现代化进程是以西方入侵为起点的，在西方思想与文化的冲击之下，西方个人权利学说一度占领了近代思想界的"战场"。中国人视西方自由主义思想为先进思想，津津乐道，而儒家思想却作为一种封建思想遭到批判。与西方的人权思想相比较，儒家人权思想没有鲜明的人权口号，不强调通过法制来实现人权，尤其是儒家的人权思想重视社会、集体的人权，不重视个人人权。这就很容易导致一种误解，即儒家文化没有人权可言。陈独秀在《中西民族根本思想之差异》一文中，就曾经指出："东洋民族个人从无权利。"[2]高举"科学"与"民主"大旗的新文化运动，就是一场以"个人"为中心的道德伦理革命运动。然而，在时代"救亡"的主题下，以个体为中心的道德革命渐渐处于弱势，张扬为国家、为社会发挥牺牲精神的群体主义越来越占据上风。

当然，国人接纳"群体主义"的思想倾向并非偶然。在西方列强的入侵之下，民族独立，领土完整和国家尊严始终受到严重挑战，救亡图存与国家富强成为推动中国现代化的应激结果。近代先进知识分子在反思富强难求的原因时，往往将其归结为国人的"一盘散沙"，他们认为，公共生活的缺乏是国人在精神领域中无法诞生出一个民族国家的根本原因，而民族国家的缺位则使得国人无法获得一个聚合力量以实现富强的"精神场"，所以主张通过"合群"，即发挥国民群体的力量来确立民族国家的形象，进而达到振兴与富强的目标。正如梁启超在《新民论》中所指出的："凡一国之能立于世界，必有其国民独具之特质，上自道德法律，下至风俗习惯、文学美术，皆有一种独立之精神，祖父传之，子孙继之，然后群乃结，国乃成。

---

[1] 徐显明："和谐权：第四代人权"，《人权》2006年第2期，第30页。
[2] 陈独秀："东西民族根本思想之差异"，《新青年杂志》第1卷第4号，1915年12月。

斯实民族主义之根柢源泉也。"[1]伟大的革命先行者孙中山先生也提倡自由、平等与博爱，但他并没有直接照搬这些外来的权利概念，而是将其与中国现实国情结合起来创造性地提出了三民主义。三民主义也是一种集体人权，强调平等的价值而反对个人自由。三民主义可视为践行以"合群"道路来振兴国家的一种重要尝试。

然而，实现富强的"合群"道路毕竟是多样化的，历史最终将"合群之道"锁定在了共产主义的集体道路上。共产主义的广泛传播和深入人心，一方面在于其顺应了中国的历史潮流和时代主题；另一方面，则在于其契合了中国"群体本位"和"世界大同"的文化传统。不可否认，虽然中国的集体主义有着悠久而坚实的传统文化基础，但中国现代集体主义同样是外来思想的产物，它以马克思主义为理论基础，以苏联的集体主义社会体制为实践原型。斯大林进行的社会主义国有化、集体化改革的计划经济体制，很大程度上影响了现代中国集体主义的具体形态、制度形式、组织形式和行为模式。而改革开放以来，中国"摸着石头过河"的新一轮经济体制改革与社会转型，又对中国现代集体主义注入了新的时代内涵。总之，经受了"洗礼"的中国现代集体主义概念不再是建立在宗法社会、封建社会等个体价值缺失的社会形态中的集体主义概念，而是兼顾集体与个人利益，在继承传统文化，融合外来思想基础上，适应新的社会与国情发展的新概念。

现代中国的集体主义是"富强—合群"思想驱动之下的产物，在救亡图存与国家富强的思想主线下，原子式的个人自由并非近代学人理解权利、人权的思想出发点，近代学人阐述权利、人权价值的重要一面就是强调其有利于实现"富强、民主、文明"的社会这一集体目标；另一方面，中国的近现代历史也表明，不同于西方因个体目标所引发的现代化，对集体目标的追寻恰恰是中国现代化的动因所在，因此，从满足个体目标出发进而实现集体目标的西方经验，并不是中国个人目标得以实现的最佳路径，中国个人目标的实现往往国家集体目标的实现为前提。正如孙中山所说："个人不可太过自由，国家要得到完全自由。到了国家能够行动自由，中国便是强盛国家。要这样做，便要大家牺牲自由。当学生的能够牺牲自由，就可以天天用功，学问成了，知识发达，能力丰富，便可以替国家做事；当军人能够牺牲自由，就能够服从命令，忠心报国，使国家有自由。"[2]由此可见，"欲求富强需合群，欲要合群须尊人权"的逻辑，是中国近现代人权发展的一个基本的内在理路，以"追寻富强"为支点，"自由"与"民主"的西方人权观念与中国集体主义传统达成了某种程度的沟通。正因为如此，中国人权概念具有了匡正个体目标方向、促进集体目标实现的双重内涵，该内涵体现了西方人权与集体主义传统的互动过程，"救亡图存与国家富强"则是西方人权与中国集体主义传统的一个基本融合点。

[1] 梁启超："新民说——释新民主义"，《饮冰室合集专集之三》，中华书局，1989年，第5页。
[2] 孙中山："三民主义·民权主义第二讲"（1924年3月16日），《孙中山选集》（下），人民出版社，1956年。

四、当代"生存-发展"主题下集体人权观的继承发展

以毛泽东为核心的党的第一代中央领导集体,深刻地认识到人民的重大历史作用,带领人民大众在为争取中华民族独立自主权利、中国人民生存权利、当家做主权利的斗争中,圆满地解决了国家独立权这一近代以来中国最大的人权问题,捍卫了中国的国权、主权和生存权,为中国人权进步事业奠定了基础。与此同时,集体主义思想在这个过程中也取得了巨大的历史成就。新中国成立后,我国宪法规定"一切权力属于人民",并把"为人民谋利益"这一集体性目标作为新中国的发展宗旨,将集体主义的传统以赋予"人民当家作主"权利的新形式予以继承。此后,中国几代领导集体都沿着这条为全体人民谋福利的道路,以发展权为核心,以政治、经济、文化等多种权利的和谐为重点,逐步建立起具有中国特色的人权事业。

新中国建立以后,国家满目疮痍、百废待兴。因此,改变穷困面貌,实现现代化,使人民的基本人权得到保障,便是几代国家领导人迫在眉睫的任务。这就决定了在新中国成立后相当长的一个历史时期,中国人权建设将发展权与生存权作为尊重保护人权的着力点。以邓小平为核心的党的第二代中央领导集体,确立了以发展权为重心的人权道路,奠定了中国特色的社会主义人权发展的基调。邓小平明确提出:"发展才是硬道理。"指出实现中国人权进步的正确途径是先以经济建设为中心,不断提高人民生活水平,逐步实现共同富裕。正是在发展权理论的指引下,中国从改革开放起仅用了十多年时间,就实现了邓小平提出的"三步走"战略的第一步,人民群众基本上实现了生活温饱,解决了长期困扰我们的生存权,中国的人权状况有了显著的改善。

以江泽民为总书记的第三代中央领导集体提出了"三个代表"重要思想,更加突出了中国的"发展"问题,强调发展是"党执政兴国的第一要务",并明确当代中国人权建设的关键环节仍是坚定不移地发展社会生产力。以胡锦涛为总书记的第四代党中央领导集体提出了科学发展观,标志着当代中国人权事业进入了用可持续、全面的、和谐的发展观统领"人权事业全面发展"的崭新阶段。科学发展权既是社会主义经济建设、政治建设、文化建设和社会建设全面协调发展的内在要求,也是经济社会发展的重要目标,它从人权发展的视角赋予经济社会发展以崭新的科学内涵。在十二届全国人大一次会议上,习近平总书记发表了实现中华民族伟大复兴的"中国梦"讲话,再次强调全面建成小康社会,建成富强、民主、文明、和谐的社会主义现代化国家的奋斗目标。从人权意义上说,人权梦是中国梦的价值内核,包含了由经济持续健康发展的经济权利、人民民主不断扩大的政治权利、文化软实力显著增强的文化权利、人民生活水平全面提高的社会权利所组成的一套层次清楚、内涵丰富的人权体系。

纵观中共五代领导集体,以生存权、发展权为主线,在秉承集体主义的基本原则基础上,

他们先后相继，建立起独具集体主义特色的中国人权体系。这主要体现在：

一是捍卫国家主权。尊重人权、捍卫主权、反对霸权的严正立场，是中共五代领导集体的人权观极具时代特色的标志。针对西方敌对势力借"人权"之名、行干涉中国内政之实的卑劣行径，邓小平就明确提出了"国权比人权重要得多"的著名论断，他坚定地指出，要正确认识捍卫国权与维护人权的辨证关系。国权高于人权，国权保障人权。"国家的主权、国家的安全要始终放在第一位。""任何违反国际关系准则的行动，中国人民永远不会接受，也不会在压力下屈服。"[1]在实践中，邓小平还以"一国两制"的构想，圆满解决香港问题，维护了国家主权与领土完整。

二是谋求人民的人权。五代领导集体人权思想的出发点和最终归宿都是要谋求人民的人权，以人民主体性增强、人权充分实现为要义和要旨的。"三个代表"思想提出"中国共产党代表着中国最广大人民的根本利益。"并指出：这是共产党不同于历史上一切其他阶级政党的最根本的特点。因此，共产党要始终坚持全心全意为人民服务的宗旨，把实现和维护最广大人民群众的利益作为我们党的全部任务和责任，作为一切工作的根本出发点和衡量党的一切工作和方针政策的最高标准；科学发展观的核心灵魂是"以人为本"，终极目标是"人的全面发展"。因此，一切发展都要把人民的利益作为一切工作的出发点和落脚点，走生产发展、生活富裕、生态良好的文明发展道路；"中国梦"的主体是人民、中国梦的内核是人民的根本利益。因此，中国梦归根到底是人民的梦，必须紧紧依靠人民来实现，必须不断为人民造福。总之，五代领导集体在集体人权观的立场上一脉相承，都主张人权的主体是人民，人权的合理内核是为最广大的中国人民谋权谋利，而人民根本利益的外在化就是人权。

三是坚持人权的整体性。五代领导集体都强调人权是多种权利的有机统一。西方传统人权观从狭义的人权内涵出发，认为公民政治权利是一种切实的权利，而经济、社会、文化权利不过是一种理想，不具有普遍性和实用性。而我国五代领导集体却主张人权的整体性和层次性，经济、社会、文化权利与公民的政治权利相互依存、相互促进、相互保障。各项具体人权都是保证人权全面发展的一个重要环节，应予以同等重视。此外，人权发展是一个动态的完善过程，正如习近平总书记指出的："人权保障没有最好，只有更好。"因此，我们把生存权、生命权作为最基本的人权，在此基础上逐步扩大自由权和政治参与权。社会主义制度的宗旨就是逐渐促进人权的全面实现。最后，人权的整体性还体现在人权是权利和义务的均衡。"没有无义务的权利，也没有无权利的义务。"五代领导集体都主张权利与义务的辩证统一，认为只有权利和义务的统一的权利才是真正的人权。

---

[1] 《邓小平文选》第3卷，人民出版社，1993年，第348页。

五、结语

儒家文化博大精深,含有丰富的人权思想成分。但是,由于历史的种种原因,儒家人权思想研究在中国长期处于被忽视的状态。尽管如此,儒家文化思想的精髓在几千年的历史与社会的变迁之中,通过与各种不同思想资源的博弈、互动和融合,逐渐凝聚成了中国现代人权特色的文化底蕴。通过对中国集体人权观形成与发展历程的追本溯源,我们可以清楚地看到这一点。"以群体为本位"的儒家思想文化,在近代内忧外患的社会背景下,一度遭遇了来自西方自由主义思想的巨大冲击,但是,在寻求"富强—兴国"的历史主题中,国人最终还是发现,"国之兴亡"还在于全体国民的觉醒和共同努力。所以,近代中国以"富强—合群"的形式,传承了集体主义的文化传统;马克思主义与中国传统的结合,使中国的"集体主义"最终锁定在了广大"人民"身上而具备了新的时代内涵,从而依靠人民的力量,中国实现了解放,中国人民首要的生存权最终得到保障。之后中共历代领导集体,面临着发展中大国人口众多、经济落后的现实国情,将发展权摆在首位,而这一发展权的根本立足点依然是"以人为本",宗旨则是为了"最广大人民的利益"。总之,历史在前进,社会在变化,人权发展面对的主题也在变化,但是,"集体主义"在当代中国依然占据着社会核心价值观的地位。发扬集体主义精神,贯彻集体主义的基本原则,始终是我们处理各种人权问题的基本原则和方法,也是我们实现"和谐社会"理想和"中国梦"的重要路径。

21世纪是一个全新的时代,世界人民反对战争,希望和平与发展。人们希望和平和公正地发展人权,实现所有人的各种权利。然而,经济全球化带来了许多负面的影响,如贫富不均、南北差距扩大,环境污染导致生态平衡的破坏等等,而以"消极"放任和个体原子式自由为支点的西方人权理论,不能对这些问题提供有效的解答,这使人们对西方的人权思想普遍感到失望。美国学者科斯塔斯·杜兹纳在其新著《人权的终结》一书中,甚至提出了西方人权终结的观点。[1]在发现过分强调个人人权之后,西方世界才开始反思,又从制约其自由性入手开始强调公民的社会责任、人与人之间的相互依存、人与环境的和谐关系。从这角度来看,中国的集体人权观有利于纠正以原子化自我、与他人互不关心的放任式自由主义的弊端。它对现代社会鼓动个人权利的人权观念也可以构成一种制衡,纠正现代人权理论可能出现的偏差。

儒家人权思想所蕴含的丰富的道德原则、民本思想、世界大同、社会和谐等等思想,无疑是能够对当代具有中国特色的集体人权观的发展作出贡献的珍贵的历史资源。然而,我们对这些优秀的传统文化资源的挖掘还是远远不够的。以习近平为核心的第五代领导集体,提出了中华民族伟大复兴的"中国梦",而"中国梦"的实现离不开文化复兴。中国梦、复兴梦与人

---

[1] [美]科斯塔斯·杜兹纳:《权利的终结》,郭春发译,江苏人民出版社,2002年。

权梦是三位一体，不可分离的。人权梦是中国梦的必要组成和价值内核，复兴梦则是中国梦、人权梦得以实现的必由之路和历史基础。正如习近平总书记所强调的，实现"中国梦"必须走中国道路，必须弘扬中国精神，必须凝集中国力量。可见，"中国梦"既体现了今天中国人的理想，也深深植根于中国传统与文化的土壤之中，是对先辈们大同世界、共同富裕、人人平等理想的继承和不懈追求。当然，需要指出的是，这种文化复兴并不是回归过去，走专制的老路，而是要客观公正地对待传统，尊重、发展和激活传统文化中有利于人权发展的要素，并结合现代社会的需求、借鉴各国有益的经验，对传统文化进行创造性转化。对传统思想的创造性转化必将在实现"中国梦"的伟大实践中扮演重要的角色，这也正是今天我们依然需要从人权的视角挖掘儒家传统文化，探索其对世界人权贡献的价值所在。

中西人权思想的分野
——孔子"仁"与苏格拉底"善"

The Interfluve Between Oriental and Western Human Rights Thoughts: Confucian "Benevolence" and Socrates' "Charity"

陈·巴特尔 李双龙[*]

摘要：人权即人应享受之自然权利，中西在人权问题上有着各自的理解与表述。从文化角度而言，中西人权思想在历史行程中各自有着不同的方向。孔子的"仁"与苏格拉底的"善"的思想有着复杂的形成背景，也各有着丰富的思想内涵；他们的思想深刻地影响着中西人权理论的走向，也体现了中西不同的文化传统。在人权议题的中西交流与对话的现实背景下，开展中西文化的比较研究，利于求同存异，达成跨文化的理解。

关键词：人权 仁 善

前言

"人权在基本体系上，是人类相互间的权利要求，在辅助体系上，人权也是对应当保护这种权力要求的结构即国家提出的要求。"[1]近年来，人权问题越来越受到国际社会的普遍关注，而关于人权思想的研究也越来越受到学界的关注。事实上，人权思想的产生及其实践最早始于西方，是西方政治文化思想发展的典型表征，其间经历了不同的阶段，而每一阶段都有不同的思想特质。其最早的人权学说思想被学界称为"前史"阶段，也即古希腊苏格拉底、柏拉图等天赋灵魂说的人性论，同时罗马法中的"权利"观念让西方社会有了权利意识。在中世纪晚期，一大批人文主义学者开始挖掘古希腊文化，高举"以人为本"的口号，开始了文艺复兴运动，与此同时，关于人的学说开始不断丰富与发展起来，而长达一千多年的中世纪"独具特

---

[*] 作者简介：陈·巴特尔（1964— ），男，蒙古族，南开大学周恩来政府管理学院教授、博士生导师，南开大学民族研究中心主任。研究领域为教育管理、比较教育、原住民及少数民族文化与教育。
李双龙（1976— ），男，汉族，南开大学博士生，喀什大学副教授，研究领域是传统文化与教育，民族教育。

[1] 叶传星："人权概念的理论分歧解析"，《法学家》，2005年6月，第45页。

色的二元政治观为人权学说贡献了最有价值的思想因素"。[1]而在实践层面,18世纪时法国的资产阶级革命通过了《人权宣言》,美国通过了《美国独立宣言》,标志着西方人权学说思想由理论转向实践。

关于人权理解,中西方有着很大的分歧与不同,实则,人权作为人之应享受自然权利,中西方文化中有着不同的理解,人权制度的理解自然有差异。西方学者认为"人权标准是普遍的,实现与保护人权的制度与模式也是普遍的。"[2]中国学者认为各国由于文化及历史境遇的不同,有权选择自己的人权制度。从这个意义上讲,不同语境中的人权概念自然有着不同的理解。因此,追溯人权思想的文化源头,是解释不同历史地理环境中人权问题的基本前提,从文化角度探讨人权问题显得尤为必要。

一、孔子的"仁"

"仁"在孔子思想中居于核心地位,但这一思想的提出在其根本上是出于对"礼"的考量,是在对"礼"的拷问中提出的。而礼是周公所作,用以维系社会秩序的规范要求。但东周王室独尊地位的丧失,使得礼逐渐失去了其应有的地位。正是在此背景下,如何给予礼以合法与合理性的要求,是孔子及其同时代哲人思考的重点。因此,孔子所推崇的礼是出于对社会失范的一种无奈要求,但在其未能有效运行的情况下,哲学家思考的重点自然是其背后的根由。

孔子提出了"仁",把它作为是维护"礼"的终极根据。"仁"字具有象形意义,是人与人,人-人,是两个人之间的一种结合。而人与人之间的关系是依照"礼"予以维系的,那么如何理解"仁"是解释孔子思想及儒学思想的关键要素。仁与礼关系紧密相连,在孔子那里,先有礼的思考再有仁的提出。礼作为维系社会关系的纽带,表现为对多重社会关系的规定。事实上,人与人之间的关系种类很多,有上下,有内外,有夫妇,有长幼等关系。正是在此意义上孔子提出的"仁"予以了伦理道德上的很好解释。李泽厚认为"仁"是以人情味的亲子之爱为辐射核心,扩展为对外的人道主义和对内的理想人格,它确乎构成了一个具有实践性格而不待外求的心理模式。[3]仁就是人与人之间形成的诸多社会关系背后的终极原因。孔子对此有很好的注解:"樊迟问仁。子曰:爱人。"(《论语·颜渊》)"爱"自然成为仁的主要表征。而爱是一种情感,是一种人类社会原始亲亲关系的最基本情感,是众多的社会关系背后的一个根本特质。在这点上,孔子显然在思考礼之失范的原因时,想到了上下长幼之序颠倒的直接原因就是人与人关系情感的淡化,特别是自周公以来的分封制,随着时间的推移,最初的纯朴情感已渐趋淡

---

[1] 丛日云:"近代人权学说的思想来源",《辽宁师范大学学报(社会科学版)》2000年1月,第112页。
[2] 信春鹰:"国际人权问题述评",《中国社会科学》,1994年6月,第132页。
[3] 李泽厚,《中国古代思想史论》,天津社会科学院出版社,2004年,第25页。

化。也就是说人与人之间最根本的问题的"情感"二字,是种种关系背后的最根本属性,是孔子"仁"的核心要义。

但"仁"不是抽象的,更不是空洞的,后来思想家在阐释孔子思想时往往赋予这一概念以更多的解释者自身所处时代的解释,当然给予了至高的地位,这是应该的,但却忽视了其本有的具体性指称与含义,即"仁"有四重涵义。

第一重是"孝"。"孝"体现着中国社会的结构。家是社会的基本单元,由于中国社会在"三代"时期是典型的熟人社会,是小范围社会,在这一社会中,人与人之间的情感是基于血缘关系的,因此也可以说,血缘关系是情感的基本,情感是建立血缘基础之上的。从这一点上理解"仁"的内涵,可以合理地解释孔子思想及相应的社会关系。血缘关系只存在于家庭中,而在家庭中存在着夫妇、父子等关系。因此,"孝"是仁的直接表征,"入则孝""百善孝为先"也成为中国人所极力尊崇的价值观念。孔子所说的"慎终追远,民德归厚矣"(《论语·学而》),去世之后要经常纪念,都是一种情感的直接流露,也是社会结构赖以维护的核心要素。

第二重是"忠"。忠不仅体现着中国的社会结构,也反映着政治结构的稳固程度。在家国同构的中国古代社会,国就是放大的家,君臣关系犹如父子关系,因此,家庭中对孝的要求运用到社会政治层面就是忠。忠指的是君臣之间的相互信任,君使臣以礼,臣事君以忠,"忠"有两层含义,一层是事业上的恪尽职守,臣要对事忠,一心一意。第二层是道义上的信任,是由事业的忠而延伸为对君王的忠,这也是中国历来社会心理结构中由事及人的一般推演法则。

第三重是"信"。"信"是指朋友关系的处理法则,社会关系中一般含有父子、夫妇、上下、朋友等关系,不论是家庭,或是政治结构中的君臣,都有着一个表征情感的特质予以维护,而社会结构中的朋友关系,同样有一种法则予以维系,这就是"信"。"谨而信,泛爱众"孔子时时刻刻提醒自己"与朋友交而不信乎",朋友之间的"信"的关系成为社会结构中没有血缘关系的结构维护纽带,其背后的终极性原因自然是"情感"。

第四重是"义"。义即宜也,是应该不应该的问题,孝、忠、信是就社会层面多维关系的一种要求,是其于自然情感关系的,那么"义"却是探讨处理各个社会关系的一种基本态度,孔子的"君子喻于义,小人喻于利"就是说君子行事都要思考自己行为的应该与否,是否合乎自然情感,而小人行事却只思考自身的切身利益。因而,就"仁"的直接表征而言,"孝"是基于血缘关系的家庭伦常关系,它表征着一种人人的基本情感关系。由这一基本情感向外扩展就是其他各种的社会关系。政治结构中的君臣"忠",社会结构中的朋友"信",各种关系之间相互处理的"义"。

因此,"仁"作为先秦时儒学的核心概念,是在礼乐崩坏的背景下提出的,有着现实的社会现实意义,而不是孔子思想中的一种纯粹对人伦道德的形而上要求。"孝""忠""信""义",也就成为孔子所主张的社会关系的准则与道德行为的评判标准。中国三代社会小家庭与大家庭,共同组成社会结构,从家庭层面来讲,"尧舜之道,孝悌而已矣""君子务本,本立而道生。孝弟也者,其为人之本也。"(《论语·学而》)从国家层面来讲,"内则父子,外则君臣",这几种关系及其维系法则共同支撑着整个社会。所以孔子"仁"除了带有很强的血缘人伦属性外,还带有较强的社会属性,是一个人伦与社会相统一的概念,人伦关系支撑着社会关系,社会关系又维系着人伦关系。

二、苏格拉底的"善"

与孔子同处轴心时代的苏格拉底也提出了一个核心概念,即是"善",是苏格拉底思想的核心命题,既是对当时自然哲学实践价值的拷问,也是对现实社会政治的反思而提出的。

首先,善是德性。

苏格拉底的善是一种先验性的存在,是灵魂赋予的。他认为人是灵魂与肉体的存在,而灵魂是神赐予的,"神"先在地具有地拥有善。因此,他把善确立为人的理性目的。他说:"善是我们一切行为的理性目的。"(《理想国·高尔吉亚篇》)在这里,善是一种追求的目标,是每个公民应该追寻的理想,也即每个人都应该做到善。因此,就个人而言,善的追求就是灵魂的不断完善过程。"他认为人的活动,人的灵魂的理性和宇宙最高本体善以及作为世界理性的努斯,是相通一致的,人在自己的生活世界就能够确证最高本体的善,人的活动也都追求着对于人而言是最高追求的善。"[1]但善是有着具体规定性的,是对社会政治予以维护的各种表征,如节制、正义。"一个人如果不知道正义和美怎样才是善,他就没有足够的资格做正义和美的护卫者。"[2]为解决这一理想性的问题,苏格拉底认为其前提是了解人自己,他的"认识你自己",使得政治秩序的涉及个体的合目的性的行动有了现实的基础。那么人自身是什么呢?苏格拉底认为没有人愿意为恶,人是趋善的。这种趋善就是人的德性、美德。而德性的要求是基于对人的理解,他认为每个人都有金银铜三个金属。三种金属的含量不同,其担负的角色也不同,苏格拉底将社会结构中的人分为三种类型,即护卫者、辅助者、工匠。也就是说每一个角色的德性是不同的,德性不同,所具备的善的理念也就不同,这也就是苏格拉底说的"任何不完善的事物都是不能作为别的事物的标准的。"[3]其次,美德是知识。

---

[1] 罗素:《西方哲学史》,商务印书馆,2003年,第322页。
[2] [古希腊]柏拉图:《理想国》,商务印书馆,2015年,第264页。
[3] [古希腊]柏拉图:《理想国》,商务印书馆,2015年,第262页。

在通向人的德性之路上，苏格拉底将知识作为具体内容，提出美德即知识，也即美德是可以用知识来衡量的，掌握知识越多，一个人就越有美德，越能担负起守卫国家的责任，用知识规定德性。

但就什么是知识而言，知识具有普遍性及共性，是区别于纯粹个人的感觉经验的。苏格拉底在现实的城邦民主制遭到破坏时，意识到民主制的前提是公民关于知识的掌握程度，如果只有少数人掌握管理国家的政治知识，现行的民主制就是错误的，如果是多数人掌握政治知识不是，那么现有民主制就是善的。"善是事物本身内在的合目的性，是人的理性本质对自然事物把握的最高方式，把握了事物的善，就是把握了事物的最根本本质。"[1]因此，对知识的探究与把握就是对"善"这一理念的追寻与不断的实践。同时苏格拉底提出了"邪恶即无知"，以说明美德即知识的合理性，认为拥有知识的人其行为自然是好的，相反一个人做坏事并非是由于他存心想做坏事，而是因为他无知，任何人都不会做自己认为是坏的事情。而在知识的把握上，苏格拉底认为要用理性的手段，要通过"逻格斯"达到对知识的认识与把握。

苏格拉底所处社会是雅典民主社会，而这一社会是氏族公社选举制的继续，这样一种社会，是血统关系组成的各部落间的结盟，其间重大事务的决定靠的是各部族达成的共识。所以这样一种结构中，公民有着同等的选举权，但在雅典社会发展的后期，这一选举权已为一种称为"公民俱乐部"的集团所控制。而这种公民俱乐部虽然可以代表大部分人的选择，但这一选择是依着利益做出的，并不一定是按照正义。而当时的思想家都希图能为这一现象提出一个有效的解决方法，可惜的是大都是从对宇宙秩序的思考中希望找到方法，苏格拉底正是在满怀希望地看了阿那克萨戈拉的书后，希望落空了，感觉到了失望，才转而意识到了社会结构中人的重要性。正是在这一背景下，苏格拉底提出"善"。因此，在这一现实的问题中，认识你自己就成为苏格拉底的思考维度。只有认识自己才能做到正义，做城邦的守卫者。

善是基于政治秩序而提出的，而苏格拉底将政治秩序的好的安排归于人的本质的善。苏格拉底之前的思想家在进行哲学思考时，认为"人是万物的尺度"，将人作为事物价值评判的标准，那么导致的结果就是事物的价值评判会有不同的甚至是无数的标准，进一步讲，在当时的社会政治中，这种观点可以迎合城邦民主制，公民都有发表意见的权利，但显然对于整个的国家政治而言却是极为不利的，一是因为没有合乎事实本身正义的标准，二是这种状况可能会被大部分人所利用，而大部分人不一定代表正义。苏格拉底赋予善以德性伦理的意义也就在社会政治层面有了人性的支撑，而这一人性是基于人的自然天赋的灵魂之上的。

---

[1] 叶秀山：《苏格拉底及其哲学思想》，人民出版社，1986年，第119页。

三、"仁""善"各自的走向

苏格拉底确立了善的理念,而这一理念是作为先验性存在存在着的,带有普遍性与一般性,认为每个人都应该是向善的,而人对事物的认识及其对自己内在德性的无穷的探究就是对善的理念的把握。柏拉图沿着这样一条路径希望找到善,他认为善不是个别人的个别事物的善是有普适意义的善,而这个善只能存在于个体的灵魂中。柏拉图提出了回忆说,认为人有两部分组成,即肉体和灵魂,灵魂是属于理念世界的,"那时它追随神,无视我们现在称作存在的东西,只昂首于真正的存在。"灵魂是看不见的,而肉体是看得见的,但在灵魂附于肉体之后,便由于肉体的干扰,而难显现其原有的面貌,人只有通过知识的学习,努力地去回忆才能认识灵魂,善也是对灵魂的自我完善。所以就善的内涵而言,柏拉图将苏格拉底的善发展为德性之善与理智之善。如果说苏格拉底认为善的认识决定着德行,而善这一理念的普遍性与永恒性决定了德行的永恒性,也即人们认识到了善是什么,才会有什么样的德行,但这种规定只是表明了对应该知道的知识的掌握程度,那么柏拉图却在实践路径上给出了明确答复,就是要通过回忆达到对灵魂的把握。亚里士多德是在对"人是动物"的基础上探讨对灵魂的认识,根据德性对人进行了划分。自苏格拉底到亚里士多德关于人的人的善的理念寄于灵魂这一普遍性的认识,意味着人天然地有着自然法赋予的各种权力。不过,这种认识在中世纪的漫长的时间里,受神学价值体系的控制,而被忽视或埋没,直到15世纪末16世纪初的文艺复兴运动,才又被重新发现,而这一思想进路被发现后迅速为当时人文主义学者所宣扬。霍布斯、洛克都予以反自然法的神学体系进行了批判,洛克就认为"一切含灵之物,本性都有追求幸福的趋向。"[1]这一"自然法",……它指称一套与正义、理性、平等、自由原则浑然一体的价值系统,被视为整个宇宙秩序的合理性法则,自然也成为人类制定法律、规范行为的基准。[2]之后的由法国资产阶级革命开始的思想启蒙运动,将自苏格拉底开创的"善"的思想直接赋予社会政治意义,就这一层面而言,善所追求的个体的灵魂的完美,自然延伸为现代的个人权利的自然而正当的诉求,17、18世纪的自然法权利后来延伸孕育出了人权基本思想。

由孔子开出的"仁",到孟子时发展为两个方面:一方面是政治方面的仁政,另一方面是个体层面的理想人格。不论是政治层面或是个体层面,仁都是对社会关系的要求,之后的荀子虽然提出人之性的再思考,但还是落脚到了人的社会属性上,"群"也就成为社会属性的主要特征。而正是这样一种对社会关系的形式的维护,使其具有了一定的政治价值,汉代时董仲舒独尊儒术,就是利用孔子开创的"仁"的所特有的价值,而希望实现其政治的目的。

---

[1] [英]洛克:《人类理解论》(上册),关文运译,商务印书馆,1959年,第243页。
[2] 胡建:"中西启蒙'民主'观在价值源头上的差异",《河北学刊》2002年11月,第41页。

宋代理学的致君行道是宋代儒家学人在实践层面希望做到仁在政治与个人理想人格的统一的一种尝试。宋代理学家希望通过皇帝实现自己的政治抱负，但这一理想也只能是在知识分子之间尝试与实践，而于普通百姓而言却是完全处于边缘状态。因此，从孔子到宋明时期的理学家，在由仁开出的思想路径来看，由社会政治统摄着个体的一切诉求，其中不乏有着对于人性的分析与理解，但不论是人性善，或人性恶，或是无善无恶都是对固有政治思想的证实性说明。在这一点上，孔子的"仁"的思想在其出发点的情感上到末端的社会政治秩序上，并未真正赋予个体以真正的自然法则下的自然权利。这也不能不说是中西在人权思想方面所走的不同路径。

由孔子发展的"礼"文化及其对"仁"的阐释，归根结底是基于血缘关系的这种纽带，当然血缘的关系是家庭、家族关系所得以维系的基本原因，所以中国自古以来乃至于今家庭始终是社会这个整体结构中的一个基本结构，显然这种社会文化的发展趋向与西方社会有着很大的区别，张宏杰在其著作《中国国民性演变历程》一书中，对此有过探讨，他认为"与中国社会的发展方向截然相反，希腊文明的发展是一个血缘纽带不断松弛，父权不断弱化的过程。最终，血缘不再是维系社会的基本纽带，成年人以平等的方式组成社会，从而创造出了希腊的民主城邦。"[1]他在解释造成这种不同发展走身的原因时，归结为经济发展所带来的社会贫富差距，他认为中国原始社会末期贫富分化没有削弱了血缘关系，反而加强了这种血缘纽带，而希腊文明却不同，原始社会末期的贫富分化使富人们不再承认穷人，即使是与自己有着血缘关系的亲戚，在这样的情形下，一些城邦决议成为富人的会议，在富人这一层次上，他们是相互平等、认可的。这从中西文化中个体性的特质上可以明显感觉到，学界一种普遍的看法就是西方强调个人主义，东方强调集体主义，当然这种解释有着一定的合理性。但在分析中西文化发展走向上却未能更进一步，而根据现实的雅典社会政治，公民大会在雅典社会中后期已为少数上所独占，其重大事务的决定权不是拥有正义的多数人意见，而是少数人，因此苏格拉底提出的"善"，就是从自然人性论上给予个体以实在的证实，善的先验性给了个体德性以一定的本体性根据。后来经过文艺复兴时期及之后的启蒙运动，特别是在这个时期经过思想家对宗教神学体系的集中批判，使得个人的自然权益得到充分彰显。故而，中西由"仁"和"善"开出的思想路径，便是强调个人主义的西方文明中，使个体摆脱了群体的束缚，特别是宗教的神学束缚，而东方的集体主义文化在一定程度上使个体不再是个人的主宰，而是他人的眼中的人，自己的行为要受到他人的影响。

---

[1] 张宏杰：《中国国民性演变历程》，湖南人民出版社，2013年，第183页。

四、中西人权思想的分野

第一,孔子"仁"是由内向外,层层分解推开而形成的道德哲学,并且由于缺乏必要的现实合理性基础,因而只能是一种理想性的道德哲学,所以由先秦时期君子的培养,唐宋时师的提倡,宋明时的圣人之学,而君子、师、圣人却都有一种现实的寄托,那就是国君、皇帝,但显然这是与普通的社会百姓相脱离的,因而就其实践走向而言,这是造成中国社会二元对立的一种原因,并且于普通民众的权利而言却是一种忽视。而在苏格拉底看来,善是人的德性的先验性存在标准,包括之后的柏拉图、亚里士多德都将之作为一种理念,而这一理念从一开始就打上了个体的现实性,在苏格拉底思想中是三类人的划分,柏拉图是理性非理性的区分,形成了一种共同的信念或信仰之上的道德哲学,而这一道德哲学具有现实存在的价值。

第二,"仁""善"对德性的不同规定,使中西文化发展中人权思想便有了不同的走向。孔子与苏格拉底二人同样在社会失序状态时,寻求过社会治理的方式,不过,孔子是企图通过唤醒人内心深处的"情感",当然这一情感是基于血缘关系的,而达到社会的高度认同,从而恢复理想的社会秩序。而苏格拉底却是以不惜以自身性命换取对社会秩序的遵守。公元前399年,苏格拉底被判死刑时,他完全可以外逃,但他以维护"法律"而放弃了这一选择,所以这是两种明显不同的文化选择。正是二者的不同的选择,导致中西民权思想上的不同分野,孔子的"仁"最终走向的是内在的伦理道德意义上的人格的升华,但在路径的选择上是自上而下的一整套教化体系。而苏格拉底的善,最终走向的虽然是内在的对规范的自觉要求,但在路径的选择上是通过理性思的建构后的自觉选择。

第三,中西人权思想由"仁""善"所要求的制度体系而走向不同。孔子的"仁"由于其从一开始就有着礼社会的考量,由社会政治结构完成个体权利的实现,一套完整的政治体系在实现个体权利的同时,也肩负着整个社会的发展责任,汉代在董仲舒建议下,设立太学以养士,完善察举制,以选士,独尊儒术,以统一思想,及至后来的九品中正制,隋唐时期的科举制度更是将个体紧紧绑架在了制度框架上。苏格拉底的"善"从一开始就打上了自然天赋的灵魂说,在经过中世纪宗教神学的压抑后,于文艺复兴时期得到释放,在世俗政权与宗教政权的较量中,依靠的是自然天赋的人性论。因而在人权思想的后来发展中,更多地关注着个体的自由性,在一定程度上忽视了社会的整体发展。

结语

正是基于中西文化的差异,中西关于人权的解释与理解有着自身的思维习惯。西方人权思想自然经历了漫长的酝酿与发展过程,是在古希腊自然人性论基础上形成和延伸出来的,在经历了中世纪的神权主义后,于18世纪逐渐产生了现代意义上的人权思想,以法国1789年法国资产阶级革命中通过的《人权与公民权宣言》为标志。而中国却在人权领域的路却是显得短暂与激烈,从起步来看,19世纪末20世纪初,人权思想才传入中国,先是受到中国知识分子的关注。19世纪的六七十年代,在中国饱受西方列强欺凌的同时,也在接受着西方的一种不同于中国传统的知识文化思想,西方思想开始传入中国,也开始传入中国思想界,而在中国知识分子甚感中国落后依次开始了学习西方科技、制度后,开始学习西方文化,严复提出了"鼓民力、开民智、新民德",梁启超提出了"国之强弱悉推原于民主"。[1]将民权作为当时中国社会面临的最大任务。而在1915年开始的新文化运动,直接打出了"打倒孔家店"的口号,开始了清理儒家思想对国人的消极影响,但毕竟儒家思想是中国传统文化的主流文化,不仅在过去,在现在,而且在将来也定会影响中国的社会。20世纪的二三十年代,中国社会各界为救中国进行了各种的实践与尝试,都希望能够真正实现中国人民的独立、自主与富强。但只有中国共产党领导中国人民通过推翻旧政府建立新中国的途径取得了最后的胜利,也实现了中国人民的独立自主,可以说国家的独立是最大的人权。而新中国成立后,中国政府在人权方面的努力取得了很大成就,特别是改革开放以后,中国人民生活水平有了明显提高,但同时中国人权问题也受到西方一些国家的指责,邓小平指出生存就是最大的人权。中国共产党致力于中国社会稳定,经济发展的努力就是在为人权而努力,并且取得了巨大的成绩,"将发展确认为人权制度目标的一部分"。[2]因此,从这个角度讲,中西在人权问题上所处的文化背景不同,所走的路不同,对它的理解也就自然有着差异,但只要中西方在同一个舞台上,不断展开交流与对话,就会越来越多地达成共识,共同促进世界的和平与发展。

---

[1] 梁启超:"与严幼陵先生书",引自《梁启超选集》,上海人民出版社,1984年,第42页。
[2] 何志鹏:"以人权看待发展",《法制与社会发展》,2009年4月,第116页。

"忍"：从国民性格特征展望中国人权事业的一个角度

"Ren": A National Character Perspective for China's Human Rights Career

李 累*

摘要："忍"在国民心理结构中的普遍性及其社会效果的二重性，是中国人权研究中值得认真对待的现象。置根于国民内心深处的"忍"，与"讲仁爱、重民本、守诚信、崇正义、尚和合、求大同"的传统价值不谋而合，这是值得肯定的主流。但是，"忍"的心理机制并不自动排除墨守成规、不思进取、颠倒荣辱、自欺欺人的麻木愚昧，虽然不是主流，仍可造成不容忽视的消极影响。

关键词：忍　国民性格　中国人权

"忍"多被解读为"承受某事而不发"，是一个在中国社会长期普遍流行、含义甚为丰富的词汇，在中国被各阶层、各行业的人广泛地作为处世的金科玉律，引起了研究者的关注（如黄国光，1977年；沙莲香，1989年；于德惠1991年；李敏龙、杨国枢，1998年）。作为国际会议的发言稿，这里需要说明的是：汉语的"忍"是复合概念，具有复数的含义，不可简单译为英语的容忍。

"忍"是有意识的心理现象，被界定为"策略性的自抑机制或历程，在此机制或历程中，当事人为了避免对自己、他人或公众显然不利之后果的发生，或为了预期对自己、他人或公众显然有利之后果的出现，不得不做己所不欲的事情或承受己所不欲的身心痛苦。"这种心理现象通常涉及四种机制，分别是克制、坚守、容受、退让。克制是抑制内在的心理冲动而不付诸行动，坚守是承受内外压力而不改变行事的意志，容受是承受他人的行为而不作对等的回应，退让即是牺牲自己的欲求而成就他人的欲求。（李敏龙、杨国枢，1998）按照上述研究，

---

* 作者简介：李累，法学博士，四川大学法学院副教授。

"忍"是策略性的,是有意识的选择。据此,评价"忍"离不开策略所追求的目标是否适当,以及为实现该目标而实行"忍"的措施是否适当。古人劝告君王"忍"其声色田猎的欲望,勤政爱民,其目标无疑是正当的;古人设置"亲亲相隐"的规范,使国家尊重人伦,意在鼓励家庭和睦,因为儒家认为人首先在家庭之中成为人,有"事亲以恩为制,事君以义为制"的说法。即便在今天,仍有研究者赞同在一定范围内实行"亲亲相隐"。与此不同,如果不是为了正当的目标而"忍辱偷生",就不符合"志士仁人,无求生以害仁,有杀身以成仁"的规范。

"忍"的目的是避免更大损害或以较小代价取得较大收益。"忍"者估计一时之"忍"有助于趋利避害,一时不"忍"将招致损害。这是以"忍"者对社会运行事实的认知为基础的。中国谚语说"穷不与富斗,富不与官斗",就是根据不同主体之间资源和力量的对比关系,就人际冲突的走向和结局做出判断后形成的处世建议,即弱者应当克服反抗的冲动、承受不利的现状,避免时间、资源的消耗,尤其是避免招致强者施加更大的侵犯。这与现代西方社会某些受害人因成本考虑而放弃行使诉讼权利的认知基础、行为决策是类似的。

"忍"的认知基础以人对外部世界的观察和分析为基础。经验判断与抽象演绎都是这类认知活动可能采取的形式。古代白话小说《警世通言》故事劝告世人莫争"酒色财气"。这些故事有的是虚构的,有的是非虚构的,有的介于二者之间。小说的作者试图通过传达符合常人体验的经验信息,引导读者形成相应的经验判断。相反,如果"忍"者以道教的世界本质是"静"的判断而信奉"夫唯不争,故天下莫能与之争",选择寡欲、知足、守柔、不争,则是一种基于特定世界观的抽象演绎。与此类似,如果"忍"者以佛教的人生是苦、业报轮回的认知为基础,奉行诸行无常、诸法无我的法则,实践抑制自我、追求无我与解脱的境界,也是一种抽象演绎,并不以经验为基础。实际上,业报轮回的故事很难按照俗人的逻辑证明其真实发生。

无论是基于经验判断,还是基于抽象演绎,"忍"的行为决策都要有认知基础,足以因为认知因素受到质疑。例如,从经验来看,"吃亏是福"的全称判断将自卫行动获得成功、足以遏制未来侵害的概率视为忽略不计,将对手当即获得优势及未来有效实行报复的概率视为足够大,这与常人的经验不完全吻合。从抽象演绎看,"吃亏是福"的判断来源于"'争'是没有意义的"这类先验的判断,它的前提是世界有自身的运行方式,人力干预是徒劳的。道教、佛教的信徒容易认可这一点,其他某些宗教信徒不仅不认可,反而主张积极地"争"。佛教在古印度几乎灭绝,与其教徒追求解脱、引颈就戮的不"争"心理有关。如果将时空的维度延展至无限的宇宙,而不是当下,不是今生今世,"争"可能是徒劳无益的,但前提必须是时空延展。现世中"争"的意义是可见的。当下谈论"吃亏"是不是"福",选择"争"与"不争",应当有经验的基础。

"忍"经常出现在人们的生活经验中，甚至经过历史积淀化为不可逾越的社会规范。《弟子规》要求子女在尊长面前垂手聆听、不要辩驳，直到今天仍有无数家庭让幼小的孩子背诵和遵守。根据这种长期流行的行为守则，接受来自长上的不当批评是遵守礼仪的表现，应当鼓励。这种从家庭开始实行的早期教育，有助于形成尊敬长上、遵守秩序的社会氛围，也有助于实行私下沟通、顾及体面的交往策略，也在一定程度上造成敬畏长上的仪式感，不利于树立平等对话的理念。

　　"忍"在国民心理结构中的普遍性及其社会效果的二重性，是中国人权研究中值得认真对待的现象。根植于国民内心深处的"忍"，与"讲仁爱、重民本、守诚信、崇正义、尚和合、求大同"的传统价值不谋而合，这是值得肯定的主流。但是，"忍"的心理机制并不自动排除墨守成规、不思进取、颠倒荣辱、自欺欺人的麻木愚昧，虽然不是主流，仍可造成不容忽视的消极影响。

　　"仁爱"是中国传统文化的精髓。"仁爱"之"忍"是确保普遍人权的基础，是避免为富不仁、赢者通吃的零和游戏，防止人相互害、社会撕裂的有效途径。"仁爱"源于儒家对人之如何为人的认识。儒家认为人不是独立的，而是在群体中生成的，是角色中的人。不同角色的互爱是人之为人的基本条件，决不存在抽象的人（安乐哲，2016）。角色不同的群体成员必须实行"己欲立而立人，己欲达而达人""己所不欲勿施于人"的原则，才能在温暖有序的群体中身心健全地存在。"仁爱"之"忍"首先要求强者克制欲望、官吏坚守良知，同时也要求社会成员相互包容、友好对待。这与坚持人的抽象本质，以个体的人为原点的自由主义的西方传统大相径庭。

　　弘扬"仁爱"之"忍"，就决不允许无节制地扩大社会经济地位的差异，决不允许放任"人的价值的贬值与物的价值的增值成正比"的人的异化（马克思，1848）。反观当下世界，恃强凌弱通常不直接诉诸武力，而是采取了隐蔽的方式，如通过投放货币的方式造成常人的储蓄快速稀释。在这个背景中，中国的不动产崇拜达到前所未有的炽热程度，加剧了利益集团对土地资源的激烈争夺，酿成了强拆婚房、被拆迁人投诉无门而杀死强拆指挥人员的贾敬龙事件。

　　早在2004年修改宪法前，学者就呼吁在宪法征收条款中补充给予公正补偿的规定，最终未能实现，修宪机关仅仅增加了给予补偿的字样。可以说，以"仁爱"之"忍"为基础的民生关怀，亟待加强。值得注意的是，中国有些城市十年前已经实行特定建筑、特定区域被拆迁人一致同意才能实施拆迁的做法，受到公众赞誉。这当然需要降低地方政府、开发主体的收益。地方政府、开发主体虽然是拟制的法律人格，背后仍然是活生生的人，是社会的强者。这些城市为实行强弱共存共赢的"仁爱"之"忍"所做的努力，得到了社会安定和谐的无上回报。

从征收实践不难看出实行"仁爱"之"忍"的关键是公权力的行使者确有克己爱人之心，且有实践仁术之能。目前，在封建残余和"文革"遗毒尚未肃清的情况下，弱肉强食的资本力量已经兴风作浪。行仁爱、求大同的崇高理想弥足珍贵，又缺乏足够的力量。要使这种理想具有强大而持久的力量，决不能单纯依靠政治、经济的精英群体自愿追随"仁爱"理想。国家承平日久，社会精英缺乏担当的现象已经不可忽视。强而不思源，富而不报恩的丛林思维、零和思维已经在相当范围蔓延开来。

在此情形，提升精英阶层的"仁爱"之"忍"应当与重塑、升华常人的"服从"之"忍"结合起来。应当着力克服国民性格中过度的风险厌恶，激励和保护所有人的探索精神，确保精英阶层与常人共创善治状态。其中，尤其应当保护精英阶层落实克己爱人之道的热情，同时向常人赋权，使其享有必要的知情权、参与权、否决权，消除无力感，不再无可奈何地遵从"吃亏是福"的阿Q哲学，而是作为受为政治社会的光荣成员去成就"理性"之"忍"、"兄弟"之"忍"和"公民"之"忍"。

中庸之道是中国人权自信的文化之根

The Golden Mean is The Cultural Root of China's Confidence in Human Rights

李淑英[*]

摘要：人权是文明时代历史的形成的，文化是人权理论形成的基础，不同的文化传统建构不同的人权理论。中国人权自信源于人权理论研究摆脱"学徒状态"而走向"自我主张"。中庸之道是中国传统文化的精神特质：一方面，中庸所蕴含的过犹不及、和而不同以及权变时中等思想为中国人权理论走向"自我主张"提供了方法论依据；另一方面，中庸蕴含着丰富的人权思想，为建构中国人权理论提供了思想资源。

关键词：中庸　人权　中国传统文化

习近平总书记在2016年5月17日的哲学社会科学座谈会上讲到："哲学社会科学的特色、风格、气派，是发展到一定阶段的产物，是成熟的标志，是实力的象征，也是自信的体现。我国是哲学社会科学大国，研究队伍、论文数量、政府投入等在世界上都是排在前面的，但目前在学术命题、学术思想、学术观点、学术标准、学术话语上的能力和水平同我国综合国力和国际地位还不太相称。要按照立足中国、借鉴国外、挖掘历史、把握当代、关怀人类、面向未来的思路，着力构建中国特色哲学社会科学，在指导思想、学科体系、学术体系、话语体系等方面充分体现中国特色、中国风格、中国气派。"[1]习近平总书记的5·17讲话，直接而清晰地说明了建构自主的中国特色哲学社会科学话语体系的必要性，而且为中国哲学社会科学的发展确定了基本原则，指明了道路和方向。中国人权理论的建构是实现理论自信的必然要求，其研究和发展也必然依循这样的原则和道路。立足中国、挖掘历史、把握当代等基本原则都离不开中国传统文化，如何实现中国人权理论的建构必须先厘清中国传统文化与人权的关系。

---

[*] 作者简介：李淑英（1978— ），女，哲学博士，副教授，东北财经大学人权教育与研究中心办公室主任。
[1] 习近平："在哲学社会科学工作座谈会上的讲话"（2016年5月17日），《光明日报》2016年5月19日，第1版。

一、人权是文明时代历史的形成的,中国传统文化是中国人权理论建构的基础

人权思想并不是人天生就具有的,而是人类社会进入文明时代后逐渐形成的。在文明社会之前的氏族社会,人们没有世界之于人的对象化概念的存在,因此不可能产生权利和义务的概念,根本不会形成人权概念及其思想。"在氏族制度内部,还没有权利和义务的分别;参与公共事务,实行血族复仇或为此接受赎罪,究竟是权利还是义务这种问题,对印第安人来说是不存在的;在印第安人看来,这种问题正如吃饭、睡觉、打猎究竟是权利还是义务的问题一样荒谬。"[1]人权概念在人们意识到丧失了某些权利并通过斗争争取这些权利的过程中逐渐形成,因此,人权从最初的概念起源上讲就伴随着斗争,而这种斗争的对象就是自己的历史。"对基督教世界来说,人权思想只是上一世纪(18世纪)才被发现的。这种思想不是人天生就有的,相反,只是人在同迄今培育着他的那些历史传统进行斗争中争得的。因此,人权不是自然界的赠品,也不是迄今为止的历史遗赠物,而是通过同出生的偶然性和历史上一代一代留传下来的特权的斗争赢得的奖赏。"[2]与自己历史的斗争形成了人权思想的同时也为人权思想圈定了界限。人权是人人都具有的,但并不是人人都意识到并去争取,进而享有的,人权是具有局限性的,这种局限性来源于历史和文化。"人权是教育的结果,只有争得和应该得到这种权利的人,才能享有。"[3]因此,任何人权理论的形成和建构都离不开现实的文化语境。

个人主义是西方文化的重要特质,因此也就成为西方人权理论的基本原则。西方文化一直以来注重的个体的自由和平等。人权思想最早可以追溯到古希腊时期关于个人权利的概念;古罗马法中许多法律原则都体现了私人平等和个人自由的思想;基督教中"人的普遍同胞关系"也把人看作平等的独立个体的人;文艺复兴时期更是注重个人理性的彰显,为近代人权理论的形成奠定了基础。古典自然法以自然权利的方式来表达人权概念,而古典自然法中的自然权利所指向的确实独立于人类整体的个体的人。从这样的个人主义文化背景中形成的人权概念,人权主体必然被论证为个体的人。正如马克思在《论犹太人》中对资产阶级人权概念下的定义:"所谓的人权,不同于公民权的人权,无非是市民社会的成员的权利,就是说,无非是利己的个人、同其他人并同共同体分离开的人的权利。"[4]而且《弗吉尼亚人权宣言》《独立宣言》《世界人权宣言》等都把最终的权利主体看作是个体的人,把个人从社会整体中分割

---

[1] 中共中央马克思恩格斯列宁斯大林著作编译局:《马克思恩格斯文集》(第4卷),北京:人民出版社,2009年,第178页。
[2] 中共中央马克思恩格斯列宁斯大林著作编译局:《马克思恩格斯文集》(第1卷),北京:人民出版社,2009年,第38页。
[3] 中共中央马克思恩格斯列宁斯大林著作编译局:《马克思恩格斯文集》(第1卷),北京:人民出版社,2009年,第38页。
[4] 中共中央马克思恩格斯列宁斯大林著作编译局:《马克思恩格斯文集》(第1卷),北京:人民出版社,2009年,第40页。

开来，将个人权利之于最高和最根本之处，这也成为西方人权理论的基本原则。[1]因此，西方文化中个人主义在给予人权理论建构资源的同时为人权理论的建构确定了界限。

中国传统文化与人权的关系，从广义上讲是中国文化与西方文化的关系。关于文化上中西对比有很多研究并形成一定的体系，这成为我们讨论中国传统文化与人权关系的直接资源。其中，在科学哲学领域中关于中国古代有无科学，即李约瑟问题的讨论已经逐渐成熟，并形成高水平的成果，讨论不仅深入分析这个问题，而且对中西文化的比较具有重要意义。中国传统文化与人权的关系类似于中国古代有无科学这一讨论。人权是舶来语，具有普遍性的价值，人权概念是在西方话语体系中形成的，如果要真正理解人权就必须从其形成历史中去把握，正如吴国盛在《科学是什么》一书的序言中说的："今天我们称之为科学的东西本来就来自西方，要理解什么是科学，必须回到西方的语境中。"对中国古代有无科学的解答，以及中国文化对于世界文明进程的贡献的理解，依赖于对科学这一概念的理解，同样对传统文化与人权的关系也要依赖于对人权概念的把握。中国传统文化中虽然没有人权概念但是却蕴含着丰富的人权思想，这是毋庸置疑的，问题是什么意义上或者什么层次上的人权思想，以及用怎样的方式表达，我们又如何在传统文化基础上建构中国人权理论体系。

二、中国人权自信源于摆脱人权研究的"学徒状态"而走向"自我主张"

复旦大学的吴晓明教授曾经多次讲到关于建构中国特色哲学社会科学话语体系的问题。在他看来，建构自主的哲学社会科学话语体系的前提就是在当今历史实践中如何使我们的学术摆脱"学徒状态"而走向"自我主张"。他认为，"学徒状态"对一个学术而讲是必经过程，中国学术经历100多年的"学徒状态"已经取得了巨大的成果，这是毋庸置疑的。但是，对于一个学术而言，不能停留在"学徒状态"，因为"学徒状态"的主要缺陷就在于它是依赖的和因循的，它最主要的方式就是外部反思。真正的学术应该是有"自我主张"的。实现从"学徒状态"到"自我主张"的根本方法就是批判。这个批判并不是完全否定，而是澄清前提和划定界限。要建构中国特色哲学社会科学话语体系，就是要经历文化整合的锻炼，使习得者成为能思的和批判的，通过批判的方法来研究中国现实和中国问题。从吴晓明教授的观点来看，中国特色哲学社会科学理论体系的建构的核心和关键有两点：一是批判；二是自我主张。依据吴教授的论点，中国人权理论的形成就是要摆脱人权理论研究的"学徒状态"，使其走向"自我主张"。诚然"学徒状态"对于中国人权理论的形成具有必然性，是建构中国人权理论必经的阶段，中国人权研究起步晚于西方这是历史事实，我们必须承认并积极的从中汲取营养，但这并

---

[1] 徐显明："对人权的普遍性与人权文化之解析"，《法学评论》，1999年第6期，第16页。

不是中国人权理论建构的重点，其重点在于如何在吸收基础上实现"自我主张"。

人权理论既是人权实践的基础也是在实践过程中形成的，中国人权实践已经取得了一定的进步和发展，中国人权理论的建构就是要通过对西方人权理论的批判性吸收，结合中国人权实践，针对中国现实和问题进行体系化和系统化的过程。中国传统文化在这一过程中具有"澄清概念和划清界限"的基础性作用。中国传统文化与西方文化的区别，其中很重要的一点就是中国一直以来不存在单子式个人以及建基于此的市民社会，因此，中国传统文化中的"人"及其形成的人权思想与西方必然不同。中国传统文化讲"修身治国平天下"，做人做事是统一的，家庭伦理是中国文化的基础，这与西方文化有根本的差异。

中庸之道是中国传统文化的精神特质，一方面中庸为中国人权理论研究从"学徒状态"到"自我主张"提供了方法论依据；另一方面，中庸中蕴含着丰富的人权思想，为建构中国人权理论提供了思想资源。

三、中庸是中国传统文化的精神特质，为中国人权理论研究从"学徒状态"到"自我主张"提供了方法论依据

中庸是中国传统文化的精神特质。"中庸"思想形成于孔子，在子思、孟子、荀子那里也均有一定的发展。子程子曰："不偏谓之中，不易之谓之庸。中者，天下之正道；庸者，天下之定理。"[1]（中庸）中庸既是一种伦理学，也是一种思想方法，同时还是为人治世之道。中庸之道既是一种最高的德性也是一种最高的智慧。做人做事是统一的，中庸既是个人道德境界的最高点也是与他人、与社会打交道的成功之道；既是内在的对个体的要求也是对外在社会的要求；既是个体行为的规范也是社会运行的原则。孔子将中庸视为最高道德，"中庸之为德也，其至矣乎！民鲜久矣。"（论语·雍也）诗曰"君子之道，黯然而日章；小人之道，的然而日亡。君子之道：淡而不厌，简而文，知远之近，知风之自，知微之显，可与入德矣。"[2]（中庸）中庸强调的是内外、前后、左右、上下等的和谐共处，追求中常之道，内外协调，保持平衡，不走极端，而且强调抑恶扬善、抑强扶弱，这样一种致思倾向使中华民族形成了一种稳健笃实的民族性格。中庸成为中华民族精神世界的一种集体无意识，一种文化形态集成。[3]

具体而言，中庸之道对于建构中国人权理论研究的方法论启示主要有以下几个方面：

1. 过犹不及

子曰："道之不行也，我知之矣：知者过之，愚者不及也。道之不明也，我知之矣：贤者过

---

[1] [宋]朱熹：《四书章句集注》，中华书局，1983年，第17页。
[2] [宋]朱熹：《四书章句集注》，中华书局，1983年，第39页。
[3] 王岳川：《大学中庸讲演录》，广西师范大学出版社，2008年，第86页。

之，不肖者不及也。人莫不饮食也，鲜能知味也。"[1]（中庸）对待任何事情都不能采取过激的姿态，不然就同"不及"是一样的效果。

西方人权理论形成和发展要比中国早，而且已经形成相对成熟的理论体系，我们的人权研究不能跳跃更不能忽略，而且西方人权对世界文明以及世界人权实践都具有非常重要的意义。中国人权理论研究应该坦然于"学徒状态"的必然性。但是，在认识到"学徒状态"必然性的同时也要认识到其具有的局限性，也就是说，既不能跳开西方人权理论而完全从中国文化自身中寻找人权思想，也不能过分强调西方人权理论的普适性，从而脱离中国人权研究的基本——基于中国文化的中国现实和中国问题。因此，对于西方人权理论，我们不能完全机械地照搬，要对其进行批判性的借鉴和吸收。

2. 和而不同

子曰："喜怒哀乐之未发，谓之中；发而皆中节，谓之和。"[2]（中庸）"和生实物，同则不继"（国语·郑语）"君子和而不同，小人同而不和"[3]（论语·孟子）"和"是人通行的道路，是天下之达道，"同"则为清一色，其效果与"和"正相反。"和而不同"是中庸之道所主张的人们对待多种矛盾的态度或追求的目标，孔子也力图把"和而不同"的原则贯彻到生活实践的各个方面。人权是具有普遍性的概念范畴，其基本内核思想具有普适性，但是，不同文化语境中对人权概念有不同的理解和把握。西方人权理论的文化基础是个体的人，而中国传统文化则不然，但是，并不能由此判定人权理论的对错好坏，多种人权理论的共存才能促进世界人权事业的发展。"和而不同"强调的就是，只有互有差异甚至矛盾对立的多种因素、多种事物之间相互依赖、相互作用而构成的和谐整体才是具有生命力的。因此，无论是用西方人权理论同化中国人权，还是中国人权概念同化西方人权思想都是"同而不和"，必然"不继"。

3. 权变时中

"君子中庸，小人反中庸。君子之中庸也，君子而时中；小人之中庸也，小人而无忌惮也。"[4]（中庸）中庸之道虽然是天下的正理，但它并不是一成不变的，而是与时俱化的。能够不断地与时而进，根据具体条件实施合时宜的中道，才是真正的君子所能行的中庸之道。实践是不停地变化和发展的，倘若不能知情而变，则"中"亦不"中"了。所以孔子说"君子之于天下也，无适也，无莫也，义之与比。"（论语·里仁）这里所指的就是君子对于天下的事情，没有固定不变的要怎样做，也没有固定不变的不应该怎么做，而是怎样适合情理就怎么去做，所

---

[1] [宋]朱熹：《四书章句集注》，中华书局，1983年，第19页。
[2] [宋]朱熹：《四书章句集注》，中华书局，1983年，第18页。
[3] [宋]朱熹：《四书章句集注》，中华书局，1983年，第147页。
[4] [宋]朱熹：《四书章句集注》，中华书局，1983年，第19页。

谓的适合情理就是随情况的变化而变化，所以，权变是达中的最高手段，它是在事物变化中求得中道。中国人权理论的建构并不是形成某些教条，而是要针对中国现实和中国问题，形成适合中国当前人权实践的人权思想和理论，并且随着中国现实的发展而不断改变和完善。在这一方面，恩格斯也曾经对其创立的马克思主义理论提到"我们的理论不是教条，而是对包含着一连串互相衔接的阶段的发展过程的阐明。"[1]

四、中庸中蕴含着丰富的人权思想，为建构中国人权理论提供思想资源

中庸思想是中国传统文化的精神特质，中国人权理论的建构不仅不能脱离这一特质，而且也只能建基于此。"任何一种真正的学术都有其自身的发展经历，而任何一种发展成熟并产生伟大成果的学术都在自身的发展进程中经历过一个决定性的转折，即逐渐摆脱它对于外部学术的'学徒状态'，并进而提出它的自我主张——其本己的自律性要求。"[2]对于中国人权理论的建构而言，就是要兼具其包容性和批判性，在广泛学习外来文化的同时要成为"能思的和批判的"的"自我主张"，从形式上来说，就是真正根植于本民族的"活的语言"中；从内容来看，就是能够批判的脱离外部反思，从而深入到中国的社会现实本身之中。中庸中蕴含着丰富的人权思想，包括中庸思想在内的传统文化是建构中国人权理论的主体资源。

第一，重"人"和"仁"。中国人权理论继承了以儒学为主的中国传统文化中对人及其价值的充分肯定，而且，中国传统文化中的人并非是西方文化中单子式的个人，而是与家庭、国家和天下联系在一起的，集理性、人伦、道德、本性于一体的人。子曰："仁者爱人"，"仁也者，人也。合而言之，道也。"[3]（孟子·尽心下）孔子所说的"仁"是指人们的一种精神状态和道德观念，包括孝、悌、忠、信、温、良、俭、让、中庸等美德。虽然范围如此之广，但其基本含义是"爱人"，孔子关于"仁"的思想提出，是在一定程度上发现了"人"并非个体的人，而是群体的社会性的人。不仅如此，孔子还把"道"视为"人"和"仁"的统一，实际上是把道德作为人性的主导，认为人的本质在于有"道"，而要遵循"道"就要讲求"知"和"义"，这样就从"知""义"等社会方面进一步肯定人的价值。因此，从人权方面讲，不管包含中庸在内的儒家思想怎样在"仁"的圣光下为等级制度和宗法制度作掩护，但它毕竟充分肯定了人及其价值。而且，孔子"仁者爱人"的口号，也从人与动物区别的角度，充分认识到人的社会性及其在世界

---

[1] 中共中央马克思恩格斯列宁斯大林著作编译局：《马克思恩格斯选集》（第4卷），北京：人民出版社，2012年，第586页。
[2] 吴晓明："论中国学术的自我主张"，《学术月刊》2012年第7期。
[3] [宋]朱熹：《四书章句集注》，中华书局，1983年，第367页。

中的地位和作用。"未能事人,焉能事鬼?敢问死。曰'未知生,焉知死?'"[1] (论语·先进)。即使是讲鬼神,也是基于对人及其人的价值的肯定,把人看作与天地等同的,敬鬼神及丧葬礼等都是基于人而出发的,这还是从人与动物的区别上,进一步肯定人的社会性,换言之,从社会角度来看待人及其人的价值。

第二,重"中"和"和"。中国人权理论是人权普遍性和特殊性、权利和义务、个人与社会的统一。"中也者,天下之大本也;和也者,天下之达道也。致中和,天地位焉,万物育焉。"[2] (中庸)"中"是指对立面的和谐、统一和平衡,是事物内在的本质的状态;"和"是事物之间所表现出来的和谐、统一和平衡的状态,与"中"相对,它体现了事物的表层状态。"中"与"和"二者是相互依赖的,"中"是前提,"和"是目标,"中""和"的有机统一就是和谐。达到中和的境界,则天地各得其位,万物皆能发育生产。以中庸来为人处世就是要"以和为贵",寻求和谐与包容。而这个和是"和而不同"的和,即事物对立基础上的统一。因此,中国人权理论是人权普遍性和特殊性的统一,既包含具有普适性的人权核心思想,也要包含与具体文化和国情相适应的特殊人权思想,既要运用人权理论的核心概念(平等、自由、权利等),又要从中国现实出发重新诠释这些概念的内涵;中国人权理论是权利和义务的统一,即要寻求和保障个人和社会整体的权利,也要强调与之相适应的义务,无论是个体对民族国家和社会应尽的义务,还是民族国家与社会对于个人权利应该给予的保障;中国人权理论是个人与社会的统一,个人与社会的权利在一定意义上是相对的,中庸的目标就是和谐,当个人权利和社会权利出现相对的时候,就要求在二者之间各自让渡从而实现二者的协调和谐。

第三,重"德"和"义"。中国人权理论是注重社会道德伦理的。中国传统文化强调要以社会和谐为主要宗旨,这样一种把个人与群体、社会联系在一起的观念,更加注重社会的整体利益和人的社会行为规范,由此会形成以他人为重,以群体、国家为重的伦理伦理道德观念。儒家的"修身治国平天下"把"平天下"作为为政目标,而且把德看作是做人处事为政的根本。"故为政在人,取人以身,修身以道,修道以仁""故君子不可以不修身;思修身,不可以不事亲;思事亲,不可以不知人;思知人,不可以不知天。"[3] (中庸) 中国传统文化从一定意义上讲就是一种伦理哲学,对人的道德要求就是以天下为先,"是故君子动而世为天下道,行而世为天下法,言而世为天下则。"[4] (中庸) 这种伦理哲学突出表现了人与人之间,尤其是人与社会之间的统一,治国平天下的前提是修身,修身的标准就是心怀天下,这样个人与社会的统一

---

[1] [宋]朱熹:《四书章句集注》,中华书局,1983年,第125页。
[2] [宋]朱熹:《四书章句集注》,中华书局,1983年,第18页。
[3] [宋]朱熹:《四书章句集注》,中华书局,1983年,第28页。
[4] [宋]朱熹:《四书章句集注》,中华书局,1983年,第37页。

并非外在的机械统一，而是内在的有机统一。这与西方文化中市民社会中的单子式个人有根本的区别，单子式个人是以利为先，而传统文化中人是基于社会的人，必然会重"义"轻"利"。这样的心怀天下、以"义"为先的观念是对人权理论中人与社会关系的深刻诠释。在中国传统文化中"义"是"德"的充分发挥，基于社会性的人承诺履行义务和责任的前提是其所拥有的个人权利，而如果要行使这些个人权利的结果会伤害他人则被称之为"不义"，因此，权利和"义"是相对的，权利来源于"义"，是由"义"来界定的。而"义"中又蕴含着"德"，而这本身就包含着义务的意味。传统文化中的"德"和"义"深刻解读了中国人权理论中个人和社会的内在统一性。

五、中庸对于建构中国人权理论的时代局限性

每一个民族的文化传统都尤其继承性和时代性，而人权理论的形成都离不开现实的文化语境，因此，中庸作为中国人权自信的文化之根，也具有时代局限性。其时代局限性具体体现为对作为个体的人及其权利的忽视。中国传统文化一直以来都很注重人及其价值，但是从上面的论述分析，可以看到，中国传统文化中的人更多是基于社会角色的人，因此，它更强调人的义务，而不是人是权利，尤其是个人的权利。可以说，小到家庭、达到国家和社会，更多的是强调人对其所具有的义务，"天下之达道五，所以行之者三：曰君臣也，父子也，夫妇也，昆弟也，朋友之交也；五者天下之达道也。"[5]（中庸）由此，"为人君，止于仁；为人臣，止于敬；为人子，止于孝；为人父，止于慈；与国人交，止于信。"[6]（大学）仁、敬、孝、慈、信这一切，都将以"礼"来保证。在"君君、臣臣、父父、子子"的森严等级之中，个人的权利被淹没了。所有的人不是君就是臣，不是父就是子，不是夫就是妻。在这个从小到大的一层套一层的"家庭"里，重要的不是让人拥有什么权利，而是要求他去尽扮演好各自特定的角色的义务。因而，这里的人都是具体的人，每个人都由于其不同的身份而不同的看待，这样的观点，也必然会对人权中的其他概念的理解形成影响。由于人与人之间的身份不同，人与人之间所有遵循的"德"和"道"不同，人与人之间的差别就是必然的了，而人与人之间的平等则是抽象的了，换言之，人与人的平等仅仅是理论上的平等。中庸思想中虽然注重人，但是这样的人一旦落到现实中，就必然会被某种社会角色所规范，其言行必然要遵循这些规范，而为这些社会角色规范的确定却具有深刻的时代性，由此，人与人之间的平等就成为一种理论上的平等，而这也正是中国人权理论在继承和发展传统文化中丰富人权思想的同时，需要进行批判的地方。

---

[5] [宋]朱熹：《四书章句集注》，中华书局，1983年，第28页。
[6] [宋]朱熹：《四书章句集注》，中华书局，1983年，第5页。

先秦儒家人权观念的历史演变

Historical Evolution of Confucian Human Rights Ideas in Pre-Qin Period

刘新军　隋燕飞[*]

摘要：中国先秦时期是中国传统文化的奠基阶段，先秦儒家的学说对中国传统文化的基本精神和价值观念起着主导的塑造作用。儒家由于比其他思想流派更关注人伦关系的调整以及人的道德生命的养成，构成了中国传统人权观念的古老源头，这种传统通过渗透于政治文化在历史演进过程中发挥着保护人的权利、维护人的尊严的功能。在这种人权的古老源头中，"礼"和"仁"构成了儒家德政的核心概念，蕴含着深刻的人权意蕴。夏商周三代的礼和德的观念发展到西周至春秋的礼乐制度所引起的重大变革，构成了先秦儒家学说产生的历史背景；孔子克己复礼的仁学思想直接促生了儒家学派及其人学和人权观念；孟子以其性善论和仁政思想继承了孔子的仁学思想，发展出作为中国传统文化之核心的心性论思想，以理想主义的方式极大彰显了象征人的尊严的浩然气象；荀子则立于天人之分，以性恶论与孟子相对，以其特有的具有现实主义的礼治思想发扬了孔子的"礼"的观念，揭示了维护人的尊严和权利的制度意义。先秦儒家人权观念在历史演变中达到了内在的和谐，逼近了人权的本质。

关键词：礼　仁　孔子　孟子　荀子

现代意义上的"人权"一词是西方启蒙运动的产物，但与人权有关的观念在很久远的时期就已形成。人权是人因其为人而享有的尊严和权利，表达了人类共同的道义诉求，在人类各个文明中都应有其发生的源头和根基。人权作为普遍的道德权利，是由一定的价值观念所主张、认同和确认的正当性。中国先秦儒家作为以入世为特征的对中国古代历史影响深远的学派，富有与人权有关的观念。本文所谓的"人权观念"还不是真正意义上的人权概念，不过是与人

---

[*] 作者简介：刘新军，山东师范大学哲学系副教授，哲学博士，主要研究方向为研究中国传统文化。隋燕飞，聊城大学法学院教师，法学博士，主要研究方向为法理学、人权问题（妇女、儿童权利保护）。

权有关的观念而已。唐娜·希克斯从心理的层面提出了两种明显差异的生存选择模式:"人类本身就具有两种不同的天赋方式以确保自身安全,能够长久生存。其一是通过自我保护本能做好准备,疏远那些可能会对我们造成危害之人,其二是通过自我扩展本能(照理和结盟)促使我们向他人伸出双手,在与他人友好的人际关系中找寻安全感和心灵慰藉。"[1]中国儒家的主张应该属于第二种生存选择模式。《通过孔子而思》一书的作者作为西方人所提出的问题也许给我们理解先秦儒家人权观念指出了一个切入点:"儒家从社会的角度来定义'人',这是否可用来修正和加强西方的自由主义模式?在一个以'礼'建构的社会中,我们能否发现可利用的资源,以帮助我们更好理解我们哲学根基不足却颇富实际价值的人权观念?"[2]

中国先秦时期是中国传统文化发育和成型的奠基期,也是中国思想史的第一个高峰。先秦儒家的思想观念对中国传统文化的基本精神和价值观念起着主导的塑造作用。儒家是以学术和政治为基本关怀的知识团体,正是某些共同的价值观念和生活方式把他们联系在一起,并在历史发展中得到了有序的传承和发展。自孔子上承夏商周三代德的观念和礼乐文化开创儒家学派,先秦儒家在演变过程中形成了极富原创性的思想观念,对中国传统人权观念的发生产生了巨大的影响。虽然先秦儒家没有提出人权的概念,但是由于其比其他思想流派更关注人伦关系的调整以及人的道德生命的养成,先秦儒家在理论探索的努力中逐渐逼近人权的本义,因此构成了中国传统人权观念最重要的源头。本文主要通过分析先秦儒家的基本观念在历史演变中所获得的与人权有关的内涵及其意义。

一、作为儒家产生的文化背景和历史遗产的西周礼乐文化

在孔子开创儒家学派之前,德、礼、乐、仁、义等概念都已经出现,正是这些概念的人文内涵激发了孔子及其后儒的思考和探索。在西周之前的殷商时期,天命神学在统治阶级的主流意识形态中占据主导地位。在这一时期,人们已经从史前时期的多神崇拜产生出了对唯一的至上神的信仰,这就是"帝"(天帝)。天帝在人们的精神世界处于崇高的地位。人类以及人类世界中最重要的权力尤其是地上王权的合法性都来自"天"。《尚书·商书》已表明在商代已有了将上帝、天与祖先神灵并立合一的看法。《诗经》也提到商人是承天命而降生。考古出土的多种多样的青铜器也诉说着商代祭祀文化的发达。

周人在最初继承了商人对于"天"的信仰。"天的权威还表现在它是人间秩序和价值的源头。"[3]但西周时的天命论已经发生了改变。《诗经》提出了一个非常重要的观念:"天命靡

---

[1] [美]唐娜·希克斯:《尊严》,中国人民大学出版社,2016年,第12页。
[2] [美]郝大维、安乐哲:《通过孔子而思》,北京大学出版社,2005年,中译本序,第5页。
[3] 王博:《中国儒学史》(先秦卷),北京大学出版社,2011年,第8页。

常。"这说明天命是可以改变的,天所授佑的王权也是可以改变的。在《尚书·召诰》中,我们了解到"天"改变王权的根据。夏殷的统治者失去天下都是因为"不敬厥德"。因此,周朝的统治者要想保住天下就应该"疾敬德"以"祈天永命"。在这里,周朝统治集团表现出深沉的忧患意识,他们总结了夏殷兴亡的经验教训,以天命论为依据,把天命与统治者的德行、对老百姓的爱护联系起来。这种德政观念对后来的儒家影响深远。这说明在周初,"德"开始在古代的精神世界中占据核心地位。"德"在《尚书》《诗经》《左传》《国语》等中,有着丰富的记载,而且和"民"紧密关联。《尚书·蔡仲之命》有载:"皇天无亲,惟德是辅。民心无常,惟惠之怀。"《尚书·泰誓》也有载:"天矜于民,民之所欲,天必从之"。这就是周公摄政时期的"以德配天"和"敬德保民"的观念,"德"成为人世间最核心最重要的概念,它一端连着"天",一端连着"民",因此,可以说在西周时期,民本观念已经初步形成。

"德"落实到实际的社会秩序中,就是所谓的礼乐制度。周公制礼作乐,以规范社会生活和政治秩序。按照《论语》的记载,礼并不是周公的发明,在夏代有夏礼,在殷商有殷礼,而周礼是三代之礼的集大成者。孔子之所以崇拜周公,就在于周公对礼乐精神的理解与之前的礼的观念有着根本的差异。礼最初本来是处理神人关系的祭祀仪礼,而在周公的礼乐制度中,礼乐成为处理人与人的关系的原则和规范,是成就道德的基本途径,"周公所制定的礼乐已经摆脱了早期以祭祀为主的事神的模式,而转向了以德政为主的保民的模式。"[1]这是革命性的变革,把人们的目光由天上拉回人间,标志着人文道德文化和民本思想的兴起。虽然作为民之主的君王的选择还带有天命的色彩,但"德"观念以及作为它的体现的"礼乐"所调节的主要是君与民的关系,正如《尚书·康诰》所说的"明德慎罚",君王要像保护初生的小孩那样"保民",使其得以安康。在周公时代,德政和礼乐制度体现着民本思想和人文道德精神,使"民权"得以尊重和保护,这是中国传统人权观念最古老的源头。

二、孔子"礼学"和"仁学"中的人权观念

孔子生活在春秋晚期,春秋时期最大的社会问题是"礼坏乐崩",传统政治失序,各种社会矛盾尖锐复杂。现实世界中的礼坏乐崩激发了孔子恢复周礼的使命感,他剔除了夏商周三代观念中的"神文"主义内容,继承和发扬西周以来的礼乐文化,从而开创了儒家人文主义思想传统。孔子的思想集中于对现实人生的关注上,敬鬼神而远之,在人力的极限处和无奈的情况下,才谈及天和天命。《论语·先进》记载:"季路问事鬼神。子曰:'未能事人,焉能事鬼?'曰:'敢问死?'曰:'未知生,焉知死?'"另一处《论语·乡党》记载:"厩焚,子退朝,曰:'伤

---

[1] 王博:《中国儒学史》(先秦卷),北京大学出版社,2011年,第48页。

人乎？'不问马。"人的生命是第一重要的，这是孔子对人所固有的尊严和价值的承认。因此，孔子的学说更关注人和生，关于如何"生"的问题贯穿于他思想的始终，孔子的思想主要是一种人学。在孔子看来，人不仅仅是一种个体的存在，更重要的是一种能"群"的社会存在。如果"群"的社会性是人的本质，那么人的生存和发展必然意味着你必须和他人发生关系，这是孔子进一步思考问题的基本前提。因此，孔子的礼学和仁学都是围绕着人的社会群体性而展开的。孔子确立了中国儒家学派的基本范畴，如道、德、礼、乐、仁、义、中庸等，其中最核心的是"仁"，仁通过"礼"而落实，礼又依于"义"而成立。劳思光认为："'仁、义、礼'三观念，即构成孔子之基本理论。"[1]至于其他观念和理论，可看作这一基本理论的引申发挥。孔子思想中与人权有关的观念，集中内含在这三个核心观念中，而这三个观念以其深层意义的内在关联而构成一个整体。

"礼"构成孔子学说的起点。面对"礼坏乐崩"的社会现实，孔子把恢复周礼作为自己的政治抱负和历史使命。他在继承、倡导和反思周礼的过程中，对"礼"有所提升和发展，使之成为具有深刻哲学意蕴的重要范畴。礼泛指中国古代宗法等级社会的典章制度以及与此相应的礼节仪式和道德规范。礼，繁体字为"禮"，最初是指祭神的器物和仪式。《说文解字》："礼，履也，所以事神致福也。"也就是说，礼本来就具有神圣性。所以，礼有广义狭义之分，狭义之礼是指礼节仪式；广义之礼是指维系社会秩序的制度规范。在孔子之前，已有"礼"与"仪"之分，礼对于国家政治具有本体性的意义。但是，只有到了孔子创立儒家学派，礼才被提升到"礼治"的高度，被看作是社会秩序的基础。对于社会群体来说，礼是不可或缺的制度规范，群体生活就是有规矩的生活，一个社会有了"礼"，有了规矩，才有秩序与和谐。孔子说："道之以政，齐之以刑，民免而无耻；道之以德，齐之以礼，有耻且格。"（《论语·为政》）由此可知，孔子看重的是礼的政治和修身的意义。"礼之用，和为贵。先王之道，斯为美。小大由之，有所不行，知和而和，不以礼节之，亦不可行也。"（《论语·学而》）孔子主张以礼的原则和秩序来规范政治现实，通过"正名"使天下归于"礼"制。正名是礼治得以展开的前提，孔子以"君君，臣臣，父父，子子"回答齐景公的问政，其意图就是通过正君臣父子之名，来确定每个人的社会角色和地位。"这句话中的头一个'君、臣、父、子'，是指为君、为臣、为父、为子的那个人。第二个'君、臣、父、子'，是指周礼对君、臣、父、子所应有的伦和职做的规定。有了这些规定，人们才知道自己的权利、责任和义务，社会才能和谐有序。"[2]正名的实质是"分"，即分别，分别是和谐的前提，所以孔子所言的"礼之用，和为贵"是分与和的统一。这里所说的"礼"不是狭义的礼，而是指礼乐制度，其中包含着"乐"。也就是说，乐本质上也属于广义的

---

[1] 劳思光：《新编中国哲学史》（第1卷），广西师范大学出版社，2005年，第83页。
[2] 陈战国：《先秦儒学史》，人民出版社，2012年，第44页。

礼，具有教化的意义。以礼作为应然的社会秩序，就是孔子所谓"道"的核心内容。礼治本质上是德政。所以，"道""德""礼""乐"在孔子重建礼乐秩序的努力中整合起来。孔子关于"礼"的观念，虽然有着维护旧制度的保守性，但在客观上也有通过正名维护正常社会秩序的积极意义，正是在社会的"规矩"中，每个人与其社会地位相应的权利和尊严也得以维护。更重要的是，礼在发挥规范功能中还成就了人的道德生命，在儒家看来，这是一个人的更根本的权益。通过对孔子礼学的分析，可以看出其思考的重心在于人与人的关系，所推崇的是文质彬彬和内圣外王的君子人格。从人权的角度看，孔子在思想的起点就表明了社会理性的立场，在权利义务关系上体现出"义务本位"的实质，即为了维护社会秩序的和谐与稳定，每个人都有义务遵从礼的规范。孔子还没有明确的个人权利主张。这种立场和本位意识贯穿于孔子思想的进一步发展中。

孔子对传统礼论的改造和提升，是通过摄礼归义进而摄礼归仁来实现的。我们先看第一步，即摄礼归义。所谓"义"，是指通过内心的自我调节使思想行为符合一定准则。义的基本内涵是"正当"，在此基础上衍生出"公正""正义"和"责任"的含义。义本质上是人与人之间的权利和义务的分配关系，但在孔子那里，义是与自我修养相通的。孔子说："君子义以为质，礼以行之，孙以出之，信以成之。君子哉！"（《论语·卫灵公》）他推崇君子人格，强调君子"义以为质"，即君子应以义为根本，使自己的言行都符合周礼的规定。孔子认为君子应当成为义人，"君子喻于义，小人喻于利"（《论语·里仁》），并把义与利对立起来。君子从政，就是为了行义。孔子重视义的重要性，体现出他重建礼制的责任感和忧患意识，他说："德之不修，学之不讲，闻义不能徙，不善不能改，是吾忧也。"（《论语·述而》）孔子摄礼归义的革命意义在于对礼的基础的颠覆。在孔子之前，礼以"天"为依据，礼以顺天，奉礼即是畏天。孔子集三代礼论之大成，反思礼之基础，认为礼之基础不在于天，而在于人的自觉心或价值意识。[1]在孔子看来，礼所规范的人的权利义务和社会秩序要真正落实，必须依于"正当的"义而成立，可以说，"义"是礼的精神实质。在孔子那里，倡导义的目的是为了落实礼治，为此才有了义利之辨，义的实质是成就"义务"而弱化"个人私利"。孔子认为，要成为一个人格完备的人，就必须见利思义，富贵虽为人之所欲，但要得之有道，他说："不义而富且贵，于我如浮云。"（《论语·述而》）儒家的义利之辨受到了墨家的批判，在先秦诸子中，唯独墨子主张"利，义也"（《墨子·经上》），反映了当时小生产者的经济利益和政治诉求。这种义利之合的主张，是中国最早论证个人权利的思想。

由礼进到义，本质上还处于社会理性的范围内，但已经开启了主体自觉性的维度。在此

---

[1] 参见劳思光：《新编中国哲学史》（第1卷），广西师范大学出版社，2005年，第83页。

基础上，孔子更进一步摄礼归"仁"，把"仁"植入人的心性之中，提出了一个以"仁"为核心、仁礼结合的政治与伦理学说，完成了对传统的礼乐文化的革命。"仁"是孔子思想中最核心的概念，它虽然比"礼"更重要，但却是对礼的讨论中引发出来的。面对"礼坏乐崩"的局面，礼乐重建的问题引发了孔子对礼乐的根据的思考。这就是关于什么是"礼之本"的讨论。孔子反思礼乐时说："礼云礼云，玉帛云乎哉？乐云乐云，钟鼓云乎哉？"也就是说，礼乐的本质并不在于玉帛钟鼓等器物形式。《论语·八佾》记载："林放问礼之本。子曰：'大哉问！礼，与其奢也，宁俭；丧，与其易也，宁戚。'"孔子称赞林放的"礼之本"之问，主张在实行周礼的时候，不能只停留在表面形式上，更重要的是要从内心感情上符合礼的要求。"人而不仁，如礼何？人而不仁，如乐何？"（《论语·八佾》）在孔子看来，"礼坏乐崩"可能有周礼本身的原因，但更重要的原因还是人，是人的不仁。这样孔子把仁与人联系在一起进行思考，对人本身进行了哲学反思，用"仁"来规定人。孔子在多处谈到"仁"的内涵，最具代表性的有两个：一是仁是"爱人"，一是"克己复礼为仁"。这两者在本质上是一致的，也就是说，仁的最基本的内涵是爱人，只有具有了爱人的情感，才能真正地克己复礼。这样，孔子就把克己复礼的目标通过仁心的发达而落实到每一个人身上。这是孔子思想中最核心的要素。所谓爱人，也就是把他人当作自己的同类来看待，承认每个人都具有独立的人格，强调道德意识是人之为人所普遍具有的特质。于是，孔子便从仁的观念中引申出一套具有普适性的做人的原则，即所谓的"忠恕之道"。孔子主张用仁爱原则来调节人际关系。"孔子人道学的出发点是'礼'，而落脚点则是'仁'。礼的有效性与合理性必须有仁来担保。"[1]孔子所谓的"仁"具有深刻的人权内涵。仁爱意味着人际的关系的存在并对他人的肯定。仁爱是指向他人的，"由肯定自己推及肯定他人，这是仁者的作为。仁者的心中始终有他者的存在，并以肯定和成就他者为自己的责任。"[2]仁爱原则所涉及的人际关系可以简化为己和人，从被动意义来说，就是应该"己所不欲，勿施于人"；从主动意义来说，就是应该"己欲立而立人，己欲达而达人"（《论语·雍也》）。这两方面结合起来，才是完整的忠恕之道。从人权的意义来说，己与人是同类，在人格上是平等的，所以理应肯定他人的存在，尊重他人的权利，并力所能及地关怀和成就他人。所以，仁不仅是人应该具有的最高道德，是人的最本真的存在，也是每个人应该担负的责任和义务。

总之，孔子的仁学和礼学虽然强调仁义所成就的道德生命和精神生活高于饱食暖衣的物质生活，体现了人之所以为人的尊严和价值，"成人"是每一个人更根本的平等的权益，但是这种关于人的尊严和权利的主张，实质上是"克己复礼"的基于社会理性立场的义务本位。在孔

---

[1] 宋志明：《中国古代哲学发微》，中国人民大学出版社，2012年，第169页。
[2] 王博：《中国儒学史》（先秦卷），北京大学出版社，2011年，第74页。

子那里,基于个体感性的权利维度还没有发生。

三、孟子"性善""仁政"和"民本"学说中的人权观念

孟子所处的战国中期,封建制度已在各国确立,地主阶级与农民的矛盾也日趋激化,苛捐杂税日益加重。孟子力图解决这一时代问题,提出了实行"仁政"以缓和并解决君民关系的治世方案,以维护封建地主阶级的统治。在孔子时期,儒学还只是初步的想法,并没有充分地展开;孟子则捍卫和发展了孔子的思想。孟子对儒学的贡献首先是他提出了性善论,完善了孔子的仁学体系,使儒家的德治思想获得了人性论的基础。其次,孟子提出了仁政构图,并围绕仁政构图展开其政治哲学,形成以民为本的仁政原则。再次,孟子继承了孔子为仁由己的主体精神,提出了"尽心""养气"的心性修养论,进一步发展了孔子的主体性思想。

孟子的性善论是对后世影响巨大的哲学理论。对人的本性的哲学解答,直接决定着人们对社会问题的认知和解决。早在春秋时期,人们就已经开始关注人性问题。在孔子思想中,人性问题已经是一个重要问题,据《论语·公冶长》记载子贡所言"夫子之文章,可得而闻也,夫子之言性与天道,不可得而闻也",我们可知人性与天道的问题在当时属于涉及内在体验的高深问题,并不是通过耳闻就能明白的。在《论语》记载的资料中,尽管孔子本人只有在《论语·阳货》中"性相近也,习相远也"这一条中谈到人性,但并不能说孔子没有深刻地思考过这个问题,子贡所言只是表明性与天道在孔子的教学中是一个艰深的问题。关于孔子如何思考人性的问题,文献并未记载。在后来儒学的发展中,郭店《五行》篇和《中庸》继承和发展了孔子的性与天道的思想维度,直到孟子明确提出"性善论",才形成中国思想史上第一个比较系统的人性论学说。"孟子对儒家乃至中国文化最大的贡献是发现了'良心'。"[1]孟子说:"人之所不学而能者,其良能也;所不虑而知者,其良知也。"(《孟子·尽心上》)在孟子那里,良能、良知是万善之源,由此而形成四端,由四端而形成仁、义、礼、智四个基本道德观念。所以孟子说:"仁、义、礼、智非由外铄我也,我固有之也。"(《孟子·告子上》)在孟子那里,人性善只是一种理论上的可能性,并不意味着每个人在事实上都是善的,"性善论不是关于人性的事实判断,而是关于人性的价值判断,只是说人可以是善的,应该是善的。"[2]孟子的性善论可以说是对孔子"仁"是人的本质思想的深化和系统化,从理论上说明履行仁道的内在根据和可能性。"发现了'良心'也就是为人的道德挖掘出了源头活水,才使仁、义、礼、智诸德和仁政思想有了内在的根据。"[3]孟子把人人得之于天的善性称为"天爵",是比官职禄位的"人爵"更

---

[1] 陈战国:《先秦儒学史》,人民出版社,2012年,第215页。
[2] 宋志明:《中国古代哲学发微》,中国人民大学出版社,2012年,第175页。
[3] 陈战国:《先秦儒学史》,人民出版社,2012年,第215页。

尊贵的品质。所以，孟子的性善论蕴含着深刻的与人权相关的观念，因性本善而"人皆可以为尧舜"的思想包含着在成圣可能性方面人人平等的观念，进一步发展了孔子"仁"学所包含的己与人平等和互爱的观念，不但承认自己具有内在的善性而获得自我完善的自信心和内动力，而且承认他人也同样具有善性，从而把他人当作人看，不做敌意推断，养成尊重他人权利、维护他人尊严的健康心态。同样，我们必须看到，孟子的人性善的预设虽然在理论上发展和深化了孔子的仁学，但在人权的意义上较孔子反而落后了，在内向的自足的人性中走到更远。孔子的仁学强调的是以仁克一己之私，而在孟子的人学中，一己之私在人的根本中被摒除了。因此，通往个人权利的诉求之路在孟子那里也就被彻底堵死了。孟子把当时的社会弊端和战乱归结为人们的"多欲"和"求利"，认为对物质欲望的追求是遗失善性的原因，因而主张治乱就要让人"寡欲"。所以，在孟子看来，治乱的根本就在于与人的义务相通的"求放心"和"养心"，而"养心莫善于寡欲"。(《孟子·尽心下》)孟子的仁政说以其性善论为理论依据。孟子从他的性善论出发，推出具有道德理想主义的政治哲学。孔子秉承西周的"敬德保民"的政治思想，提出了"为政以德"的德治思想，但他没有详细探讨德治的相关问题。孟子则极大丰富和完善了孔子提出的德治思想，这就是他的"仁政"学说。孟子的仁政学说是他的政治理念的集中表现。所谓"仁政"，就是"不忍人之政"。孟子说："人皆有不忍人之心，先王有不忍人之心，斯有不忍人之政。以不忍人之心，行不忍人之政，治天下可运之掌上。"(《孟子·公孙丑上》)所谓"不忍人之心"，就是指恻隐之心。在孟子这里，由不忍人之心推到不忍人之政，把道德从个人修养直接推广到政治领域。孟子认为，统治者只要能够发明自己的"不忍人之心"，并且能够推己及人，就一定能够行不忍人之政。他说"老吾老以及人之老，幼吾幼以及人之幼，天下可运于掌……故推恩，足以保四海；不推恩，无以保妻子。古之人所以大过人者无他焉，善推其所为而已矣。"在这里，我们又看到了孔子"仁"的影子，只不过是孔子的"己"与"人"的关系变成了孟子的"吾"与"人"的君民关系。所以，两者在人权观念上具有同样的意义，只不过孟子的仁政所体现的人权观念是经过君王权威确认的，更具有规范价值。可以说，孟子所倡导的仁政是从"不忍人之心"出发的政治，其前提是每个人尤其是君主具有良心，他说："人之有是四端也，犹其有四体也。有是四端而自谓不能者，自贼者也；谓其君不能者，贼其君者也。凡有四端于我者，知皆扩而充之矣，若火之始然，泉之始达。苟能充之，足以保四海；苟不充之，不足以事父母。"(《孟子·公孙丑上》)不管是在人的本性的层次上，还是成就道德生命上，君与民都应是平等的和相互尊重的。"仁政不仅是唤起君主的良心，也要唤起百姓的良心。这是一个以义为本的政治，与此相对的则是以利为本的政治。"[1]尽管君主在君民

---

[1] 王博：《中国儒学史》(先秦卷)，北京大学出版社，2011年，第348页。

关系中占有政治上的优势，但在建立在仁义基础上君民关系足以从根本上确保双方的权利和尊严。实际上，由于民在实有的君民关系中处于政治上的弱势，孟子所倡导的仁政的基本原则是"以民为本"。这体现了孟子的仁政学说向民的权利的偏重，具体说来，他的仁政学说主要包括政治思想和经济思想两个方面。

在政治上，孟子主张"民贵君轻"。他说："民为贵，社稷次之，君为轻。"（《孟子·尽心下》）"民贵君轻"的思想是对孔子德治思想的重大突破，是对"民本"思想的重大发展。在孔子那里，"畏大人"是君子三畏之一；而孟子则打破了"大人"的神圣性，提出"说大人则藐之，勿视其巍巍然"（《孟子·尽心下》）。这是孟子的人格独立意识扩充于"民"的结果，极大地彰显了民的人格尊严。在君主制的社会，君主自身的素质修养是政治优劣的关键性因素，因此，要求君主以德行政，是政治正义性的重要保证。所以，孟子主张君主要想实行仁政就必须做到"与民同乐"，而不能"独乐"。这样君民才能同欢乐共患难，互相理解，互相关心，互相尊重。总之，孟子希望统治者能把老百姓看作是和自己一样的具有独立人格的人。这实质上是对君民失衡的权利义务关系的再平衡。由此可见，孟子把维护人民的人格尊严寄托于君主的责任和义务上。

在经济上，孟子首次明确提出"制民之产"的思想，强调"民本"的根本在于民生问题。他说："夫仁政，必自经界始。"（《孟子·滕文公上》）又说："民之为道也，有恒产者有恒心，无恒产者无恒心。苟无恒心，放辟邪侈，无不为已。"（《孟子·滕文公上》）还说："是故明君制民之产，必使仰足以事父母，俯足以畜妻子，乐岁终身饱，凶年免于死亡。然后驱而之善，故民之从之也轻。"（《孟子·梁惠王上》）这应该是孔子"富之""教之"思想的具体化。孟子在经济上的仁政主张体现了重要的人权观念。也就是说，"制民之产"的思想若得到统治者的权威确认并得到实施，这将是民之生存权和财产权的制度保障，因为事实上的权利最终取决于社会物质生活条件。但是，在封建社会的中国，"民本"思想的实现不可能有制度保障，它只能依靠开明君主的统治来实现，因此，孟子的仁政和民本思想不可避免地具有空想的性质。

总之，孟子的仁政和民本主张虽然不过是维护封建秩序和君主统治的手段，但在客观上具有保障人民的尊严和利益的作用，所以具有重要的人权意义。但更关键的是，由于孟子基于性善论的以善去恶主张，其对于君民关系的调节都是强调权利义务关系中的义务维度。尤其是作为具有操作性实践价值的仁政学说，更是在维护君主统治的前提下强调君主对社会和民众的道德义务，这实质上是把民众的尊严和权益诉诸君主的非约束性的内在自我完善。孟子从内在超越的方向上，着重发挥了孔子的"仁"的思想，在心性论的道路上走得越来越远，使人的义务意识发挥到了极致，但离个人的权利主张也越来越远。孔子的"仁"还具有克己复礼的仁礼一体的规范意义，但在孟子这里，"仁"和"仁政"变成了道德理想主义的心性论。如果说孔子与作为人权的权利擦肩而过的话，那么可以说，孟子是与作为人权的权利背道而驰的。

四、荀子"礼治"和"王制"思想中的人权观念

荀子是继孔子、孟子之后的先秦儒家最具代表性的思想家。他所处的战国后期，各诸侯国经过变法使封建地主阶级的统治日趋稳固，物质生产呈现出勃勃生机。与经济、政治上要求统一的趋势相适应，学术上也出现了总结、概括这一时期思想的趋势。当时各家各派的思想都已经广泛流传，荀子的思想仍是以儒家思想为主，同时对法、道、墨、名等家思想有所吸收，可以说是先秦思想的集大成者。荀子与孟子尽管都继承了孔子的学说，但在继承路线上有着较大差异。孟子是沿着孔子"省"与"思"的路线发展的，而荀子则沿着孔子"学"与"习"的路线发展的。"如果说孟子的思想主要表达了先秦儒家的道德理想主义，那么荀子的思想则更表达了先秦儒家的道德现实主义，荀子既是先秦儒学的殿军，又开启了秦以后儒学与秦汉'大一统'政治制度相整合的新趋势。"[1]因此，荀子的思想可以看作是儒家思想在战国后期的一种新发展。

荀子的人权观念主要体现在他的"礼治"和"王制"的思想中。在荀子的思想中，"礼"是其核心概念，"礼治"是其基本的治国之道。在荀子礼的思想中，"礼义"和"礼制"可以等价，礼义是制度中的道德原则，礼制是依此原则建立的制度。荀子更突出了"礼"的政治制度的含义，在礼义或礼制中，君主居于"管分之枢要"的最高之位，因此，礼制也就是荀子所理想的"王制"[2]。荀子的"礼治"学说有其深刻的哲学基础。荀子哲学的重点是"明于天人之分"的天人观和"化性起伪"的人性论，其中天人观为荀子的"礼治"学说提供了可能性基础，而人性论则为他的"礼治"学说提供了必要性基础。

"明于天人之分"的天人观是荀子思想中的一个突出观点，他的整个思想体系都是建立在这个基础之上的。荀子"天人之分"思想的核心是要确立天和人的界限，区分什么是天的职责，什么是人的职责。关于"天"的理解，绝大多数的儒家学者以天为道德的根源，认为人的道德之性受命于天；荀子走的是另一条路，即以天为自然之天，主张天人之分而不是天人合一，意在强调人事对人生与社会政治的根本性意义。天有其常，人有其道，天的运行与人无关，人的治乱与天无关，天人各有其分。但人可以掌握自然规律，"制天命而用之"（《荀子·天

---

[1] 《中国哲学史》编写组：《中国哲学史》，人民出版社，2012年，第160页。
[2] 《中国哲学史》编写组：《中国哲学史》，人民出版社，2012年，第169页。

论》)。荀子"天人之分"的思想，贯彻到人性论的领域，就是"性伪之分"。"不可学不可事，而在天者，谓之性；可学而能，可事而成之在人者，谓之伪；是性伪之分也。"(《荀子·性恶》)他的"化性起伪"思想就建基在他的天人之分和性恶论之上。荀子所谓的"性恶"，是指人为满足感性欲望而表现出的自私自利性。他说："人之性恶，其善伪也"(《荀子·性恶》)。人性本恶，而善是伪即人为的结果，因此为了使人向善，需要经过一个"化性起伪"的过程。所谓"化性起伪"，就是通过后天的学习修养克服人性中恶的一面，从而培养出人的善心来。这就必须通过礼义教化使人遵守礼义法度，从而抑恶从善。荀子的化性起伪意味着人性与人之为人的本质的对立及其克服。所以，荀子以性恶论论证了以礼义规范人的行为的必要性。人性恶并不是荀子关于人性判断的全部，他还有"人性朴"的肯定判断，"人性恶只是说个人有流于恶的可能性，并不排除还有其他的可能性。"[1]从人权观念的意义说，荀子的性恶论在一定程度上具有平等的意蕴，他说："凡人之性者，尧、禹与桀、跖，其性一也；君子与小人，其性一也。"(《荀子·性恶》)这是对孔子"唯上知与下愚不移"观念的突破，起码在人的自然本性上荀子是主张人人平等的。荀子所提出的"涂之人可以为禹"，充分肯定了人人都可以经过圣王的礼义教化，化性起伪，成为真正意义上的人。这不但强调个性可以改造，而且强调了学习和社会环境对个性改造的作用。这与孟子的因性本善而"人皆可以为尧舜"的思想有着异曲同工之妙，同样包含着在成圣可能性方面人人平等的观念，不但承认自己具有向善的可能、能力和信心，而且承认他人也同样具有向善的可能、能力和信心，从而把他人当作同类即真正意义上的人。这对养成尊重他人权利、维护他人尊严的公正心态具有重要意义。更为重要的是，性恶论对于"个人权利"的生发会起关键作用。实际上，荀子的性恶论在本质上是一个价值判断，而非事实判断。在荀子那里，人的感性欲望具有天然合理性，在个体本性的意义上是"性朴"，无所谓善恶；而所谓"性恶"，是指在个人在社会关系中的自私自利性质，是关系中的价值性质。在社会关系中，有欲望就会争斗，有争斗就会动乱。正因为人性恶，才有以礼义治乱维权的必要，所以，防恶制恶是荀子礼治的出发点。人权作为一个问题，其起点就是为了防恶的。因此，我们可以说，在荀子那里，已经有了明显的个人权利意识。

"礼治"是荀子思想的核心观念。"先秦时期，儒家所关注的中心问题是礼乐，而不是心性，因为这个问题关乎天下的统一、国家的兴亡、社会的有序。心性问题只是从这个问题中派生出来的。"[2]荀子思想的展开紧紧抓住了这个时代的中心问题。从逻辑上说，荀子的天人之分的天人观和性恶论奠定了其"礼治"主张的理论基础。"自孔孟言，礼义法度皆由天出，即皆自性分中出，而气质人欲非所谓天也。自荀子言，礼义法度皆由人为，返而治诸天，

---

[1] 宋志明：《中国古代哲学发微》，中国人民大学出版社，2012年，第184—185页。
[2] 陈战国：《先秦儒学史》，人民出版社，2012年，第283页。

气质人欲皆天也。"[1]要把握荀子"礼治"思想的本质，除了理解其天人之分和性恶论，还应从人性的视角把握荀子关于社会国家起源和构成的观点，即关于人的"群"和"分"的学说。荀子认为人最为天下贵，是一种"能群"的社会存在物，他说："人何以能群？曰：分。分何以能行？曰：以义。故义以分则和。"（《荀子·王制》）所以，人生不能无群，群而无分则争，争就会乱。关于治乱，荀子基于天人之分，提出了"治乱非天"（《荀子·天论》）的社会观。荀子一改传统儒家节欲的主张，肯定了人的欲望的合理性，从而把治乱问题从如何节欲上转到如何引导欲望上。在荀子看来，使人的价值观念符合礼义法度，是引导欲望走向正路的有效手段。这是社会治乱的关键所在。荀子说："礼起于何也？曰：人生而有欲，欲而不得，则不能无求，求而无度量分界，则不能不争，争则乱，乱则穷。先王恶其乱也，故制礼义以分之，以养人之欲，给人之求，使欲必不穷乎物，物必不屈于欲，两者相持而长，是礼之所起也。"（《荀子·礼论》）因此，荀子认为礼的一个功能是"养"，即养人之欲，满足人的各种需要，所以他说："故礼者，养也。"（《荀子·礼论》）礼的另一个功能是"别"，"君子既得其养，又好其别。曷谓别？曰：贵贱有等，长幼有差，贫富轻重皆有称者也。"（《荀子·礼论》）也就是说，礼就是要把人与人加以区别，使每个人都按照自己的地位享受不同的待遇，对于不同的人，要用不同的财物去不同程度地满足他们的需求。这是由其社会地位所获得的利益和尊严，本质上是每个人应享有的权利。荀子说："礼也者，贵者敬焉，老者孝焉，长者弟焉，幼者慈焉，贱者惠焉。"（《荀子·大略》）所以，礼之"养"和"别"具有保障人的生存权和尊严的重要意义。在荀子那里，礼是人和社会存在的基础，兼备形而上和形而下的双重含义，礼既是作为正义的原则的礼，又是作为规章制度的礼。荀子把礼的作用从伦理关系的领域扩大到了政治、经济等一切社会关系的领域中去，使礼成了从事一切社会活动和确立一切社会关系的准则。与孔子的"摄礼归仁"不同，荀子强调学习对于修身的根本作用而"摄仁归礼"，因此，孔子的"为政以德"在荀子那里就变成了"为政以礼"。荀子说："礼者，政之挽也。为政不以礼，政不行矣。"（《荀子·大略》）"荀子是一个现实主义者，他找到了使人被动地不为恶的办法，那就是礼义规范。"[2]与礼紧密相关的两个概念是"乐"和"法"。荀子认为，在一个国家的社会生活中，乐和礼一样，都是不可或缺的。"乐合同，礼别异。礼乐之统，管乎人心矣。"（《荀子·乐论》）荀子认为礼与法是相辅相成的互补关系，礼是广义的法，最大的法，是具有道德感召力的强制性，而狭义的"法"则是没有道德感召力的强制性。在荀子那里，礼和法都是维系社会群体不可缺少的手段，提出了"隆礼重法"的政治主张。"儒家的礼学思想经过荀子的阐发，终于从理想层面落实到现实层面，对中国

---

[1] 廖名春选编：《荀子二十讲》，华夏出版社，2009年，第60页。
[2] 宋志明：《中国古代哲学发微》，中国人民大学出版社，2012年，第182页。

古代社会的政治生活发生了重大的影响，真正发挥了'以儒治国'的作用。"[1]所以，荀子的礼具有明分、规范和教化等基本社会功能，既是道德规范，又是具有强制性的约束作用，使儒家的礼治主张不再流于空疏，获得了可操作的现实品格。礼在荀子的发展和提升中获得了权利的内涵。

　　王制是荀子思想的现实归宿。作为荀子核心思想的"礼"论，绝非仅仅是为了参与理论探讨，而是有着明确的现实目的。如前面所述，在荀子那里，礼制就是王制。儒家论治乱的传统，一直强调君主的修养是治国的根本。先秦儒家，不论是德治、仁政，或王道，重点都不外是要君主个人多在道德修养上下功夫，并以道德的力量去统一天下。在荀子之时，天下一统实际上已经是大势所趋了。荀子说："全道德，致隆高，綦文理，一天下，振毫末，使天下莫不顺比从服，天王之事也。"(《荀子·王制》)但在如何才能"一天下"的问题上，荀子面临王霸之分的选择。儒家的基本传统是坚持王道，反对霸道；而荀子提出"人君者，隆礼尊贤而王，重法爱民而霸"(《荀子·强国》)的主张，在一定程度上承认并接受了霸道，但其基本政治主张还是偏重人治的王道，荀子在高度评价了秦国的国家治理后，又指出秦国仍不及称王天下的君主的功名时说："则其殆无儒邪！故曰：'粹而王，驳而霸，无一焉而亡。'此亦秦之所短也。"(《荀子·强国》)尽管荀子强调礼法兼备，但他的政治哲学在本质上还是人治主义的，他说："有乱君，无乱国；有治人，无治法。"(《荀子·君道》)他还说："有良法而乱者，有之矣；有君子而乱者，自古及今，未尝闻也。传曰：'治生乎君子，乱生乎小人。'此之谓也。"(《荀子·王制》)在荀子看来，"法者，治之端也；君子者，法之原也。"(《荀子·君道》)荀子主张人治，一方面提高了君王的地位，另一方面也提高了对君王的要求。他说："有分者，天下之本利也。而人君者，所以管分之枢要也。"(《荀子·富国》)因此，君王的地位是至高无上的。人治主义的王道的关键是对君主修养和榜样的要求，荀子说："请问为国？曰：闻修身，未尝闻为国也。君者，仪也，仪正而景正。"(《荀子·君道》)在王道中，圣王、礼义和贤臣是紧密关联的，缺一不可。礼义是治国的根本准则，圣王是礼义的制定者，贤臣是礼义的维护和执行者。荀子政治哲学的核心是"礼治"，而具有君子之德的君主在国家体制中占据核心关键的地位，在化性起伪中发挥关键的作用，这样的礼制就是王制。这样荀子就走向了崇尚外在权威的理路。由于一切外在权威最终要以君主为中枢，君主当然就要成为政治和道德的权威，以保证礼义法度的权威性和强制性。王制本是指圣王所建立的政治制度和政治设置，荀子把它扩大为基本的治国方略，主要包括三个方面的大节原则：平政爱民、隆礼敬士和尚贤使能。这里要处理的基本关系是君民关系，他说："庶人安政，然后君子安位。传曰'君者，舟也；庶人者，水也。水则载舟，水则

---

[1] 宋志明：《中国古代哲学发微》，中国人民大学出版社，2012年，第183页。

覆舟。'此之谓也。故君人者,欲安,则莫若平政爱民矣;欲荣,则莫若隆礼敬士矣;欲立功名,则莫若尚贤使能矣。是君人者之大节也。三节者当,则其余莫不当矣。三节者不当,则其余虽曲当,犹将无益也。"(《荀子·王制》)基于荀子关于君民关系的理解,三节中最基本是平政爱民。"'平政爱民'主要是指'惠民',也就是使人民得到实际的好处和利益。"[1]荀子的王制学说,是他发展儒家的礼论、德政和民本等思想的集中体现,礼治从保障百姓生存权的惠民爱民出发,通过建立一套完备而行之有效的政治、经济、法律制度和道德规范,来规定每个人的权利、义务和责任,以约束每个人的行为,并诉诸君主的德行和权威来确认这套制度规范的权威性和强制性。这终于使儒家的基本理念可以落到实处,具有了现实的可操作性。荀子的王制学说可谓是其礼治得以实施的基本保障,从人权的角度看,具有双重价值,一是具有君子之德的君主保证了礼治的道义性,二是具有政治权威的君主保证了礼治的规范性。同样是对孔子思想的继承,荀子走了与孟子不同的理路。孟子走的是内在超越之路,他的学说着重发挥了孔子的仁学,主要是诉诸心性之善来摒除私意、完善自我的内圣学,以理想主义的方式极大彰显了象征人的尊严的浩然气象;而荀子则走的是外在超越之路,他的学说着重发挥了孔子的礼学,主要是诉诸外在权威以制恶扬善的外王学,以现实主义的方式揭示了维护人的尊严和权利的制度意义。两者在社会治乱以求和谐秩序上可谓殊途同归。由于荀子阐发出礼治的权利内涵,可以说荀子逼近了人权的真义。

从孔子到孟子再到荀子,先秦儒家在人学和政治哲学的探索中,萌发了与人权有关的观念,逐渐逼近了人权的本质。孔子的仁与礼的思想,经过孟子重仁和荀子重礼的否定之否定过程,终于到达了先秦儒家思想内部的和谐,触到了人权的神圣之光。

---

[1] 陈战国:《先秦儒学史》,人民出版社,2012年,第289页。

试论儒学传统对现代受教育权的促进与保护

Tentative Discussion on Relations between Traditional Confucianism and Promotion and Protection of Right to Education

张 弦[*]

摘要：无论对个人还是对国家，教育都是根本之事。儒学是中国古代最重视教育的思想流派，也是中华传统文化的主干和内核。通过有教无类体现教育的普遍性、因材施教强调教育的差异性、学思结合突出教育的自由性、会通古今彰显教育的传承性，儒学传统在当今社会尤其是在教育领域依然焕发着生机和活力，有力地促进和保护了现代意义上的受教育权。

关键词：儒学　孔子　教育　受教育权

百年大计，教育为本。教育既是立国之基和兴旺之源，也是摆脱愚蒙、形成健全人格的必由之途。儒家尝言"修身、齐家、治国、平天下"[1]，受教育即是修身的起点。儒家是中国传统思想的主要流派，儒学则是中华文化的主干和内核。儒家最重视教育，其教育理念不仅体现在以《论语》为代表的儒学"十三经"上，更透过历史上孔孟颜曾、程朱陆王以及现代"新儒家"的讲经兴学活动生动地展现出来。尽管经历了许多波折，儒学传统在当代中国依然有着顽强的生命力，对促进和保护现代意义上的受教育权，更是有着深远的影响和重要的意义。

一、国际人权法上的受教育权

纵观世界文明史，几乎没有哪个国家会不承认教育的重要性。中国历朝历代的贤帝明君也都以爱护读书人青史留名。不过，国际人权法上专门将接受教育明订为一项需要加以保护的权利，却是比较晚近才出现的事物，距今不过半个多世纪。与受教育权相关的条文大致如下：

---

[*] 作者简介：张弦，华中师范大学政治与国际关系学院讲师，博士，主要从事人权与国际政治研究。
[1] 《礼记·大学》

1948年《世界人权宣言》第26条规定:

(一) 人人都有受教育的权利。

(二) 教育的目的在于充分发展人的个性并加强对人权和基本自由的尊重。[1]

1960年《取缔教育歧视公约》序言:

回顾《世界人权宣言》确认不歧视原则并宣告人人都有受教育的权利。[2]

1966年《经济、社会、文化权利国际公约》第13条第1款规定:

"……人人有受教育的权利。教育应鼓励人的个性和尊严的充分发展,加强对人权和基本自由的尊重,并应使所有的人能有效地参加自由社会,促进各民族之间和各种族、人种或宗教团体之间的了解、容忍和友谊,和促进联合国维护和平的各项活动。"[3]

1989年《儿童权利公约》第28条第1款规定:

"缔约国认识到儿童有受教育的权利,在机会均等的基础上逐步实现此项权利。"[4]

1990年《世界全民教育宣言》在绪论中回顾了40多年前世界各国通过《世界人权宣言》宣告"人人享有受教育的权利"的历史,重申:

"教育是我们世界的全体男女老幼和各个民族的基本权利……深知教育对于个人和社会进步……是必不可少的关键所在;承认传统知识和本土的文化遗产具有其固有的价值和效力,并能够限定和促进发展。"[5]

《萨拉曼卡宣言——关于特殊需要教育的原则、方针和实践》第2条声明:

"每一个儿童都有受教育的基本权利,必须给予他实现和保持可接受水平的学习之机会;每个儿童都有独一无二的个人特点、兴趣、能力和学习需要;教育体系的设计和教育方案的实施应充分考虑到这些特点与需要的广泛差异。"[6]

综上可知,受教育权广泛载于国际人权法文书中。并且,在所有的相关条文里,都是将受教育权一致表述为受教育者应该享有的一项权利,而不是义务或者别的什么东西。

二、体现受教育权的儒学思想

孔子是儒学的创始人,被奉为"至圣先师",是我国历史上最伟大的政治思想家和教育家。孔子有弟子三千,贤者七十二人。终其一生,孔子都在周游列国,实践其政治思想和教育理

---

[1] 参见http://www.un.org/zh/universal-declaration-human-rights/。

[2] 参见http://www.un.org/chinese/children/issue/cade.shtml。

[3] 参见http://www.un.org/chinese/hr/issue/esc.html。

[4] 参见http://www.un.org/chinese/hr/issue/docs/24.PDF。

[5] 参见http://www.cnfirst.net/et/flwj/005221489.html。

[6] 参见http://www.cdpf.org.cn/zcwj1/gjwx/200711/t20071130_25337.shtml。

念。孔子的思想可以代表儒家对教育问题的思考，主要体现在孔门弟子编写的《论语》中。其中，与国际人权法规定的受教育权有关的内容又主要包括如下四点：

（一）有教无类，体现教育的普遍性

无论是《世界人权宣言》和《取缔教育歧视公约》，还是《经济、社会、文化权利国际公约》和《儿童权利公约》，抑或《世界全民教育宣言》和《萨拉曼卡宣言》，都强调"人人有受教育的权利"，即教育的普遍性。在这一点上，孔子所提出的"有教无类"思想有着极为重要的意义。所谓"有教无类"[1]，从字面上讲，就是孔门学生不论贵贱贫富均一视同仁，都有受教育的权利和机会。孔子之前的西周，教育是贵族的特权，平民并没有接受教育的权利。自孔子始，开创了中国历史上平民教育的先河。"有教无类"主要包含两层意思：一是指在教育对象上，不分地域与国别、贵族还是平民，人人都应该接受教育；二是从人的天赋素养及后天行为习惯看，不论上智下愚或者品行善恶，只要有心向学、诚心求教，则都应当给予教育。据考证，孔门三千弟子中，鲁、晋、齐、宋、陈、秦、楚等各国都有，来源相当广泛。其中，又以贫贱子弟居多。除极个别的学生如南宫敬叔、司马牛等之外，孔门其余弟子大多数皆出身贫寒，如子张乃"鲁之鄙家"，仲弓"贱人"出身，子夏"家贫，衣若悬鹑"。特别是孔子最欣赏的颜回，身居陋巷，过着"一箪食，一瓢饮"的清苦生活，死后连下葬需用的椁都得靠同学们赞助，是孔门中最为贫困者。所以说，孔子施教"不分贵贱贫富和种族，人人都可以入学受教育，它打破贵贱贫富和种族的界限，把受教育的范围扩大到平民，这是历史性的进步"[2]。可以毫不夸张地说，儒学传统中这种对教育普遍性和公平性的特别强调，在中国历史上产生了深远的影响，留下了深刻的痕迹。今日中国基础教育的普及化和平等性，之所以在发展中国家中能够做到首屈一指，很难说跟这种儒学传统毫无关联。同时，为了资助贫苦地区的孩子上学以保障他们的受教育权，我们还有"希望工程""春蕾计划"等系列助学计划，从中似也可看出一些端倪。

（二）因材施教，强调教育的差异性

《萨拉曼卡宣言——关于特殊需要教育的原则、方针和实践》第2条声明："每个儿童都有独一无二的个人特点、兴趣、能力和学习需要；教育体系的设计和教育方案的实施应充分考虑到这些特点与需要的广泛差异。"这也就是孔子基于受教育个体自身差异性而提出的"因材施教"教育方法。在《论语》中，对此有不少生动的记载。例如，樊迟、司马牛、仲弓、和颜渊均曾向孔子问仁，孔子做出了四种不同的回答，"樊迟问仁，子曰：爱人；司马牛问仁，子曰：仁者，其言也讱；仲弓问仁，子曰：出门如见大宾，使民如承大祭。己所不欲，勿施于人。在邦无怨，

---

[1] 《论语·卫灵公》
[2] 参见孙培青主编：《中国教育史》，华东师范大学出版社，2012年。

在家无怨;颜渊问仁,子曰:克己复礼为仁,一日克己复礼,天下归仁焉……非礼勿视,非礼勿听,非礼勿言,非礼勿动。"[1]孔门弟子受教时间不同、年龄相差较大、各人性格相异。譬如樊迟的资质较鲁钝,孔子对他就只讲"仁"的最基本概念——"爱人",而颜渊是孔门第一大弟子,所以孔子就用仁的最高标准来要求他。同一个问题,针对不同发问人的特点给出不同的解答,这就是因材施教的典型应用。只有按照学生的不同个性特点给予具体指导,才能让学生意识到学习既具有原则性又具有灵活性,进而全面发挥创造性思维。孔子不仅能做到因人施教,还能因时间、地点、环境的不同而施教。除此以外,孔子还可根据学生的心理状态和学习进程的不同特点而施教。从孔子一生的教育实践看,他是世界上最早也是最深入地把因材施教方法运用于教学全过程的教育家,而这也被后世的儒学家所强调和坚持。

(三)学思结合,突出教育的自由性

《世界人权宣言》第26条规定:"教育的目的在于充分发展人的个性并加强对人权和基本自由的尊重";《经济、社会、文化权利国际公约》第13条第1款规定:"……教育应鼓励人的个性和尊严的充分发展,加强对人权和基本自由的尊重"。现代教育很重要的一点是,要求教师充分尊重每一位受教育者的主体地位,使学生由被动的接受性客体变成积极的主动性主体,使教育过程真正成为学生自主自觉的活动和自我建构的过程,即构建受教育者的独立人格和批判性思维。在教学活动中,如果不能发挥学生自身的主观能动性,老师的一切努力都将是徒劳无功的。而这恰恰符合孔子创立的启发式教学方法,"不愤不启,不悱不发。举一隅不以三隅反,则不复也。"[2]这句话的意思是,"教导学生时,不到学生自己想搞明白的时候,不去开导他;不到学生想说却说不出来的时候,不去启发他。要使学生能够联想、对比,知一方而推之其他三方。"孔子让学生在学习过程中自始至终处于主动地位,让学生主动提出问题、思考问题,让学生主动去发现、去探索,教师只是从旁加以点拨,起指导和促进作用。孔子非常强调思考在学习中的作用,不仅相信"不愤不启,不悱不发",而且还认为"学而不思则罔,思而不学则殆"[3]。这里的"学"主要指浅层次的知识获取,"思"则指对知识的分析思考。从哲学认识论来说,前者近似感性认识,后者近似理性认识,二者结合,才能达到对事物全面深入的认知。由此,教师在教学实践中不能仅仅要求学生把书本上现成的知识学会,还必须教给他们如何获得新知识的方法,培养学生的思维能力,引导学生进行独立的思考,从而获得真正的自由。

---

[1] 《论语·颜渊》
[2] 《论语·述而》
[3] 《论语·为政》

（四）会通古今，彰显教育的传承性

《世界全民教育宣言》声明："……承认传统知识和本土的文化遗产具有其固有的价值和效力，并能够限定和促进发展。"一个受过良好教育的人，不仅应该了解此时此地发生了何事，也应了解过去和别的地方曾经发生过什么。这样，人的心胸和视野才能宽广，也更能历史、宏观和富有同理心地把握世界的整体走向。这就是为什么有"以史为鉴可以知兴衰""只有民族的才是世界的"这些说法，也可以解释为什么在一个全球化的时代，我们需要更多本土和在地的视角，即所谓"Glocalization"。与之相应，儒学传统非常强调会通古今，彰显文化的传承性。孔子本人就是一个非常好古的人，他推崇西周典章制度，喜好上古礼仪文化。在《论语》中他说："周监于二代，郁郁乎文哉，吾从周。"[1]他描述自己"述而不作，信而好古，窃比于我老彭"；[2]孔子还曾与子贡有一段有趣的对话，孔子说："赐也，尔爱其羊，我爱其礼"。[3]现代新儒家徐复观先生的弟子、哈佛大学杜维明教授2008年创建北大高等人文研究院并担任院长后，积极在北大本科生中推广《孟子》《大学》《中庸》等的经典会读。在谈到此项工作的意义时，杜先生表示，我们关注经典，是因为经典对我们有意义。把经典放置到整个生活世界的语境中，广泛地与各种问题交互，实现经典的创造性诠释乃至于转化，从而跟经典形成对话，并最终让经典与我们的生命融为一体。在这个过程中，一方面我们有了超越性的体会，扩展视野、滋润生命；另一方面，人人阅读经典，都对经典有所理解、有所回应，从而为经典的传承贡献出自己的力量。经典是活着的传统，如果能够建立源泉活水，让中华民族的文化脉络四通八达、舒畅宽容，那么对于个体生命也是非常有意义的。[4]

三、儒学传统促进和保护受教育权

"国际21世纪教育委员会"于1996年向联合国教科文组织提交了一份报告。该报告根据现代社会面对的矛盾和未来教育面临的挑战，理论与实际相结合提出了迎接挑战的对策，内容涵盖未来教育改革和发展的各个方面，被誉为是"里程碑式的教育文献"[5]。报告的核心内容是提出了教育的"四大支柱"新构想，认为要适应未来社会的发展，教育必须围绕四种基本学习能力来重新设计、重新组织。这四种学习能力是：

---

[1] 《论语·八佾》

[2] 《论语·述而》

[3] 《论语·八佾》

[4] 鲁鹏一：《在大学生中普及经典——记杜维明先生在北大推动经典会读》，参见http://www.doc88.com/p-9035747564921.html。

[5] [法]雅克·德洛尔等著：《教育：财富蕴藏其中》(UNESCO教育丛书)，联合国教科文组织总部中文科译，教育科学出版社，1996年。

学会认知(learning to know)，使学生学会如何学习，即掌握认知的手段，而不在于知识本身；学会做事(learning to do)，使学生具有在一定的环境中工作的能力，这种能力是包括如何对待困难、解决冲突、组织管理和承担风险等多方面的综合能力；学会共同生活(learning to live together)，使学生学会设身处地去理解他人，从而消除彼此间的隔阂、偏见与敌对情绪，和周围人群友好相处，并且从小就要培养学生具有为实现共同的目标与计划而团结合作的精神；

学会生存(learning to be)，为适应社会的迅速变革与发展，应使学生学会掌握自己命运所需的基本能力，即思考、判断、想象、表达、情绪控制和社会交往等方面的能力。上述能力既是个人为完善自身的个性所需要的，也是作为社会成员发挥自主性和首创精神进行革新与创造的保证。"国际21世纪教育委员会"认为，培养这些能力对塑造年青一代的品德素质及解决现代社会的基本矛盾意义重大，因此也把它们称之为教育的"四大支柱"，这也是在当代为了更好地实现促进和保护受教育权所要努力的方向。

儒学传统以德育为基础，以"教会学生如何做人"作为自己的根本任务，无论是从德育的地位、目标、内容乃至实施的方法与途径，都与教育四大支柱中的基础——"学会共同生活"思想基本相同；另外，四大支柱中的"学会认知"也是很有创新的教育思想，而孔子首创的"因材施教"和"不愤不启，不悱不发"的教学方法就是指导和培养学生发展认知能力的有效方法；四大支柱还要求通过"终身教育"把四种基本学习能力的培养贯彻到一个人的一生中去，贯彻到社会各行各业的所有人群中去，而儒学教育体系则很好地体现了终身学习和终身教育的思想。[1]

周虽旧邦，其命维新。在当下这个纷繁复杂的大变革时代，耐心聆听古典的传统声音，从先人那里汲取智慧，不仅必要而且有益。《世界人权宣言》所倡导的人权是根植于文化之中的，这意味着各国在实现其人权义务时理所当然应该依赖其传统文化和价值精神。正如在世界别的地方看到的那样，儒学传统在现代中国正在复兴，焕发出新的生命力。具体到教育领域，传统儒学思想亦是实现促进和保护受教育权的重要基石。

---

[1] 何克抗：《孔子教育思想与教育的四大支柱》，参见http://www.etc.edu.cn/论著选摘/何克抗/KongZiDeSiXianHeSiDaZhiZhu.html。

中国传统文化促进世界人权发展的障碍、机遇与基因

Obstacles and Opportunities of Chinese Traditional Culture in Promoting the World's Human Rights

黄爱教[*]

摘要：中国传统文化是伦理型文化，它以血缘为逻辑起点，与家国一体社会结构相匹配，深刻表现为"五伦"文化设计。这些文化元素限制人权概念、理念与制度在中国产生、发展。中国传统文化也蕴含着促进文化发展的强大生命力。世界人权发展陷入诸多理论形态的困境，如人权世界主义与民族主义的对抗、人权帝国主义与文化相对主义的抗争。这些困境以及中国特色人权发展道路的出场给中国传统文化走向世界提供机遇。中国传统文化的"家国天下""重和去同"思想以及"仁人同一"的思想都为世界人权事业发展提供了世界观、方法论以及伦理基础。

关键词：人权　伦理文化　血缘　家国一体　五伦

当下，中国政府与学界热烈地讨论中国文化如何"从民族走向世界"，并"引领世界文化发展"，当然也包括中国"优秀传统文化"，这被诸多学者认为是"文化自信"应有之内涵。2008年次贷危机后，世界经济增长动力乏力，经济复苏缓慢，世界各国期待着"中国方案"引领全球经济发展。在这一时刻，世界的目光都聚集于中国，审视着中国独特的政治、经济、文化以及社会制度，期待着"中国智慧"。在人权领域，世界各国也同样期待着"中国智慧"。"中国智慧"更多地蕴藏于文化当中，尤其重要的是，"从文化层面看待人权的态度和实践，长久以来是亚洲所留意的。文化层面的关注，在近期多元文化的西方人权辩论里，同样成了重要的主题。"[1]如果从文化层面关注人权，摆在人权领域中一个突出的问题就是厘清中国传统文

---

[*] 作者简介：黄爱教，男，壮族，哲学博士，政治学博士后，天津工业大学马克思主义学院讲师，南开大学人权研究中心兼职研究员，研究方向：人权理论。
[1] 戴大为：《从法律、哲学和政治观点看人权与中国价值》，邓文正译，牛津大学出版社，1997年，第18页。

化与人权之间的关系。综观学者的讨论,"中国传统文化不讲人权"似乎成为共识。支持这一观点的有力证据在于中国传统社会是"礼法政治"而不是"约法政治"、讲"义务本位"而不是"权利本位"等。但是,对于我们将要讨论的主题,"中国传统社会不讲人权"的这一共识非常重要。深入分析这一观点会发现,"中国传统社会不讲人权"并不等于"中国传统社会反对人权""排斥人权",它的委婉表达是"中国传统社会与人权相容而不是相异"。支持这一观点的有力证据在于学者在论证"儒家伦理与人权"之间的关系[1]方面获得。这一观点将会为中国传统文化促进世界人权发展提供观念支持。"中国传统社会不讲人权"的原因可能基于以下原因:一是,中国传统文化没有意识到人权或人权问题,以致无法产生人权概念、理念与制度。二是,中国传统文化意识到人权,但中国传统社会觉得人权做得很好,不需要讲这样的东西。三是,中国传统文化意识到人权或人权问题,但是它在另一个形态加以表达。显然,从历史维度来看,前面两个原因被否定了。那么,解释这一现象只能借助于第三个原因。进一步的问题在于中国传统文化是否存在一种表达人权的形态?是否存在与人权相关的因素?如果存在与人权相关的因素,到底哪些因素有助于促进人权实施,而哪些因素限制人权的实施?这些问题是将要进一步讨论的。如果中国传统文化存在某些与人权相容的文化基因,何种机缘促进这些基因走向世界?

一、中国传统文化阻碍人权发展的诸因素

在学者关于中国传统文化与人权的辩论中,基本前提是中国传统文化讲"义务本位""义务主体";西方传统文化讲"权利本位""权利主义"。"义务本位"与"权利本位"是两种相异而相依的价值取向。通常认为,"义务本位"是人权发展的障碍,"权利本位"与人权相影相随。马克思曾经说过:"权利永远不能超出社会的经济结构以及由经济结构所制约的社会的文化发展。"显然,"中国传统社会不讲人权"深受中国传统文化的影响,进一步的问题在于中国传统文化中的哪些因素导致或影响"中国传统社会不讲人权"。

(一) 血缘文化

血缘是中国传统文化发展的逻辑起点,血缘文化也是中国传统文化发展的重要方向。正是这样一种文化发展方向,使中国传统文化形成义务本位、差序格局以及伦理情怀的特色,从而没有使中国传统文化向权利本位进展,并建构起人权概念产生、发展和形成的诸种元素。从历史维度考察发现,我国先民由原始社会走向奴隶社会的过渡,没有经过像古希腊、

---

[1] JOSEPH C. W. CHAN, *Confucianism and Human Rights in Religion and Human Rights: An Introduction*, Oxford University Press, 2012, 87.

罗马那样由奴隶主民主派推翻氏族贵族的革命,建立起城邦式的国家。而是由氏族首领直接转化成为奴隶主贵族,并由家族奴隶制度发展成为宗族奴隶制度,建立起家邦式的国家。因此,中国古代历史发展的脉络是"不是用奴隶制的国家取代氏族血亲纽带联系起来的宗法社会,而是由家族走向国家,以血缘纽带维系奴隶制度。"[1]在这样社会演进中,血缘扮演着重要的角色,也培育出中国文化中深厚的"家国情怀"。它反映在社会的政治体制上就是家长制。家长制的基本内涵在于群体或组织的权力集中于最高领导者手中,权力不划分,其他成员均服从于一人。这种内涵的展现为父亲在家庭中"君治一切",君主则是全国的严父,父君合一。宗法制度是维系家长制的主要制度,也是以血缘为逻辑起点的。"宗族"是我国传统社会的社会关系的基本单元。在宗族内,每一个人都不被看作独立的个体,而起码要和上下两代人(即父、子)发生关系。"在宗族观念下,个人是被重重包围在群体之中的,因此,每个人首先要考虑的,是自己的责任和义务,如父慈、子孝、兄友、弟恭之类,个人权利则显得不那么重要。"[2]因此,中国传统文化源于血缘,与之相匹配的社会结构与社会制度重在维系基于血缘衍生的社会关系,义务本位、尊尊亲亲、差序格局与伦理情怀构成中国传统文化基本元素。相反,"人皆可可以为尧舜"的道德平等意识则成为一种理想,也没有促进权利、自由等发芽、生根、成长的土壤。

(二)家国一体

中国传统文化与家国一体的社会结构相适应,家国一体的社会结构也是由血缘文化延伸的必然结果。血缘文化是中国社会的基本关系,成为整个社会关系的原型,血缘关系的结构方式成为整个社会关系的结构方式,在此基础上,便形成家国一体的社会体制与社会结构。这种社会结构中,"家成了国的原型与母体,国变成了家的扩充与放大,国的结构原理便是家的结构原理的延伸。家不仅成为价值的出发点、价值的取向,而且成为整个社会关系的理想模式。"[3]正如西方学者巴登(Bodele)说:"在整个世界上,家庭经常是社会的基础,但在中国,家庭成了整个社会。因此我们可以说中国的社会即是中国的家族制度。"[4]家国一体的社会结构,缺少的市民社会环节,所以中国没有走上法治社会;因为,从黑格尔以降,市民社会与法治社会是共生体。然而,中国社会建立社会秩序、实现社会控制的原理和原则,既不能立足于"家",也不能立足于"国",而只能选择一条非"家"非"国"又即"家"即"国"的特殊道路。家的原理是血缘与伦理,国的原理是政治与法律,"家""国"一体的文化结构原理是血

---

[1] 樊和平:《中国伦理的精神》,台北:五南图书出版公司,1995年,第16页。
[2] 张岱年:《中国文化概论》(修订版),北京师范大学出版社,2004年,第274页。
[3] 樊和平:《中国伦理的精神》,台北:五南图书出版公司,1995年,第59页。
[4] 樊和平:《中国伦理的精神》,台北:五南图书出版公司,1995年,第27页。

缘-伦理-政治三位一体，于是，与"家""国"一体的社会结构相匹配的社会控制方式就是情-理-法三位一体。所谓"情"，即人情。历史上"法顺人情"一直是统治者立法的基本原则。所谓"理"，即天理。所谓"法"，即国法。在中华文明中，人情、天理和国法是统一的。天理体现为国法，从而赋予国法以不可抗拒的神秘性。执法以顺民情，又使国法增添了伦理色彩，使得国法在政权的保证推行之外，还获得了神权、族权和社会舆论的支撑，因而更具有强制力。这正是天理、国法、人情三者统一的出发点和归宿。但三者又不是并列的，天理来自人情，国法渊源于天理，以天理为最高依据，而国法之应天理就是顺人情、从人心。可见，情高于理，理又决定法。[1]毫无疑问的是，家国一体的社会结构无法完成权利或人权所需的民主、法治等，也限制了人权概念、理念和制度的产生。

（三）五伦设计

中国传统文化结构并不是单一的，而由儒、释、道三维结构组成，其中以儒家文化为主。儒家文化对社会关系的设计为"五伦关系"，即君臣、父子、兄弟、夫妻、朋友，它"不仅在一个原点即个体上囊括了全部的人际关系，而且也以伦理的形式概括了血缘、伦理、政治等各种性质的社会关系。"[2]五伦设计的基本内涵是"父子有亲，君臣有义，夫妇有别，长幼有序，朋友有信"。在五伦设计中，寄托了儒家的人生理想、人伦思想、社会政治的理想，体现了它的价值取向，同时集中体现了中国文化的特征，是儒家德性的出发点和归宿。五伦设计的结构原理为：重人际而不重自然、差爱为本而善推之、常德为本而竭尽片面之爱、维系人际长久。儒家的五伦设计，人际、爱与善德则为核心元素，这些元素都是在维系以血缘、宗法与等级为原则建立起来的社会秩序，根本上说都是无法推演出人权原则。另外，五伦设计延伸出五伦实体，这个五伦实体表现为如下特征：特殊主义、权威主义、家族主义、伦理政治。很显然，五伦设计延伸的五伦实体与人权诉求的普遍主义、自由平等、市民社会以及民主政治相反。更为重要的是，五伦设计与五伦实体还存在着内在矛盾，诸如"在整个伦理实体上，家与国的矛盾""在人际关系上，天伦与人伦的矛盾""在价值取向上，自我为中心与家族本位的矛盾""在人际关系上，熟人与生人、自己与外人的矛盾""在社会体制中，血缘、伦理与政治的矛盾"等。这些矛盾导致导致了"在道德主体上必然产生公民意识的缺乏、社会意识的缺乏、理性的普遍意识的缺乏、平等意识的缺乏以及政治生活中民主意识的缺乏，这是中国传统伦理尤其是儒家伦理的重要缺陷与弊病所在。"[3]毫无疑问，中国传统文化的伦理特质以及一整套机制、体制，使中国传统社会在文化设计层次窒息了人权产生、形成与发展需要的各种元

---

[1] 栾爽："儒家伦理法的内在精神及其重构"，《河海大学学报（哲学社会科学版）》2005年第2期。
[2] 樊和平：《中国伦理的精神》，台北：五南图书出版公司，1995年，第47页。
[3] 樊和平：《中国伦理的精神》，台北：五南图书出版公司，1995年，第59页。

素。在精神结构层面上决定中国传统社会是不讲人权的。

二、中国传统文化促进世界人权发展的机遇

文化也被称为"人化",文化的意义在于"文化本身是为人类生命过程提供解释系统,帮助他们对付生存困境的一种努力"[1]。在西方自由主义看来,人权是基于自然人的状态和属性而应当享有的权利,并且这种权利是绝对的、普遍的和平等的。而"侵略成性的帝国主义"导致数以万计的难民无家可归,而在帝国主义内部也充斥着诸多的歧视、暴力与贫困等,使人类生命体陷入困顿当中,也改变了人权的初衷,呈现了诸多理论形态的对抗。正是因为当下的人权理论与实践,尤其文化层面,为中国传统文化为促进世界人权发展提供很好的机遇。

1.世界主义与民族主义的对立

世界人权发展深受世界主义与民族主义两种观念、态度的影响,这两种态度是针锋相对的。在世界主义看来,人类属于一个精神共同体,其表达为一种理想世界的哲学。在世界主义发展的早期,西塞罗将世界主义的哲学传统本性转变为取得权力的策略,将理性转变为罗马的意识形态。现代世界主义康德认为,人们已"进入一个普遍的共同体,并且它已发展到这样一个阶段,以致发生在世界一个地区的权利侵犯行为在所有地方都可被感觉到"[2]。康德的世界主义构成为两个:有约束力的国际法和世界主义法。后现代主义认为,世界主义这一古老的哲学传统"业已被恢复生机并变为新秩序的(部分实际部分希望的)制度和宪法设计的一种简单的表达方式。"[3]而且,如果能够执行世界主义的宪法,就能够获得永久性的和平。值此之故,后现代的世界主义将"带有微弱法律假象的强烈道德成分——人权——被提升到主导意识形态的高度"[4]。在这样的背景之下,《世界人权宣言》制定和颁布符合世界主义的预设与理想,《公民权利与政治权利国际公约》《经济、社会与文化国际公约》以及诸多人权国际法的制定和通过,论证世界主义的理想类型。在人权世界主义出场之后,也面临着诸多的挑战,尤其《世界人权宣言》在制定之初面临诸多难题,有意识地回避国际社会的诸多矛盾与冲突,诸如人权概念的西方价值与很多非西方国家的价值之间的冲突。更为重要的是世界主义被西方发达国家利用,沦为人权帝国主义。所以,人权世界主义遭受到民族主义的抵制与对抗。

人权世界主义"主张应以个体所拥有的人权作为评价和改革人们的社会、经济和政治制

---

[1] [美]丹尼尔·贝尔:《资本主义的文化矛盾》,赵一凡等译,三联书店,1992年,第24页。
[2] [美]科斯塔斯·杜兹纳:《人权与帝国》,凤凰出版传媒集团、江苏人民出版社,2010年,第175页。
[3] [美]科斯塔斯·杜兹纳:《人权与帝国》,凤凰出版传媒集团、江苏人民出版社,2010年,第175页。
[4] [美]科斯塔斯·杜兹纳:《人权与帝国》,凤凰出版传媒集团、江苏人民出版社,2010年,第175页。

度的主要依据，从公正的视角判断制度体系，并以世界主义核心的道德承诺，强调所有个体皆应享有平等的考虑和尊重。"[1]它的核心要素为世界公民、世界主义法和世界秩序，这些要素都是跨国界的。民族主义反对世界主义的这种跨国界的努力。民族主义的首要目标是建立民族国家，它主张"民族主义是一种关于政治合法性的理论，它在要求族裔的疆界不得跨越政治的疆界，尤其是某一个国家中，族裔的疆界不应该将掌权者与其他人分隔开"[2]；在人权问题上，主张人权应当限定在民族国家范围之内。因为虽然人权来自于自然权利，但是人权要转化成实际的法定权利则需要国家作为支柱。这样的观点进一步展开是民族主义并不是反对人权，而是反对跨界的人权。这是因为从民族主义与人权的历史渊源来看，"而实际上，民族主义与人权绝对是相辅相成的一对。"[3]在人权诞生伊始，人权就直接地塑造了民族主义，民族主义毫无疑问是一种集体认同意识。在人权实践中，非洲国家的人权观、人权的"亚洲价值"，毫无疑问地以民族主义为基础，反对西方国家"以人权干预主权"。民族主义者在进行民族国家的构建过程中，得以考虑民族生活的每一个细节，无论是民族的政治生活还是个人的社会生活，人权慢慢地迈进到了人权的社会、经济权利的部分，丰富人权。但是这种进路也遭受到西方价值的批判，他们以自由主义哲学观为基础，怀疑亚洲国家以及非洲发展中国家以保障公民积极权利实现为幌子侵害公民的个人权利。

2.文化相对主义对人权帝国主义的抵抗

人权帝国主义源于文化帝国主义，其与文化相对主义表现为两种不同的观念。尤其值得注意的是，文化相对主义是在抵抗人权帝国主义而出现的一种人权文化形态。佩查斯认为，文化帝国主义是"西方统治者对人民的文化生活的系统的渗透和控制，以达到重塑被压迫人民的价值观、行为方式、社会制度和身份，使之服从帝国主义的利益的目的"。文化帝国主义渗透到人权领域，则成为人权帝国主义，它是"西方某些发达国家借助经济、科技、政治上的优势将他们的人权提升为"普世价值"的故意，借此推销、贩卖西方人权观念；他们的目的并不是要实现真正的人权，而是实现将他们的人权成为意识形态终结之后的意识形态，借此控制全世界人们的世界观与价值观。"[4]人权帝国主义的危险在于：一是人权成为西方价值输出与扩张的手段。"天赋人权与后来在18世纪开始的人权的意图之一就是要抵抗公共或私人的统治和压迫。"在世界人权发展过程中，科斯塔斯·杜兹纳严厉地批评说："人权的这一初衷却已受到（西方）各国政府的逐渐削弱，这些政府已把人权变成西方势力输出和扩张的手段。"[5]

---

[1] 张永义："道德世界主义的人权价值基础论证"，《哲学动态》2014年第10期。
[2] 胡庆乐："论民族主义与人权"，《法治湖南与区域治理研究》（第8卷），世界图书出版广东有限公司，2012年。
[3] 胡庆乐："论民族主义与人权"，《法治湖南与区域治理研究》（第8卷），世界图书出版广东有限公司，2012年。
[4] 黄爱教："论人权的生态价值观"，《内蒙古社会科学》2015年第4期。
[5] [美]科斯塔斯·杜兹纳：《人权与帝国》，凤凰出版传媒集团、江苏人民出版社，2010年，第2页。

二是人权的双重标准。"对于后现代世界的挑战是要习惯于双重标准的理念。在西方在我们自己中间,我们在法律的基础上运作并开发合作的安全。但是在和后现代的欧洲大陆以外的更老式的国家打交道时,我们须回复到一个较早时代的更为粗野的方式上去——武力、先发制人的进攻、欺骗、任何有必要用来对付那些仍然生活在每个国家就它自己而言是19世纪世界的人们的方法。在我们自己中间,我们保持着法律,但当我们在丛林中运作时,我们必须也使用丛林的法则。"[1]

与人权帝国主义相对立的形态是文化相对主义,文化相对主义有两种形态:绝对的、无条件的文化相对主义与适度的、理性的、均衡的现代文化相对主义。绝对的、无条件的文化相对主义完全否认当今人类文化中存在着共同的普遍因素,进而否定人权的共同性,否定人权在伦理、政治和法律等领域的重要作用。而适度的、理性的均衡的现代文化相对主义以历史、宗教、地区、民族的特征和现实存在并已被证实的多样性为根据。[2]这两种文化相对主义,对人权发展产生深刻影响,他们可能完全否认人权,也可能有限度地承认人权,而评价标准就在于各国的政治、经济、文化和社会的特殊性。之所以出现这样的对立观念,主要源于历史怨恨,因为西方国家以人权向全世界推之时给殖民地国家带来集体或民族的重大创伤,他们饱尝西方国家侵略与殖民的人格凌辱、经济掠夺、精神痛苦等等,为此非西方国家在摆脱殖民统治之后,对待西方的价值观念时刻保持着高度的警惕,对西方国家把他们的价值观强加于非西方国家的做法非常反感。值得注意的是,文化相对主义可能也会带来人权发展的问题,诸如对西方国家的人权观念和人权要求反应过剩,非西方国家经常拿主权盾牌作抵抗西方国家的人权干涉,认为"人权"这一美丽的词汇也不过是欧美列强意识形态的诠释[3],它们有可能回避国家和政府在人权发展中的责任和义务,有可能不采取积极措施改善人权,甚至有可能侵害和践踏本国人民的人权。

3.中国特色的社会主义人权发展道路出场

在人权世界主义与民族主义、人权帝国主义与文化相对主义的诸理论形态的辩论中,世界人权发展舞台第三种形态——"中国特色社会主义人权发展道路"。在2011年"北京人权论坛"上,王晨先生提出中国"走出了一条中国特色的社会主义人权发展道路"。在2015年习近平主席在给"北京人权论坛"的贺信中说中国"走出了一条适合中国国情的人权发展道路"。由此可知,中国人权发展道路既立足于中国国情,又面向世界,而且最为重要的是形成有别于西方价值烙印、保守民族主义与文化相对主义的人权观念。中国特色的社会主义人权发展道路,

---

[1] Robert cooper, "The New Liberal Imperialism", *The Observer*, April 1, 2002, 3.
[2] 埃克托尔·格罗斯·埃斯比尔:"人权的普遍性与文化多样性",《国际社会科学杂志》(中文版),1999年第4期。
[3] [日]大沼保昭:《人权、国家和文明》,王志安译,北京:生活·读书·新知三联出版社,2014年,第5页。

融摄人权诸种形态和理论：一是人权的普遍性与特殊性的统一。中国特色的社会主义人权发展道路将人权的普遍性与中国国情相结合，其既强调人权概念、理念以及制度存在普遍性，同时，人权也是历史形成的，基于不同的历史时期、发展阶段、历史传统以及文化背景，对人权的理解和实践也会有所差别。因此，中国国情是人权事业发展的逻辑起点与落脚点。二是人权思想的历时性与共时性的统一。中国特色的社会主义人权发展道路既继承与发扬中华民族优秀文化传统，也积极借鉴世界各国的发展经验，做到了历时性与共时性的统一。在这里，"中华民族优秀文化传统"是中国特色的社会主义人权发展道路的重要基因。随着中国特色的社会主义人权发展道路被世界各国的认同，中国传统文化在世界人权发展舞台中在"中国特色的社会主义人权发展道路"这一载体推动下，将促进世界人权事业发展。事实上，中国传统文化曾经影响着世界范围内还是地区范围内的人权规则制定。1948年《世界人权宣言》的起草过程中，张彭春先生曾力推儒家思想和文化融入《世界人权宣言》，他运用中国传统文化的很多智慧弥合了《世界人权宣言》的价值冲突与对抗。张彭春先生认为："不能仅仅从西方个人主义角度解释人权理念，还要从其他角度进行评价。"在一次会议上，张彭春建议负责起草的秘书处不妨花几个月工夫研究一下孔子的主要学说。在这个时候，儒家思想具有了世界意义。1993年的《曼谷宣言》表达了中国人权立场，尤其《曼谷宣言》承认人权具有普遍性，同时确认各国和各区域有其特点和不同的历史、文化与宗教背景，应根据国际准则不断重订的过程来看待人权，必须避免在实施人权过程中采用双重标准，避免将人权政治化。《曼谷宣言》是在中国主导下通过的，尽管它在后来的维也纳联合国人权会议上没有被采纳，但它准确地表达了中国在人权问题的立场和态度，足以说明中国传统文化在区域性的人权规则制定中发挥重要的作用。所以，中国特色的人权发展道路为中国传统文化走向世界奠定基础。

三、中国传统文化促进世界人权发展的文化基因

诚然，中国传统文化发展方向与西方传统文化发展方向截然不同，导致了不同的文化特征，即中国传统文化属于伦理型文化，西方传统文化属于法治型文化，进而导致中国传统文化不讲人权，人权概念、理念与制度发端于西方传统文化。然而，根植于西方传统文化的人权逐渐被异化，需要修正，而中国传统文化在发展的另一端则为这种修正提供了可能的文化基因，并存在促进世界人权发展的基因。

1."家国天下"为世界人权发展提供世界观

人权世界主义致力于建构国际人权法则，使世界成为精神共同体，它的缺陷在于缺乏实现世界主义理想的路径和机制，以致人权世界主义的诸多理想成为空想，也沦为人权帝国主

义的干涉他国主权或侵害人权的借口。《世界人权宣言》虽被认为是世界各国承认,但在世界各国也引起广泛的辩论,引发很多的冲突和矛盾。因为《世界人权宣言》在制定过程中本身存在着很多的冲突和矛盾,它有意或刻意回避很多的难题和矛盾。正如学者所观察的:1948年联合国制定的《世界人权宣言》宣告了人权的普遍性,但并未作出解释、论证或辩护。根据当时的文献,负责起草该宣言的联合国人权委员会清楚地意识到了对这些权利存在着不同的观点和主张,但它有意采取这样一种策略:专注于规范,而将论证的工作留给后人。[1]实际上,《世界人权宣言》制定之初存在的对话不平等、交流不顺畅等,尤其存在人权世界主义与民族主义两种形态的论争。人权民族主义将人权限定于主权国家范围之内,反对跨界的人权,这似乎无法解释源于法国《人权宣言》宣称的放之四海而皆准的人权普遍性,也无法解释发展中国家将发展权从主权国家向世界贡献的努力。尤其重要的是,人权世界主义与民族主义的对立,它们中间缺乏可以融通的路径,是人权能够成为"世界的也是民族,民族的也是世界"。

针对这一问题,我国传统文化的"家国天下"理想则有助于实现"世界的"人权与"民族的"人权之间的融通。虽然,我国传统文化家国一体结构缺乏社会的环节,导致人权概念、理念和制度无法孕育而备受诟病。但是,我国传统文化基于家国一体的社会结构不仅仅局限于"家"与"国",还扩展为"天下",即推演出一种世界意识。儒家经典《大学》八目"格物、致知、诚意、正心、修身、齐家、治国、平天下"。它的基本路径是:家国同构,移家为国,移孝为忠,进而在家国之上,扩展为一种公天下的世界意识。这使中国人的世界观或天下观成为一种本于家国同时又大于家国或高于家国的世界意识,使得中国人的价值观内蕴着一种对人类命运共同体的伦理自觉。这个传统预设了中华文化走出去的文明路线和中国路径。"[2]所以,中国人的理想并不局限于家国一体的社会结构,它更表现为一种"天下大同",而达到这种大同的方式在于"重和去同"。未来的世界人权发展过程中,必然要进行重视人权平等对话,深化人权不同的文化理解。只有这样,才能够建构起人权从"世界的"融入于"民族的",并从"民族的"扩展为"世界的"的现实路径。

2."重和去同"为世界人权发展提供方法论

"重和去同"思想源于西周末年,史伯说:"和实生物,同则不继。以他平他谓之和,故能丰长而物归之。若以同裨同,尽乃弃矣。"[3]在这里,史伯进行"和同"之辨,第一次阐述如何才能"和"的路径和方法,并指出了矛盾的统一性。后来春秋战国时期,晏婴、孔子丰富和发展

---

[1] Anthony J. Langlois, Chapter 1: *Normative and Theoretical Foundations of Human Rights*, in Michael Goodhart, *Human Rights: Politics & Practice*, Oxford, Oxford University Press, 2009, p. 17.
[2] 田海平:"从家国天下到命运共同体",《光明日报》2016年09月14日,第14版。
[3] 《国语·郑语》

史伯的"重和去同"思想。尤其,孔子说:"君子和而不同,小人同而不和。"[1]在区分君子与小人的标准上,深入阐述"重和去同"的思想。"重和去同的思想,肯定事物是多样性的统一,主张以广阔的胸襟、海纳百川的气概,容纳不同意见,以促进民族文化的发展。"[2]实际上,我国对待世界各国人权发展道路的主张符合"重和去同"的思想。在1993年6月,维也纳联合国世界人权大会上,刘华秋团长的发言就表明了我国在人权上的一贯立场。刘华秋在大会发言中声明:"人权的概念是历史发展的产物,同一定的社会政治、经济条件,同一个国家的特定历史、文化和观念密切相关。在不同的历史发展时期具有不同的人权要求,处于不同发展阶段或具有不同历史传统和文化背景的国家,对人权的理解和实践也会有所差别。因此,不能也不应将某些国家的人权标准和模式绝对化,要世界上所有国家遵照执行。"

以"重和去同"的思想引领世界人权道路的发展,将有力地促进人权帝国主义与文化相对主义的对抗的消解。人权帝国主义与文化相对主义的重要前提在于文化多样性。人权帝国主义很清楚,西方文化只是一种特殊性文化,它也是有别于东方文化、非洲文化等。文化相对主义之所以在人权全球化过程中对人权帝国主义的抵抗,源于自身文化的本能。所以,人权帝国主义试图消灭文化多样性,而文化相对主义试图保持文化多样性,它们之间的共同点在于文化多样性。"重和去同"的思想的优势在于肯定文化的多样性,在人权发展道路上采取采纳、吸收、同化不同的文化来促进自身的发展,展现出世界各国人权发展的包容性,而不是狭隘的封闭。中国传统文化诸种和谐与统一,西方文化重分别与对抗。所以,根植于西方文化传统的人权以及人权发展模式在发展过程出现人权的区别对待的双重标准,形成世界人权发展的普遍性与特殊性的论争、人权帝国主义与文化相对主义的对抗。解决世界范围内人权发展的这些论证与对抗,应当吸收、借鉴和利用中国传统文化中的"重和去同"的思想。

3. "仁人同一"为世界人权发展提供伦理基础

人权是人的权利、人作为人的权利以及人之所以为人的权利。如唐纳利教授则认为人权是基于"人"而享有的道德权利,米尔恩教授以"最低限度的道德标准"描述人权。我国著名学者李步云教授认为:"人权是受一定的伦理道德所认可、支持与保障的人应当享有的权益。"[3]在初始意义上来说,自然权利被理解为人权,它也是在道德哲学层面关切人权,关切主体为"人"。尤其,人作为人的权利、人之所以为人的权利,深层次的展现在于人的尊严和价值,它的终极目标在于"成为人"。中国传统文化很早就发现了"人"。孔子说"仁者,人也",他以"仁"去诠释"人",达到"仁"与"人"同一。由此可知,人权与中国传统文化对"人"的诠释,它

---

[1] 《论语·子路》
[2] 张岱年:《中国文化概论》(修订版),北京师范大学出版社,2004年,第293页。
[3] 李步云:《人权法学》,高等教育出版社,2005年,第17页。

们的终极目标是"成为人,使其成为一个人"。只不过有所区别的是,中国传统文化使通过伦理的道路成为人,而西方则认为"成为一个人,并尊敬他人为人"是法的命令。所以,我国传统文化在"人"的问题上,更加注重它的伦理性。换句话说,中国传统文化在人权问题上注重人权建构的伦理基础。

孔子非常重视人的价值。虽然,我们一直的观点认为我国古代社会是权利缺场的社会,但是传统社会的人也需要生存、发展,他们也需要对其生存、发展的权利进行关注,并加以保障。古代的哲人们通过实施"仁政",保障人们的生存和发展问题。从这一点来看,仁政学说关注人、重视人,为后世学术所借鉴。我们不能忽视的是,孔孟的"仁爱"思想所提到的人,是一种宗法体制下的社会的具有等级约束的人,具体而言,是受到"五伦"所约束的人。"五伦"范型是具有超乎想象的稳定性,被后世所发扬,成为后世治理社会的伦理范型;同样也成为了束缚人们的工具。仁爱学说最终的形态是以性善为基础。孟子说:"人皆有不忍人之心""所以谓人皆有不忍人之心者,今人乍见孺子将入于井,皆有怵惕恻隐之心也。""非所以内交于孺子之父母也,非所以要誉于乡党朋友也,非恶其声而然也。由是观之,无恻隐之心,非人也;无羞恶之心,非人也;无辞让之心,非人也;无是非之心,非人也。"[1]孟子所说的"不忍人之心",实际上就是人性之"善"。"不忍人之心"的具体形态就是:恻隐之心、羞恶之心、辞让之心、是非之心。孟子进一步认为,人性之善是具有普遍性的,是每一个人都具有的品质。现在看来,世界人权进一步发展,要克服人权帝国主义的侵略性,"仁"与"人"同一进行考量,应该是一种有益的选择,实质是要强化人权的伦理基础。

---

[1] 《孟子·告子上》

第三篇
非洲、欧洲和美洲国家传统文化中的人权源头

The Source of Human Rights in Traditional Cultures of African, European and American Countries

作为人权源头的非洲传统精神和文化价值观念

African Traditional Spiritual and Cultural Values as Sources of Human Rights

Augustine Hungwe*

贾卓威 译

摘要：非洲的哲学宇宙论乃是建立在精神性规范、文化价值观以及人权三者之间存在共生关系这种观念的前提基础上的。这样的一种观念在历史久远且颇负盛名的非洲各种社会机制的实质及其背景之中也都得到了充分体现。这些非洲的社会机制，包括了乌干达的Ekika、卢旺达的Abunzi、苏丹的Judiyya、博茨瓦纳的Kgotla以及埃塞俄比亚的Gadaa等。简而言之，本文认为，非洲传统的精神和文化价值观乃是人权的重要来源。

一、乌干达的Ekika社会机制

根据Green的著作[1]，在乌干达，Baganda部族是至少45个部族之中最大的一支，它占到了该国3000万人口的18%并且颇具战略意义地生活在该国的中部地区。根据Kaufman的著作[2]，Ekika作为乌干达的一种社会机制，在过去的数百年的时间里（自从非洲的前殖民地时期），都在积极地发挥着推进和保护人权、维护社会正义、管控和解决冲突纠纷、维系群体和平安宁的重要作用。制度随着时间的推移，塑造并且形成了它的用户及其管理者。它们包含了维护以及安全机制，来确保其连续性。根据Green的说法[3]，作为Baganda的亲属制度，Ekika（亲属关系族群的单数形式）在乌干达是一种重要的社会机制。人们通过这一机制，以此来

---

* Mr. Augustine Hungwe is a research fellow of the Netherlands School of Human Rights Research.
[1] Green, E. D. (2010), *Ethnicity and nationhood in pre-colonial Africa: The case of Buganda*. Development Studies Institute, UK, London School of Economics.
[2] Kaufman, S. (2006), "Symbolic politics or rational choice? Testing theories of extreme ethnic violence", *International Security*, 30(4), pp. 45-86.
[3] Green, E. D. (2010), *Ethnicity and nationhood in pre-colonial Africa: The case of Buganda*, Development Studies Institute, UK, London School of Economics.

保护人权并且推进社会正义和社会和谐。Englebert注意到[1]，这种社会机制的管理者通常被称之为Bataka（宗族或亲属关系族群的领袖以及祖传土地的托管人），而其用户则被称之为Bazzukulu（被视为是其子孙后辈的宗族成员）。Kaufman认为[2]，在这一制度下，Mukago（血契）、Kisaakaate（圈地）、Kutawulula（纠纷解决）以及Kwanjula（介绍）是一些传统的做法，而通过这些做法，人权得到了保障，而社会正义也得到了推进。Fearon和Laitin则认为[3]，包容性的以及透明性的机制，对于缓和族群之间和族群内部投机取巧的问题、避免暴力的代价、获取和平的收益是必要的。在Baganda部族之中，这些做法作为一种公共过程起到了在成员之间解决冲突、推进和平的功能。这不仅在其本部族内部得到了适用，在他们与其他部族之间也得到了适用。而这些做法都是通过有良好组织和监督的社会政治结构来实现的。同时，这些做法之中的一部分还会持续存在下去，并会继续影响Baganda部族之中的各种社会政治关系。

在乌干达Baganda部族之间，按照Englebert的著作来看[4]，Ekika（亲属关系族群）是一个焦点。正是从这个焦点开始，族群社会组织以及随后建立的王国的政治架构也就开始出现了。Baganda部族亲属制度，因此也就为我们进一步发掘有助于推动和平和保护人权的非洲土著社会机制提供了有益的启示。

需要注意的是，Baganda部族是Ganda部落的一个成员。Ganda的意思是"捆"或"束"。Muganda是它的单数形式，而Baganda则是它的复数形式[5]，这也就指的是，整个族群的所有成员都是通过一个共同的祖先、一个共同的血统和一种共同的语言而共同捆束到了一起。"Bu"作为一个构词前缀，其意指Baganda部族成员所主张的Baganda州，这一主张已经存续了约400年的时间了。[6]而按照Kaufman的说法[7]，这个族群的名字来自于这一样一个类比，即一根树枝要比一捆树枝更易于折断，同时，如果越多的树枝聚合在一起，那么，它们也就更加

---

[1] Englebert, P. (2002), "Born-again Buganda or the limits of traditional resurgence in Africa", *Journal of Modern African Studies*, 40(3), pp. 345-368.

[2] Kaufman, S. (2006), "Symbolic politics or rational choice? Testing theories of extreme ethnic violence", *International Security*, 30(4), pp. 45-86.

[3] Fearon, Fearon, D. J. and Laitin, D. D. (1996), "Explaining Interethnic Cooperation", *American Political Science Review*, 90(4), pp. 715-735.

[4] Englebert, P. (2002), "Born-again Buganda or the limits of traditional resurgence in Africa", *Journal of Modern African Studies*, 40(3), pp. 345-368.

[5] Ray, B. C. (1991), *Myth, Ritual and Kingship in Buganda*, New York, Oxford University Press, p. 71.

[6] Englebert, P. (2002), "Born-again Buganda or the limits of traditional resurgence in Africa", *Journal of Modern African Studies*, 40(3), pp. 345-368.

[7] Kaufman, S. (2006), "Symbolic politics or rational choice? Testing theories of extreme ethnic violence", *International Security*, 30(4), pp. 45-86.

难以折断。因此，在Baganda部族之中，处理人权保护的问题和推进社会正义，其所采取的方法则是更加侧重于"保持树枝聚合在一起"。也正是因为这样，当地社会机制也就更多地侧重于人权侵害的预防，而其他的社会机制则试图确保全面和解、社会和谐与正义。而Ray则注意到[1]，每一个亲属关系族群就是"一捆"，这"一捆"则是由其彼此之间的相互联系能够上溯到一个共同的祖先、一个共同的血统的个人或是家庭来构成的。根据Englebert的著作[2]，依据古老的传说，Baganda部族则是由一个叫作Kintu的人所建立的，而他的家庭则也就是第一个亲属关系族群，同时他也是Baganda部族的第一任国王。这一神话和其他的神话在这一地区经常被提出或者被援引，进而产生一种集中的群体性的态度或做法，产生族群动员或是族群内部的监督管制[3]，以使得实现如下这些目的成为了一种必要，亦即：实现成员之间的和平和宽恕、维护族群的统一和团结，或是动员全体成员处理关涉到君主的任何威胁以及保护人权、推动社会正义与和谐等。

截至目前，共有52个亲属关系族群共同构成了Baganda部族，而其中的成员对于他们自己来说，则被称之为Baana ba Kintu，也就是Kintu的子孙后代。[4]每一个亲属关系族群则是与一个Muziro（图腾）相联系并且以一个Muziro来命名，这些图腾的形式，包括了动物、昆虫、植物、鸟类或者是鱼类。[5]没有任何一个亲属关系族群或是家庭能够主宰整个Baganda部族。如果可能存在这种情况，比如一个人的名字被用来描述整个族群，那么在这种情况之下，这个家庭就会宣称，在族群之中，其比其他的家庭更加优越。正是基于这样一种原因，在亲属关系族群之中，所有的个人和所有的家庭享有相同的成员资格和平等的成员地位。Faller则进一步观察到[6]，Baganda部族能够敏锐地注意到他们所存在的不平等情况以及成员相互之间的亲属关系，同时他们也能意识到他们的社会机制及其文化作为一个整体及其幸福安乐是在一定程度上围绕着这个国家所组织起来的。图腾依然保持着宗族内部平等和Baganda身份认同的强大标志。因此，按照Kaufman的说法[7]，Baganda部族不同的亲属关系族群以及君主制度动员

---

[1] Ray, B. C. (1991), *Myth, Ritual and Kingship in Buganda*. New York, Oxford University Press.

[2] Englebert, P. (2002), "Born-again Buganda or the Limits of Traditional Resurgence in Africa", *Journal of Modern African Studies*, 40(3), pp. 345-368.

[3] Kaufman, S. (2006), "Symbolic Politics or Rational Choice? Testing Theories of Extreme Ethnic Violence", *International Security*, 30(4), pp. 45-86.

[4] Englebert, P. (2002), "Born-again Buganda or the Limits of Traditional Resurgence in Africa", *Journal of Modern African Studies*, 40(3), pp. 345-368.

[5] Ibid, p. 360.

[6] Fallers, L. A. (1964), "Populism and nationalism: A comment on D. A. Low's 'The advent of populism in Buganda'", *Comparative Studies in Society and History*, 6 (4), p. 446.

[7] Kaufman, S. (2006), "Symbolic Politics or Rational Choice? Testing Theories of Extreme Ethnic Violence", *International Security*, 30(4), pp. 45-86.

其成员每年都会聚集在一起来祭祀他们的共同祖先、彰显他们共同的文化、纪念他们的兄弟之谊，并且借助这种形式来强化他们彼此之间的团结统一，以及他们对于保护人权、促进社会正义的宣誓和承诺。

按照Green的说法[1]，某一个亲属关系族群的首领被称为Mutaka（也就是Bataka的单数形式），而taka的意思则是指土地。因此，根据Green的著作[2]，亲属关系族群能够存续的条件在于它能够与Obutaka也就是祖传的土地相等同、相一致。Omutaka被视为是这片土地的保管人，这片土地则被相信是祖先诞生的土地或是祖先被埋葬的土地。与之相应地，Baganda部族的宗教则也是从这种观念之中发展出来的。按照这种观念，Lubaale是需要被崇奉的，而崇奉Lubaale的圣祠神龛也需要被建立起来。[3]在这里，Lubaale则是一种过去的Bataka的精神，这些过去的Bataka被视为很擅长于讨伐征战、家庭事务或是农业耕作。根据后世的Mutaka对于其族群的具体贡献，无论是否具有族群成员的资格，所有Baganda部族成员也都认可这种卓越和美德，都前往圣祠神龛去祭拜，并且祈求得到他的精神的祝福。因此，Kaufman注意到[4]，Baganda部族中的宗教并不是区分、割裂开来的，而是根据这样一种信仰而建立的，亦即：来自不同亲属关系族群的过往的Bataka在生活、生命的不同领域、不同方面都作出过贡献。因此，他们的精神指引也一同被召唤、被需要，以使得所有的成员实现一切功能，把"捆"集聚在一起并保卫他们的王国。

一个亲属关系族群代表了一个大家庭，而这种家庭的结构是通过一个族长的世系，分层次地构建起来的。按照Green的说法[5]，如下的顺序是自下而上的：

(1) Nnyumba（由父亲领衔的家庭，包括了直系亲属）

(2) Luggya（由父系祖先领衔的宅地，包括直系亲属）

(3) Mutuba（宅地相互联系的大族群）

(4) Lunyiriri（父系）

(5) Ssiga（父系家族）

(6) Kasolya（由Omutaka领衔的亲属关系族群的顶点）

---

[1] Green, E. D. (2010), *Ethnicity and Nationhood in Pre-colonial Africa: The Case of Buganda*, Development Studies Institute, UK, London School of Economics.

[2] Ibid, p. 10.

[3] Ibid, p. 12.

[4] Kaufman, S. (2006), "Symbolic Politics or Rational Choice? Testing Theories of Extreme Ethnic Violence", *International Security,* 30(4), pp. 45-86.

[5] Green, E. D. (2010), *Ethnicity and Nationhood in Pre-colonial Africa: The Case of Buganda*, Development Studies Institute, UK, London School of Economics.

Green观察到[1]，在最高的层面上，所有的亲属关系族群都在Olukiiko Lw'Abataka（Bataka大会）之中有代表。涉及婚姻、遗产继承、通奸行为、婚前性行为、扒窃、入室盗窃、诬告以及其他不满或是冤情的社会不平等问题，正是通过这些社会结构得以解决。

尽管成员广布、人数众多，族群之内的监督管制是这个结构之中非常显著的一个特征，同时它也为预防冲突的发生，强化世系联系，保持文化的传承、完整性以及良好的道德风尚，发挥了重要的作用。族群之中一个成员的成就或者是耻辱都会作用到整个亲属关系族群。当一个成员有所成就的时候，家庭或是亲属关系族群不得不参加庆功活动；而当一个成员蒙受耻辱的时候，家庭或是亲属关系族群也都不得不强制执行由长者们做出的判决或是处罚。这也并不考虑一个人在社群之中的地位或是身份。个体成员被鼓励去拥有财产、在各个方面去追求成功并且拥有令人尊敬的事业，因为这将有利于亲属关系族群的共同地位。也正是因为这个原因，受辱的个体至少可能会被驱逐或流放。与之相反，族群成员也能够否定他们的亲属关系族群，要求融入其他的亲属关系族群，尤其是当Bataka对族群的首领表达不满的时候。

因此，为了保护和推动人权和社会正义，Baganda部族发展出了一系列的方法和措施。而那些最出名最值得注意的举措，如下所述。

二、Kwanjula方式（介绍）

按照Dykstra的说法[2]，在Baganda部族之中的Kwanjula（介绍）这一方法的使用，包含了对某一成员的亲属关系族群的结构的详细阐释。这包含了在每一个社会层面上都要述及族群首领的名字。尤其是当一个具有传统权威的职位的设置以及非家庭成员的接纳进入到Baganda部族家庭之中的时候，这项功能宣示了祖先的起源以及世系。举例来说，就婚姻而言，根据Green的说法[3]，在一个特殊的也是被称为Kwanjula的仪式上，夫妻双方向他们各自的姻亲来介绍他们的家庭成员。夫妻各方的代表详细阐释他们的直系亲属以及远房亲属关系族群世系（Kulanya），以此来澄清各自的图腾、亲属关系族群以及祖先的起源。通过这种做法，在族群的首领和属民之间、配偶双方和他们各自的姻亲之间，以及他们的大家庭之间，都创造了一种特殊的关系。这种做法也预示着不同亲属关系族群的家庭最终结合到了一起，而

---

[1] Ibid, p. 18.
[2] Dykstra, P. A. et al. (2006), *Family Relationships: The Ties that Bind—A Sociological and Demographic Research Program 2000-2006*, The Hague, Netherlands Interdisciplinary Demographic Institute.
[3] Green, E. D. (2010), *Ethnicity and Nationhood in Pre-colonial Africa: The Case of Buganda*, Development Studies Institute, UK, London School of Economics.

这也被视作是社会凝聚力的关键性的决定因素之一。[1]

　　Coser认为[2]，社会机制所提供的安全阀能够保护人权并且推动社会正义和和谐。确实，Englebert则也认为[3]，在Baganda部族之中，在一个成员自己的亲属关系族群之内的婚姻则是一种禁忌；而Kwanjula作为一种安全阀，尤其起到了重要作用。它决定了配偶双方不能使得他们各自的家庭在其各自的亲属关系族群之间的婚姻而蒙受羞辱，同时，它也推动了其各自的亲属关系族群的文化和归属感聚合在一起形成"捆"。通过这样一种方式，这种做法通过它们各自成员之间的婚姻，成为不同家庭与亲属关系族群互不侵犯并且能够和平共存的一项承诺和宣誓。亲属关系族群之间的暴力以及其他形式的冲突，在公开场合依旧罕见甚至是闻所未闻，因为，这预示着对于这种纽带关系的侵害同时也因此会使得族群成员蒙羞。在使得个人的利益屈从于家庭和族群利益的意愿被配偶双方表达出来的过程之中，统一性的关系则也被创造了出来。

　　Dykstra认为[4]，Kwanjula的影响，在冲突之后Baganda部族家庭的经验之中变得更加明显。作为独立之后乌干达政权变动之显著特征的内战，其导致了众多的家庭失去了家长，或是没有得到任何直接的帮助而遭到遗弃，同时，大量的孤儿被迫与他们的大家庭生活在一起。作为Baganda部族家庭收入的传统来源，土地变得越来越匮乏，因为许多人从其他的地区迁徙到了中部这样一个更加发达和安全的地区。按照Dysktra的说法[5]，在这样一些时候，与大家庭的接触以及联系经常通过Kwanjula仪式被建立起来，而这样一些Kwanjula仪式所带来的生活和工作的安排，则为相关成员提供了帮助和福利。像是土地或是用于创业的资金，这些都是共享的，而最为常见的福利则是对大家庭成员医疗的资金扶助以及对孤儿教育的资金扶助。因此，Englebert指出[6]，Kwanjula所带来的纽带关系，扩大了部族成员缓和亲属冲突以及保护人权的机会，同时也创造了一个支持性的网络来为遭受了暴力以及其他任何形式的侵害的成员提供安全阀。即使是夫妻双方离婚，家庭成员依然会从这一纽带关系之中获益，并且会以同样的尊重来对待对方。

---

[1] Dykstra, P. A. et al. (2006), *Family Relationships: The Ties that Bind—A Sociological and Demographic Research Program 2000-2006*. The Hague, Netherlands Interdisciplinary Demographic Institute, p. 4.

[2] Coser, A. L. (1956), *The functions of social conflict*. New York, The Free Press, pp. 36-48.

[3] Englebert, P. (2002), "Born-again Buganda or the Limits of Traditional Resurgence in Africa", *Journal of Modern African Studies*, 40(3), pp. 345-368.

[4] Dykstra, P. A. et al. (2006), *Family Relationships: The Ties that Bind—A Sociological and Demographic Research Program 2000-2006*, The Hague, Netherlands Interdisciplinary Demographic Institute.

[5] Ibid, p. 35.

[6] Englebert, P. (2002), "Born-again Buganda or the Limits of Traditional Resurgence in Africa", *Journal of Modern African Studies*, 40(3), pp. 345-368.

实际上，Dykatra注意到了[1]家庭关系能够跨越空间和社会分野而持续。在Baganda部族之中，家庭则包括了来自于多个亲属关系部族和部落的成员，这些成员彼此联姻或是决定接受Baganda部族的文化和语言。按照Dykstra的说法[2]，丈夫和妻子来自于两个不同的亲属关系部族或是部落将他们的直系亲属和远房亲戚视为一个家庭，这往往通过Kwanjula来缔结形成。

三、Kisaakaate方式（圈地）

根据Green的著作[3]，Kisaakaate（圈地）是一块围墙封闭的村庄地方，而这块地方传统上则是由Omutaka和/或Omutongole（国王所任命的村庄首领）来管理的。每一个村庄都要求拥有一块Kisaakaate作为实际的或是象征性的地方，在完成其他各种服务职能过程中，推动和平共处、人权、社会正义。Baganda部族则是通过这一地方来维持他们的统一以及与非Baganda的部族保持和平。参与者则包括了来自不同亲属关系族群的成年人和儿童，他们来到这里学习Baganda的文化和历史。他们在这里接受领导能力的训练，并且获得能够服务他们的家庭、族群以及王国的各种技巧。村庄首领也会进行模拟审判来学习，以使得自己能够像法官那样高效工作。

Dykstra观察到[4]，这种方式为亲属关系族群的所有成员都提供了一个指标或价值系统，他们能够通过Kisaakaate来获取其提供的各项服务。训练过程中所表现出来的能力，决定了其参与者在完成之后在社会中所扮演的角色。按照Green的观点[5]，这种方式有助于促进社会和谐，减轻因排斥个人成员的个人发展机会而产生的冲突，而其个人的成功或失败也都是族群所有成员所共同分享或者承担的。任何一个能够在处理公共事务过程之中表现出卓越能力的参加者，都将会由Omutongle或Omutaka推荐给Bataka以被赋予一个负责任的岗位。被认可、遴选和任命以服务于Bataka的前景和预期，这是以一个人的能力为基础的，而并不考虑其亲属关系族群。宗教或地位则是一个强有力的激励性因素，以此来推动参与者之间的协

---

[1] Dykstra, P. A. et al. (2006), *Family Relationships: The ties that bind—A Sociological and Demographic Research Program 2000-2006*, The Hague, Netherlands Interdisciplinary Demographic Institute.

[2] Ibid, p. 21.

[3] Green, E. D. (2010), *Ethnicity and Nationhood in Pre-colonial Africa: The Case of Buganda*, Development Studies Institute, UK, London School of Economics.

[4] Dykstra, P. A. et al. (2006), *Family Relationships: The ties that bind—A Sociological and Demographic Research Program 2000-2006*, The Hague, Netherlands Interdisciplinary Demographic Institute.

[5] Green, E. D. (2010), *Ethnicity and Nationhood in Pre-colonial Africa: The Case of Buganda*, Development Studies Institute, UK, London School of Economics.

调和合作。[1]这些被认为是领导者必须具备的强大素质和必要素质,能够促进社会和谐和保护人权。

四、Mukago方式（血契）

按照Kaufman的说法[2],Mukago（血契）是一项传统方法,通过这种方法,来自不同家庭或是亲属关系宗族的个体在他们之间建立了一种不考虑他们信仰或地位的家庭纽带。这种方式既象征了一个具有一生拘束力的相互支持的保证,同时也象征了对非侵略性和开放性、社会和谐和正义的承诺,而所有这些则是建立在缔约方的爱与信任的基础之上。按照Green的说法[3],要是想缔结这种血契,缔约方需要碾碎咖啡豆。每一方各取一粒咖啡豆并且将各自的血涂抹在豆子上,血则是从他们脐部的小切口处取得。然后,每一方当事人会吃掉涂有对方血液的豆子并以此来封印订约。这一约定则被视为是半神圣性的并且牢不可破的,同时,它也没有被书面记录,因为信任被认为是最为重要的。[4]一旦缔约结束,未来的所有的子孙后代都会承继这一血契。缔约双方个人或是家庭的子女也因此有义务来履行所有相关的责任。以这种方式,血契推动了Baganda部族内部的社会和谐、团结统一和社会正义。

五、Kutawulula方式（纠纷解决）

按照Kasaozi等人的说法[5],Kutawulula（纠纷解决）是在Kitawuluzi（具体的或是象征性的地方）所采取的一种方法,在这里,导致社会不和谐、社会不公正或是冲突的各种事项都会被分析研究,同时,争端的当事方会通过和解而重归于好。这种做法从打斗中的两个人那里引申出了意义：Kasaozi等人注意到[6],在Baganda部族之中,任何一个接近于两个打斗的两个人的另一个人不仅仅会介入到这两个人的打斗之中,会分开他们并且竭力阻止暴力斗殴,此外他还会更进一步问这两个人,在双方之间通过对话寻找到一个解决方案。Kitawuluzi,正是一种非常特殊的方法,来处理和解决社会不公正以及社会冲突,并且来进行讨论以求在其发生的地方找到一个解决方案。

[1] Horowitz, D. (1985), *Ethnic groups in conflict*, California, University of California Press, p. 598.
[2] S. (2006), "Symbolic Politics or Rational Choice? Testing Theories of Extreme Ethnic Violence", *International Security*, 30(4), pp. 45-86.
[3] Green, E. D. (2010), *Ethnicity and Nationhood in Pre-colonial Africa: The Case of Buganda*, Development Studies Institute, UK, London School of Economics.
[4] Kasozi, A. B. K., Musisi, N. and Sejjengo, J. M. (1994), *The social origins of violence in Uganda, 1964-1985*, Canada, Queens University Press.
[5] Ibid, p. 2.
[6] Ibid, p. 6.

就像这样，Green还观察到[1]，牵连到某桩纠纷的个人、家庭或是族群会找到村庄首领或是被邀请到Kitawuluzi来进行一场或一系列的环节，来讨论影响他们自己以及他们关系的各种事项。接受参与这种方式则表明了当事双方一旦开启就会参与这一进程并且直到找到一个解决方案的意愿。从这个角度来看，这一进程类似于Saunders所阐释的Sustained Dialogue（持续性对话）。[2]持续性对话作为"一个变化的过程"，在这个过程之中，"人们定期地回到桌前讨论并且相互倾听，他们深度思考彼此的认知、冲突情况并探寻他们关系之中的复杂性。"在这两个过程之中，社会不公正和社会冲突的解决主要取决于这一进程的运作灵活性，以便有足够的时间、空间进行倾听和交流，使双方之间的关系和观念得到改变。

在Baganda部族之中，按照Kasozi等人的说法[3]，Baganda王国全部18个Masaza之中的每一个Muluka（教区）都有一个Kitawuluzi，它由Owomuluka来管理。一些作者将其指称为"村庄首领的法庭"。[4]在亲属关系族群的系统之中，Kisekwa是由Bataka设立的仅仅处理亲属关系族群争议的最高法庭。事实上，Kasozi等人注意到[5]，Katikiro（Baganda部族政府的首脑）乃是王国处理人权和社会公正等问题的最高级的政治机构。Baganda部族的君主通过亲属关系族群来获得其权威，而涉及到亲属关系族群及其首领的人权侵犯、社会不公正或是冲突等问题也都会由Kisekwa独家私下处理解决。而这不同于传统上通过Kitawuluzi作为首选法院在地方层面所解决的日常冲突。

按照Green的说法[6]，只有当每一方当事人都有机会对争议提起诉讼，并且也还得到了所有当事人不间断的聆听，Kutawulula才算是成型。在这一过程之中，证人被允许介入，但其仅仅是在补充分析、澄清争议或是建议解决的环节才能够介入，而不被允许在做出判决的时候介入。Kasozi等人还注意到[7]，Omutongle将其作为一个透明的公共程序来调节其中参与各方

---

[1] Green, E. D. (2010), *Ethnicity and Nationhood in Pre-colonial Africa: The Case of Buganda*, Development Studies Institute, London School of Economics.

[2] Saunders, H. H. (1999), *A Public Peace Process: Sustained Dialogue to Transform Racial and Ethnic Conflicts*. New York, St. Martin's Press, p. 65.

[3] Kasozi, A. B. K., Musisi, N. and Sejjengo, J. M. (1994), *The social origins of violence in Uganda, 1964-1985*, Canada, McGill Queens University Press.

[4] De Coninck, J. and Drani, E. (March 2009), *Culture and Social Protection for the very Poor in Uganda: Evidence and Policy Implications*. Chronic Poverty Research Centre and the Cross-Cultural Foundation of Uganda, Working Paper No. 140, p. 14.

[5] Kasozi, A. B. K., Musisi, N. and Sejjengo, J. M. (1994), *The social origins of violence in Uganda, 1964-1985*, Canada, McGill Queens University Press.

[6] Green, E. D. (2010), *Ethnicity and Nationhood in Pre-colonial Africa: The Case of Buganda*, Development Studies Institute, London School of Economics.

[7] Kasozi, A. B. K., Musisi, N. and Sejjengo, J. M. (1994), *The social origins of violence in Uganda, 1964–1985*, Canada, McGill Queens University Press.

的相互作用。在这样一个公共程序之中，当事人并不是仅仅宣示自己的冤情，同时，他们还为人权侵犯、社会不公正等事由的解决提供建议选项，此外，他们还要对另一方当事人表示宽恕，同时他们还要在解决方案达成之后表示对这一解决方案的恪守和遵循。根据De Coninck和Drani等人的说法[1]，这样一种Kutawulula的聚集，也被视作是一种人权和维和的循环，即利用社会公正机制在乌干达当地的社群之中解决人权侵害、社会不公以及社会冲突等问题。而按照Kasozi等人的说法[2]，Batongole (Omutongle的复数形式) 负责通过这一个过程来处理和解决每一个村庄发生的人权侵害等问题。

实际上，Green也注意到[3]，Kutawulula的方式也类似于在乌干达西部地区的在Ankore部族之间所采用的Ekyoto（火点）方式。村庄长者选择一处中立地点，这通常是他们都很尊重的一家，然后在混合物之中点燃火种，以示影响社群的问题必须得到处理。纠纷的当事方会被邀请和长者围绕篝火坐在一起，同时来讨论争端事项。通常而言，这一过程会从晚上开始，并且历经整个一个夜晚，直到达成了解决的方案。在这两种情况下，首领决心找到解决办法，各方准备就绪之后，并且承诺所有人都会留在这一中直到找到解决方案，而一旦达成解决办法，各方就很难再恢复到同样的冲突状态之中。

六、卢旺达的Abunzi社会机制

根据Doughty的著作[4]，当我们谈论到卢旺达人权保护以及社会公正和冲突解决的内生性的机制的时候，Gacaca法庭在文献和政策之中显然具有重要地位。Doughty还注意到[5]，Gacaca法庭于2010年结束了它对种族灭绝案件的听证，现在所遗留的则是Gacaca法庭司法进程报告的最终定稿。正如卢旺达持续其冲突之后的重建进程，并且还寻求持续性和平一样，这个国家不得不努力克服这样一种现实，亦即冲突是不可避免的、冲突是社会现实的永久特征。而按照Doughty的说法[6]，承载着用本土化方式来保护人权、推进社会公平、解决冲突纠纷的议程，卢旺达政府通过了第31/2006号组织法，这部法律承认了Abunzi或是当地协调人在处

---

[1] De Coninck, J. and Drani, E. (March 2009), *Culture and Social Protection for the very Poor in Uganda: Evidence and Policy Implications*, Chronic Poverty Research Centre and the Cross-Cultural Foundation of Uganda, Working Paper No. 140, p. 14.

[2] Kasozi, A. B. K., Musisi, N. and Sejjengo, J. M. (1994), *The social origins of violence in Uganda,* 1964-1985, Canada, McGill Queens University Press.

[3] Green, E. D. (2010), *Ethnicity and Nationhood in Pre-colonial Africa: The Case of Buganda*, Development Studies Institute, UK, London School of Economics.

[4] Doughty, K. C. (2011), Contesting Community: "Legalized reconciliation efforts in the aftermath of genocide in Rwanda", available: http://repository.upenn.edu/edissertations/333, accessed 20 October 2016.

[5] Ibid, p. 8.

[6] Ibid, p. 14.

理人权保护、推动社会公平以及解决纠纷、处理犯罪等过程之中的重要作用。Abunzi有权处理当今卢旺达境内所发生的民事或刑事案件，因此，种族灭绝案件实际上不在Abunzi的管辖范围之内。按照Doughty的说法[1]，正像Gacaca一样，Abunzi方式正是受到了卢旺达传统社会机制的启发，而这些机制则鼓励其通过本土能力来保护人权、推进社会公平、化解纠纷冲突。

Doughty注意到[2]，在2000年以后的时间里，卢旺达政府致力于普及Abunzi体系，这是基于分散公正的目标，使得公正更容易实现、更能够负担。更进一步来说，它将这一机制设想为一种修复机制，它能够帮助卢旺达民众解决纠纷冲突、人权侵害以及社会不公等问题，而无须诉诸诉讼途径或是其他报复性措施。Doughty认为[3]，在Abunzi和现代正式的卢旺达法院系统之间，Abunzi体系对于帮助减少案件积压具有潜在的增效。

1994年卢旺达大屠杀之后的二十年时间里，卢旺达被视为在着手从事一场规模宏大的冲突之后的重建和治愈的进程。在2003年，一部新的宪法得以通过，由此，卢旺达的发展规划也进一步得到了明确。随着卢旺达经济的增长和法治的恢复，努力复原和和解的努力也正在进行，而这些努力得到了回报。卢旺达是一个非常突出的值得研究案例，这一案例关涉到了学术上的、政策上的以及设区实践层面的冲突之后的重建。[4][5]在卢旺达的和平重建工作，已经着手去解决侵犯人权、社会不公正和矛盾冲突的深层次的源头问题，同时，它们也致力于使得族群得到和解、在卢旺达人之间建立信任等。Gacaca法庭被建立，并且为大约150万件种族灭绝案件的可问责性问题开辟了道路。[6]Gacaca法庭致力于审理从1990年10月至1994年12月期间所发生的种族灭绝罪行、反人类罪行的案件。随着2010年Gacaca法庭听证阶段的结束以及对这一机制的实证性考察，卢旺达政府已经将传统的保护人权、推进社会公平和解决纠纷冲突的方式方法，在其法律框架之内进行了机构化和制度化运作。该政府这种做法的合法性基础在于这种方式能够确保社群在诉诸正式的法院系统之前被赋权来解决它们所面临的问题。而这种途径正是通过推广各种各样的社会机制来实现的，这也包括了Abunzi这样一种能够促进社会公平并且保护人权的卢旺达传统社会机制。

---

[1] Ibid, p. 20.
[2] Ibid, p. 32.
[3] Ibid, p. 45.
[4] Dunne, J. P. (2006), "After the Slaughter: Reconstructing Mozambique and Rwanda", *The Economics of Peace and Security Journal,* 1(2), pp. 35-46.
[5] Clark, P. and Kaufman, Z. D. (2009), *After Genocide: Transitional Justice, post-Conflict Reconstruction and Reconciliation in Rwanda and Beyond,* New York, Columbia University Press.
[6] Ibid, p. 52.

按照Dunne的说法[1]，从字面含义上来翻译，Abunzi的意思其实是"那些从事调解工作的人"。在卢旺达，Abunzi并不必须是试图解决当事人之间纠纷的首选的或者是最终的机制。在一些情况下，按照Dunne的说法[2]，一些当事人找到Abunzi解决纠纷，是因为他的案件在家庭层面的InamaY'umuryango或是村庄层面的Umudugudu败诉了，因而也就不能彻底地解决纠纷。

按照卢旺达宪法第159条的授权以及第31/2006号组织法和随后的第02/2010/OL号组织法对于Abunzi调解委员会职能、权限和管辖权的规定，Abunzi则是被定义为一个提供强制性调解框架的机构，而强制性的调解，则是在一个案件被提交到初级法院之前进行的。从实质层面来说，按照Clark和Kaufman的说法[3]，组织法的相关条款则是这样规定的，尤其是当争议的财产价值低于300万卢旺达法郎的时候，正规的法院系统被视作是上述法院，它们不会处理不经Abunzi处理或是裁决的争端。

除此之外，Clark和Kaufman也注意到[4]，尽管调解上诉存在于区域的层面，但是Abunzi协调人却主要在非常小范围的层面上存在。Clark和Kaufman[5]强调两种Abunzi调解委员会，一种被称为调解委员会，它的管辖权仅限于非常小的范围之内，另外一种则被称为Abunzi上诉调解委员会，它的管辖权则是在区域的层面。Abunzi由12名志愿者组成（加上3名替补成员），它被正式建立在司法部之下，同时也受到地方政府部的行政监督。所有的Abunzi成员必须是这一小范围之内的居民。Clark和Kaufman同时也指出[6]，Abunzi调解委员会的成员，在他们担任调解人的过程当中，不得在社群之内担任任何政府管理部门的职务。按照Clark和Kaufman的说法[7]，Abunzi委员会是由一个由包括主席、副主席和秘书在内的机构领导。主席和副主席由Abunzi委员会选举产生，而Abunzi的秘书同时也是这一小范围内的秘书。

除此之外，按照Dunne的说法[8]，卢旺达宪法对于任何治理机构都非常重视，包括Abunzi在内，成员必须由至少30%的女性构成。同时，Abunzi调解委员会也被寄予希望能够由擅长调解技巧的人士组成，就像它的同类机构Gacaca法庭中的Inyangamugayo一样。这种小范围的理事会选举产生Abunzi的组成人员，它的成员任期是两年，到任之后可以重新选举。这种选

---

[1] Dunne, J. P. (2006), "After the slaughter: reconstructing Mozambique and Rwanda", *The Economics of Peace and Security Journal*, 1(2), p. 35.

[2] Ibid p.38.

[3] Clark, P. and Kaufman, Z. D. (2009), *After Genocide: Transitional Justice, post-Conflict Reconstruction and Reconciliation in Rwanda and Beyond,* New York, Columbia University Press, p. 22.

[4] Ibid, p. 26.

[5] Ibid, p. 30.

[6] Ibid, p. 32.

[7] Ibid, p. 46.

[8] Dunne, J. P. (2006), "After the slaughter: reconstructing Mozambique and Rwanda", *The Economics of Peace and Security Journal*, 1(2), p. 40.

举制度的设计是为了给予所有适格的社群成员在Abunzi服务任职的机会，同时也防止Abunzi的成员骄傲自满、产生偏见或发生腐败。Dunne指出[1]，当在案件进行实质性调解的过程之中，3名Abunzi的调解人会审理并解决纠纷。在调解的第一环节当中，每一方当事人都会从12名调解人之中选择出1名调解人，而第3名调解人则是由前两名已经选择好的调解人选择出来的。由此，调解小组宣告成立。

按照Dunne的说法[2]，在他们正式履行职责之前，每一位Abunzi调解人都必须在本地居民以及这个小范围的协调人的面前进行宣誓。宣誓内容包括"遵守宪法和其他法律"以及"自觉履行代表卢旺达全体人民的职责而不得带有任何歧视行为"，还有"促进对自由和全人类的基本权利的尊重以及维护卢旺达人民的利益。"[3]在宣誓的过程之中，调解人还要承诺，若是未能兑现誓言，那么"我可以面对法律的严峻考验。"[4]

除此之外，按照Dunne的说法[5]，Abunzi能调解家事案件，包括亲子关系、婚姻继承以及标的额不超过三百万卢旺达法郎的继承事宜。事实上，卢旺达政府一直在推动建立地方冲突转型机构，并且还以此作为作为更广泛的和解议程的一个组成部分。在1994年之后设立的司法机构，例如Gacaca法庭以及Abunzi都被视作是对1994年种族屠杀的一种回应，通过这类机构的设立，政府以此巩固其共同的策略来实现和平的恢复并且推进和解。从政府机关到市民社会，再一直到基层草根设区，和解已经成为卢旺达人民的一个强有力的叙事。考虑到这个国家紧随种族灭绝而来的悲催的过去，无须讶异的是，任何与国家建设、体制建设和重建有关的计划都与和解议程相联系。卢旺达政府承认种族灭绝对卢旺达社会造成的社会的、心理的和情感方面的影响，包括社会纽带关系的解体，因此，政府提出了"弥合社会内部裂痕和医治受种族灭绝折磨的人的创伤"的既定目标。[6]

就卢旺达而言，分散的法庭以及国家授权的争议解决方式，由于它们的重复性、象征性和程式化的性质[7]，这些都被视为"社会治愈的场所"。Comaroff兄弟则认为[8]，这种本土化

---

[1] Dunne, J. P. (2006), "After the slaughter: reconstructing Mozambique and Rwanda", *The Economics of Peace and Security Journal*, 1(2), p. 35.

[2] Ibid, p. 40.

[3] Ibid, p. 42.

[4] Ibid, p. 44.

[5] Ibid, p. 46.

[6] Ndangiza F. (2007). Social Cohesion in Rwanda: An Opinion Survey, Kigali: National Unity and Reconciliation Commission, p. 1

[7] Doughty, K. C. (2011), Contesting Community: *Legalized Reconciliation Efforts in the Aftermath of Genocide in Rwanda*, available from: http://repository.upenn.edu/edissertations/333, accessed October 24, 2016.

[8] Comaroff J. L, Comaroff. J. (Eds.). (1999), *Civil Society and the Political Imagination in Africa: Critical Perspectives*, Chicago, University of Chicago Press.

的法庭具有培育创造性张力以及变革性实践的能力，因此，这使得卢旺达能够朝着一个更加稳定的和平景象来重塑自己的未来。例如，Gacaca法庭以及Abunzi调解机制已经在一些社群运行了很长的一段时间，它甚至是在殖民地时代之前就存在了。也正是由于他们长期不断进化出来的这些特性，卢旺达传统的纠纷解决方法最终形成了交往的实践，并且通过以下方式对社会互动产生了影响，这包括修补受损的关系、建立新的纽带关系，弥合社会分歧，并且最终恢复受到破坏的社会组织结构。而这些则通过Abunzi的调解成为可能。比如，它正是通过社群的成员来领导这一进程，决定具体的方法和进路，达成协议结果，并且确定最终的方案。也正是因为如此，这一系列的进程为最终的和解的实现铺平了道路。

与这样的一种情况相反，卢旺达政府不仅仅建立了Gacaca法庭以及Abunzi调解等机制并以此作为关系恢复的工具，同时，政府还建立其他的国家机构，比如1991年建立的被授权来全面实现和解这一理念的"民族团结和和解委员会"等。从委员会建立的伊始，该和解委员会就在各种不同的社群围绕团结和和解的主题，组织会议、展开咨询、举办培训项目、进行研究等。

Abunzi方式可以被贴上"草根正义"的标签，因为它们是卢旺达政府全部举措之中的一个组成部分，这些举措是为了使得每一个层面上的公民都可以获得公正。在2003年，卢旺达宪法采取了一个更为广泛的全国性的权力下放以及去中心化的项目，因此，地方政府部也能够得以建立。权力下放和分权的目的在于允许公民参与到计划以及管理其自身发展的进程之中。Abunzi方式并不是唯一得到了卢旺达政府授权实现司法去中心化和其他公共服务去中心化的地方性机构。相反，Abunzi系统处于无数的权力下放的举措之中，其他还包括了Gacaca法庭在内的社群发展以及其他司法举措、Umudugudu（村庄）、Ingandos（团结营）以及其他相当现代化的司法体系等。

在种族灭绝之后的时间里，卢旺达政府乃试图通过改革司法系统以及对当地冲突纠纷解决机制的机构化和制度化来强化公民之间的团结与和解，这包括了Gacaca法庭的设立和Abunzi调解机制的设立等。Abunzi机制是这种机构化和制度化结构的一个组成部分，而这种结构被创造出来，其目的是为了确保每一个人能够迅速地、普遍地、实惠地、方便地获得有品质保证的公平正义。Abunzi机制的设立，其与国家司法部的目标相一致，也就是推进公开透明、推进问责制度、推进调解制度、推进团结统一以及加强和解机制并且维护法律和秩序。Abunzi机制选任的调解人都是那些生活在他们工作的社群里面的人，因而他们也就更能接近冲突的影响。他们能够接触到普通群众，同时也能够更好地理解矛盾冲突细微变动。因此，Abunzi机制也能够更好地被卢旺达人民所理解和感知。

Abunzi机制，同时也是一种环境敏锐型的机制，它能够满足许多卢旺达人民对于公平正义的需求。土地纠纷往往是诉诸Abunzi方式解决的最为常见的案件，这显然也反映出土地对于卢旺达人民是何等重要。大约90%的卢旺达人依靠农业为生。[1]当不同类型的土地权利与土地本身发生冲突的时候，土地纠纷就爆发出来。除此之外，卢旺达的土地纠纷往往还与1994年种族灭绝之后的政权更迭相联系，尤其是伴随着卢旺达爱国阵线的胜利，大批图西族难民又回到了卢旺达，土地纠纷更加频繁。返回者与旧居民之间发生冲突，这非常普遍。可以说，这种冲突其具有一种种族的维度，因为回归者往往都是图西族人，而旧居民往往都是胡图族人。然而，政府也已经制定了一项政策，尽管这项政策并不能够防止土地纠纷的发生，但是这项政策规定土地由返回者和旧居民共同享有。卢旺达政府还在土地领域施行Umudugudu政策，这实际上也就意味着"集中解决"。Umudugudu是一种重新安置的方案，这一方案从1996年由政府开始实施，其目标在于整合土地并且最终解决土地纠纷和冲突。[2]

据美国国际开发署的一份报告显示[3]，土地买卖经常会引发家庭成员之间对于土地所有权的冲突。同一份报告指出，在绝大多数情况之下，卢旺达的土地纠纷都会提交给Abunzi机制来解决，这其中也包括妇女主张土地权利的案件。而这些案件往往因为贫困、父权制、一夫多妻制、继承、离婚以及非正式婚姻等因素而变得非常复杂。除此之外，新出台的保护妇女土地权利的法律似乎也激化了家庭之间的土地冲突。在Abunzi的职权范围之内，这些协调人甚至可以审理有关性侵犯的案件。尽管这些性侵犯的案件或是强奸案被认为需要向警方报告，这些调解人依然可以在这些敏感事项当中发挥一定的作用。2010年的组织法授权Abunzi可以对一些受害者害怕举报施暴者的案件展开调查；但尽管如此，Abunzi仍然需要向有关部门进行报告。

正如Gacaca法庭一样，Abunzi协调人机制，其设计的初衷在于使关系得到修复并且最终促成一种社群感的形成。Abunzi机制也正是运用协调这一途径来解决纠纷冲突。Abunzi机制的两种不同的调解过程及其结果，其预期都是为了反映调解和恢复而不是为了报复报应。2010年的组织法禁止Abunzi调解人做出惩罚性的裁决。由于这一机制侧重于对非对抗性的技巧的强调，因此，这一方法被视为有助于纠纷当事人达成和解。

除此之外，Abunzi机制所采用的本土化的调解方法，其鼓励合作双赢的正和思维方式利

---

[1] United States Agency for International Development (USAID) (2008), "An Assessment of Local Resolution of Land Disputes in Two Pilot Areas: Kabusshinge and Nyamugali Cells", Rwanda, 2008, available from: http://pdf.usaid.gov/pdf_docs/PNADM807.pdf, accessed October 25, 2016.

[2] Government of Rwanda (2005), *Ministry of Local Government, Good Governance, Community Development and Social Affairs Decentralised Government Reform Policy*, August 2005.

[3] United States Agency for International Development (USAID) (2008), "An Assessment of Local Resolution of Land Disputes in Two Pilot Areas: Kabusshinge and Nyamugali Cells", Rwanda, available from: http://pdf.usaid.gov/pdf_docs/PNADM807.pdf, accessed October 28, 2016.

于最终和平地解决争端。寻求一种双赢的纠纷解决方式,这往往意味着在较短的时间之内就处理这些案件,因为在如此短的时间所提供的空间非常有限,而如此有限的空间不会使纠纷冲突变得难以解决。即使是在调解人的决定被争端当事人提出了上诉的情况下,正式的法院在大多数时候还是会遵循Abunzi机制所给出的建议和意见,因为它们被认为是可以信赖的;其最终的结果是,对本土化调解机制的依赖,减少了与正式司法系统相关联的成本费用。

尽管Abunzi这种调解机制其并不完美,但至少它可以确保人们能够及时地获得公平正义。如果现代法院系统独自运作,而没有这些去中心化、去权力化的法庭来辅助支持,那么,很有可能出现的情况就是很多卢旺达人会从正规的司法系统之中被边缘化或者是被剥夺相关的权利。

Abunzi调解受到法律的指引,同时,争议双方的当事人对于调解人的选择也是公开透明的。这一过程在很大程度上被视为与填补正义空白一样公正和重要。此外,围绕着Abunzi和Gacaca这一过程的文化叙事和神秘主义也迫使人们充分利用这一机制,因为人都是文化回应型的主体存在。

Abunzi机制,填补了正式法院系统所留下的空白,同时也确保当地人能够及时地获得普遍的公正。正像它的同类解决方式Gacaca法庭一样,Abunzi调解委员会把公平正义带到了草根基层,这使得社群成员可以参与到公平正义的分配活动当中,无论这种参与是象征性的又或者是实际性。尽管Abunzi调解的功能及其管辖权都有法律的明确规定,但是这一机制本身以及它的过程、它的仪式等都纯粹是卢旺达的传统并且从殖民主义出现很久之前就已经存在了。此外,Abunzi的调解过程接受了恢复性司法的理念,因为它强调了调解与和解是解决纠纷的主要方法。上述的这些特征使Abunzi调解距离正式法院普遍意义上所都秉承的竞争性和惩罚性的方式有着巨大的不同。

Abunzi体系深深地镌刻在了卢旺达人的日常生活和性格之中。这样一种调解并且达到社会公正的方法和途径,在当代的卢旺达——这样一个致力于从1994年种族大屠杀的创伤治愈的国度,具有推进人权、社会工作、社会重建、社群团结与协商的功能。

七、苏丹的Judiyya社会机制

Juddiyya乃是一项非常复杂的、以公民为基础,以第三方调解为形式的习俗传统。[1][2]在苏丹,这是一项来解决不同层面的冲突的非常重要的社会机制,其范围涵盖来个体之间的私

---

[1] Flint, J. (2010), *The other war: Inter-Arab Conflict in Darfur*, Geneva, Small Arms Survey.
[2] Birech, R. T. (2009), *Giving Reconciliation a Chance in Sudan: Seeking an Alternative Response to the Darfur Conflict*, Naval Post Graduate School, Monterey.

人争议到种族或是部落冲突。[1]有研究报告指出，在苏丹的达尔富尔地区[2][3][4][5]、北苏丹[6]、苏丹北部部分地区[7]、苏丹东部和南苏丹[8][9]，Juddiyya机制也都得到了承认和遵行。

调解人（复数形式是ajaweed，单数形式是ajwadi）往往从传统的领袖或者是本地管理者当中来挑选，他们往往是受人尊敬的长者，或是有良好品行的人，或是受人尊敬的人。[10]这些人通常以了解习惯法[11]的知识或是以对部落地区的生态和历史的了解而闻名。[12]Juddiyya则是因为比较小的冲突而相对容易建立起来的一种免费的机制（尽管它在社群里具有较高的地位），它往往比较接近社群，并且没有任何辅助人员（比如秘书）。根据一件事情的严重性，这些事件首先是由阿訇或是酋长来处理，这些人作为宗教领袖和村庄首领，他们会依据伊斯兰教法来做出决定。如果这样还是不能把案件处理妥当，则案件将会被移交给Omdas或者地方行政首长，这些人是从他们的父辈那里继承的职位。在某些情况之下，纠纷冲突将会被移交

---

[1] Babiker, M. (2002), *Research on Roots of Conflict and Traditional Conflict Transformation Mechanisms: Darfur, Kordofan*, Sobat Basin. United Nations Development Programme: Sustainable Human Development. September 2002. Khartoum, Programme on Reduction of Natural Resource-Based Conflict among Pastoralists and Farmers (SUD/01/130).

[2] Mohammed, A. A. (2002), "Customary Mediation in the Sudan: Past, Present and Future", The House of Nationalities, available from http://www.houseofnationalities.org/ CustomaryMediation_inthe_Sudan_Past_Present_and_Future.asp, accessed October 15, 2016.

[3] Flint, J. (2010), *The other war: Inter-Arab Conflict in Darfur*, Geneva, Small Arms Survey.

[4] Birech, R. T. (2009), *Giving Reconciliation a Chance in Sudan: Seeking an Alternative Response to the Darfur Conflict*, Naval Post Graduate School, Monterey.

[5] Bronkhorst, S. (2011), *Climate Change and Conflict: Lessons for Conflict Resolution from the Southern Sahel of Sudan*, Durban, African Centre for the Constructive Resolution of Disputes.

[6] Wadi, E., El Hillo, M. and Hadi, M. B. (2005), *Resource-based Conflict and Mechanism of Conflict Resolution in North Kordofan*, Gedarif and Blue Nile states, Khartoum, Sudan Environmental Conservation Society.

[7] Mohammed, A. A. (2002), "Customary Mediation in the Sudan: Past, Present and Future", The House of Nationalities, available from http://www.houseofnationalities.org/ CustomaryMediation_inthe_Sudan_Past_Present_and_Future.asp, accessed October 20, 2016.

[8] Ibid, p. 2.

[9] Wassara, S. (2007), *Traditional Mechanisms of Conflict Resolution in Southern, Sudan* Berlin, Berghof Foundation for Peace Support.

[10] Egemi, O. and Pantuliano, S. (2003), *Land Tenure and the Political Economy of Local Level Conflict in the Sudan: Quest for Social Peace and Sustainable Community Governance*. Proceedings of the 7th OSSREA Congress, Khartoum, December 15-19, 2002, p. 20.

[11] Flint, J. (2010), *The other war: Inter-Arab Conflict in Darfur*, Geneva, Small Arms Survey.

[12] Babiker, M. (ed.) (2002), *Resource Alienation, Militarisation and Development: Case Studies from East African Drylands*, Khartoum and Addis Ababa, Organization for Social Science Research in Eastern and Southern Africa (OSSREA).

给Nazir——官方的部落领导。[1][2]法律途径仅仅在当Judiyya不起作用的时候才会被寻求。[3]

Judiyya特别适合于小规模的纠纷或冲突的处理[4],在这种情况下,调解会议将会公开举行。Judiyya可以采取不同的形式,并且以不同规模来运作。Judiyya可以由社群、政府来领导,或是被其他的行为方来推进,这些行为方则包括了地方性的非政府组织或是国际性非政府组织以及国际组织。Judiyya既可以在社群的层面来运作,也可以在国家的层面来运作。[5]因此,按照地点和群体的不同Judiyya也会有所不同,同时在很大程度上依赖于调解人ajaweed所采用的方法和途径。[6]实际上,Abdul-Jalil认为[7],当人们共同都接受了Judiyya的时候,尽管它的广泛接受貌似使得它具有了一种标准形式,但是,这一机制的美妙之处实际上就在于它并不是标准化的。因此,调解人ajaweed需要能够应付各种各样冲突的情况。

Judiyya在自然资源的管理过程中,起到了非常重要的作用,尤其是在一个国家面临着水资源的短缺以及肥沃的土地需要放牧和耕种的时候,这种重要作用则更加凸显。因此,Judiyya尤其是在村庄的层面解决个人之间牵涉到水资源和土地的争端发挥着重要作用。在殖民地时期,Judiyya乃是在不同群体之间调整土地和放牧权的重要机构。[8]例如,当放牧的时候发生了损害,牧民往往通过传统领袖或是本地管理者寻求赔偿。[9]

本地管理者,通过Judiyya扮演了ajaweed调解人的角色,同时,为了资源保护,为了决定它

---

[1] Larsen, K. (2007), Adaptability, "Identity and Conflict Mediation Among the Hawawir in Northern Sudan", In: *Conflicts over Land and Water in Africa*, Odgaard, R. ed. Oxford, James Curry, p. 76.

[2] Flint, J. (2010), *The other war: Inter-Arab Conflict in Darfur*, Geneva, Small Arms Survey.

[3] Egeimi, O., Mahmood, M. A. and Ahmed, A. S. (2003), "*Conflict transformation*: Pastoralists and Settled Farmers", *Compass Magazine*, pp. 22-23.

[4] Babiker, M. (ed.) (2002), *Resource Alienation, Militarisation and Development: Case Studies from East African Drylands*. Khartoum and Addis Ababa, Organization for Social Science Research in Eastern and Southern Africa (OSSREA).

[5] Mohammed, A. A. (2002), "Customary Mediation in the Sudan: Past, Present and Future", The House of Nationalities, available from http://www.houseofnationalities.org/ CustomaryMediation_inthe_Sudan_Past_Present_and_Future.asp, accessed October 18, 2016.

[6] Birech, R. T. (2009), *Giving Reconciliation a Chance in Sudan: Seeking an Alternative Response to the Darfur Conflict*, Naval Post Graduate School, Monterey.

[7] Abdul-Jalil, M. (2005), "An Anthropological Perspective on Traditional Mechanisms for Conflict Management: an Example from Darfur,Sudan", available from: http://www.dgvtagung2005.de/programma938.html?referat=190andart=4, accessed January 19, 2014.

[8] Babiker, M. (2002), *Research on Roots of Conflict and Traditional Conflict Transformation Mechanisms: Darfur, Kordofan, Sobat Basin*. United Nations Development Programme: Sustainable Human Development, September 2002. Khartoum, Programme on Reduction of Natural Resource-Based Conflict among Pastoralists and Farmers (SUD/01/130).

[9] El Hassan, B. A. and Birch, I. (2008), *Securing Pastoralism in East and West Africa: Protecting and Promoting Livestock Mobility,* Sudan Desk Review, International Institute for Environment and Development (IIED). Available from: http://pubs.iied.org/pdfs/ G03032. pdf accessed 15 October, 2016, p. 7.

们的可持续性与和平利用，为了保持自然和其他资源的共存，他们还肩负着管理并且保护公共资源的职责。这一职责也扩展到了其他活动，这包括防治病虫害、防火等。（这些活动参见《尼罗河流域倡议》和《尼罗河东部技术区办事处2006》）。[1]本地管理者，通过依据牲畜迁徙的时序、方向、地点等来发号施令，管理牲畜的迁徙，同时还需在饮水点可以使用的时候，在牧民们抵达耕作区域之前，确保放牧地区和耕作地区的分离。[2]

Egeimi等人[3]，在他们在苏丹北科尔多凡省所做的关于资源相关的纠纷冲突的研究之中，详细地记录了Judiyya的过程和注意事项。简而言之，Judiyya机制包含了如下这些内容：

(1) 确保纠纷冲突的双方都承诺诉诸调解；

(2) 通过事实调查和分析来找到冲突的根源；

(3) 聆听当事人双方的陈述，并且就冲突的根源问题达成某种共识；

(4) 寻求一种解决方案。

在某些情况下，调解是在双方当事人签署一份官方协议之后才进行的。但是，这似乎是一种比较晚近的新发展。[4]

即使在举行调解会议之前，调解人ajaweed往往通过担当调停人或采取相近的方式来为纠纷冲突的解决发挥积极的作用。需要经常性地来确保冲突双方当事人对于Judiyya的誓言和承诺，这意味着如果有的话，双方需要停止敌对行动。在苏丹的北科尔多凡省，调解人ajaweed有义务来丈量冲突当事双方之间的张力的紧张程度，同时，如果当事方不能够有成效地参与到调解过程之中，他则要以离开作为威胁来进行调解。这种威胁通常被非常认真地对待——习俗以及对于调解人ajaweed的尊重，这些确保了大部分社群成员不愿意看到调停人不开心地离开。此外，调解人ajaweed也会单独地拜访争端各方以推动后面和解的达成。[5]

Egeimi等人[6]，还强调了调解人ajaweed对于一个地区的生态的知识多少的重要性，以及他对于类似冲突的历史的了解程度，甚至是那种特定冲突的历史的了解程度的重要性。而这些都是为来Judiyya会议做准备而提供的重要信息，同时，这些信息也能够展现出来一场纠纷

---

[1] Ibid, p. 9.

[2] Ibid, p. 12.

[3] Egemi, O. and Pantuliano, S. (2003), *Land Tenure and the Political Economy of Local Level Conflict in the Sudan: Quest for Social Peace and Sustainable Community Governance*. Proceedings of the 7th OSSREA Congress, Khartoum, December 15-19, 2002, p. 20.

[4] Ibid, p. 24.

[5] Egeimi, O., Mahmood, M. A. and Ahmed, A. S. (2003), "Conflict Transformation: Pastoralists and Settled Farmers". *Compass Magazine*, p. 22.

[6] O. and Pantuliano, S. (2003), *Land Tenure and the Political Economy of Local Level Conflict in the Sudan: Quest for Social Peace and Sustainable Community Governance*. Proceedings of the 7th OSSREA Congress, Khartoum, December 15-19, 2002, p. 20.

冲突是能够如何被化解的这样一些例证。

为了解决资源相关的冲突而举行的实质上的调解会议往往涉及以下这些步骤：

(1) 双方当事人表达相互的谅解；

(2) 调解人ajaweed会强调从《古兰经》的角度来找到的冲突解决的范例；

(3) 每一方当事人对冲突事项进行分析并且做出报告（换言之，双方都可以对他们的案件进行陈述并且概述他们所认为的案件事实以及促成冲突的因素）；

(4) 调解人ajaweed为纠纷冲突的当事人指明了前进的道路，同时进行讨论（尽管调解人对于冲突的解决可能已经有了一个方案，尊重冲突的各方当事人依旧是习俗惯例，应然让他们阐述自己的案件，这将会有助于解决方案出自他们那里）。

从实质上来说，赔偿以及恢复性司法的问题，这些都取决于手头案件的情况。根据Egeimi等人的说法[1]，Judiyya既可以涉及，也可以不涉及那些关于处罚以及罚款或是酬劳的讨论，这些则可以被当作是对受损一方的补偿，但是这些内容则取决于具体的案件情况。在其他的情况下，恢复性司法和补偿则是Judiyya的重要目标。比如，按照Wadi等人的说法[2]，Judiyya的重要目标包括确定人员伤亡数量、破坏和损害的数量，包括人命、建筑物、农作物以及确定给予被害人亲属的抚恤金以及赔偿等。然而，穆罕默德则认为[3]，赔偿资源损失的目标是次要的，而更为宏大的目标则是维持社会的凝聚力同时推动冲突各方之间的和解。

八、博茨瓦纳的Kgotla社会机制

在博茨瓦纳取得独立之前的1966年，在Tswana社会中间就存在着一种管理的形式，即Kogosi[4]。在当地的部落中间，Kgotla成为主要的核心机制。在每个部落社群之中，过去会有，现在依旧存在着各种各样的分层组织的Kgotla，它们则以Kogosi作为它们的首领。作为一种传统的体系，Kgotla过去曾是、现在依旧是保护人权、制定政策、推进社会工作、做出决策的法庭，而这类法庭在政治和经济发展活动以及诉讼司法活动等方面发挥作用。传统上来说，咨询顾问大多来自皇室亲属，以辅助作为Kgotla首领的领袖。但是，由于文化变迁和宪政变迁，

---

[1] Egeimi, O., Mahmood, M. A. and Ahmed, A. S. (2003), "Conflict Transformation: Pastoralists and Settled Farmers". *Compass Magazine*, p. 22.

[2] Wadi, Wadi, E., El Hillo, M. and Hadi, M. B. (2005), *Resource-based Conflict and Mechanism of Conflict Resolution in North Kordofa*n, Gedarif and Blue Nile states, Khartoum, Sudan Environmental Conservation Society.

[3] Mohammed, A. A. (2002), "Customary Mediation in the Sudan: Past, Present and Future", The House of Nationalities, available from http://www.houseofnationalities.org/ CustomaryMediation_inthe_Sudan_Past_Present_and_Future.asp, accessed October 10, 2016.

[4] Schapera, I. (1953), *The Tswana*, London, International African Institute.

在博茨瓦纳，有关选择领袖的观念和领袖观念本身都发生了巨大的变化。按照Schapera的说法[1]，Kgosi现在可以通过morafe或是政府的选举来产生，而不是像过去那样，皇室领袖转变为Kgosi。但是，由于习俗是随着皇室领袖而产生的，现在的Kgosi的子女不能从其父辈那里继承领袖地位或是权力。这种经由选举而产生的Kgosi并不一定是来自皇室家庭的某个人或是与传统皇室保有联系的某个人，相反，他/她可以是社群里面的任何一个人。除此之外，一些被遴选出来的睿智长者（遴选的标准，往往依据的是年龄大小以及对于社群事务的知识多少）也会在Kgotla的各种程序之中辅助首领。[2]

在现代博茨瓦纳，Kgotla依旧在保护人权、推进社会公平、处理社群之内以及不同社群之间的纠纷冲突等领域，扮演着一个非常重要的作用。一般说来，Kgotla社会机制为社群或是社会提供了严肃的和公正的咨询意见，与此同时，它也为乡村和城镇的交流互动提供了一个可资借鉴的范本。人的基本的社会性价值、尊重、包容被以这样一种方式描绘了出来，而这种方式使得诉讼程序比起轻微个人案件的司法裁决来说更具有社会层面的重要意义。根据Schapera和Comaroff的说法[3]，Kgotla乃是包容性的，它允许皇室成员和普通平民如Malata社群、Meratshwana社群（少数民族部落），平等地参与到社群层面的决策制定的过程当中。换句话说，Kgotla的参加和参与对社群的所有成员都是开放性的。

按照Parson的说法[4]，Bogosi（首领）对博茨瓦纳的民主价值作出了贡献。因此，博茨瓦纳的民主和和平价值观念在传统的价值体系之中已经得到了崇奉。对于博茨瓦纳来说，传统的Tswana的社会中致力于经济生产的社会组织在亲属关系这一思想背景之下已经得以建立，同时它还强调了一种公共元素。

按照Schapera和Comaroff的说法[5]，部落民众可以把任何类型的案件提交到Kgotla，但是由于其有限的管辖权，严重的刑事案件比如强奸、谋杀，以及其他的民事案件比如离婚等，这些都属于普通法下的管辖事项，这是因为Kgotal主要处理的是民事案件而不是刑事案件。这些案件则主要由Kgosi或是Kgosana来审理。但是，这也并不意味着所有的刑事案件都必须要交由地方治安法庭来处理。一些案件比如扒窃、斗殴以及公害案件可以在Kgotla来审理。地方

---

[1] Schapera, I. (1970). *A Handbook of Tswana Law and Custom*, London, Frank Cass.

[2] Schapera, I. (1994), *A Handbook of Tswana Law and Custom: Compiled for the Bechuanaland Protectorate Administration*, Hamburg, DE: Lit Verlag, p. 52.

[3] Schapera, I. & Comaroff, J. L. (1991), *The Tswana* (Rev. Ed.), London & New York, Kegan Paul International in association with the International African Institute; Wiley.

[4] Parson, J. (1984), *Botswana: Liberal Democracy and the Labor Reserve in Southern Africa*, Boulder, Colo, Westview Press.

[5] Schapera, I., & Comaroff, J. L. (1991), The Tswana (Rev. Ed.), London & New York, *Kegan Paul International in association with the International African Institute*; Wiley, p. 15.

警察负责刑事案件的调查、将罪犯带到法庭受审。如果罪犯被判有罪，他们将会被判刑，而刑罚则会根据案件的不同而各有殊异。习惯法法庭则会依据习惯法法庭的刑法典来审理这些案件。案件的判决，会从公共服务到损害赔偿再到体罚肉刑等各不相同。（其中，公开鞭打也是一种刑罚，用一根木棒的几段拍打后背）体罚或是肉刑则是由习惯法法庭警察执行。[1]

在博茨瓦纳，Bogosi（首领）在推进人权、公正、和平、民主和政治稳定等方面都已经发挥了并将继续发挥着重要的作用。博茨瓦纳政府在2016年的《博茨瓦纳愿景》之中已经认可了这些机制。而在这份文件之中，它明确指出："传统首领将在民主过程之中扮演非常重要的角色，而这将会使Kgotla系统从一代人传承给下一代人，世代传承下去。而它也将在守护我们的文化以及传统的过程当中扮演重要的角色。"[2]

按照Gulbrandsen的说法[3]，Kgotla能够在博茨瓦纳境内的几乎所有不同的部落社群之中被找到。它由Dikgosi（首领）以及Digosana（头人）来监督管理，而它自己取决于人口统计学的各项特征。这一机制致力于从事国家建设，促使各自的亚文化彼此协调并且整合进入一个国家的多元文化之中。由此，人民则可以和谐相处。[4]实际上，按照Schapera的说法[5]，由Kgotla为当地部落民众做出的公共咨询（Therisanyo）在博茨瓦纳则是公共行政的一项重要特征。博茨瓦纳政府甚至已经在城市中心地区引入了Kgolta及其首领以便帮助他们处理一些无须在法庭审理的轻微案件。Kgosi与当地人在一起工作，而这样一种情形，在Tswana社会的格言——"Kgosi ke kgosi ka merafe"之中就具有其传统基础，这句格言字面的意思就是"首领就是蒙受人民恩典的首领"。[6]

Kgotla系统还允许在政府和各色的反对党的领导人之间就国家重大事项开展定期咨询并且交换观点。Kgotla允许搭建一个"mmualebe o a bo a bua gagwe"的平台，也就是主张每一个人都有权利说出他们想要说的东西。[7]也正是通过这样一种方式，Kgotla系统则鼓励持有不同观点的人们之间要保持容忍和表达的自由。此外，当地社群通过他们的首领或是任何相关团体都有权利请求国家领导人（即便是总统）聆听他们的意见，反之亦然。这也就意味

---

[1] Ibid, p. 18.
[2] Government of Botswana, *Vision 2016 Towards Prosperity for all (1997) Gaborone*.
[3] Gulbrandsen, O. (1995), "The King is King by the Grace of the People: The Exercise and Control of Power in Subject-Ruler Relations", *Comparative Studies in Society and History*, Vol. 37, No. 3, pp. 415-444.
[4] Parson, J. (1984), *Botswana: Liberal Democracy and the Labor Reserve in Southern Africa*, Boulder, Colo, Westview Press.
[5] Schapera, I. (1970), *A Handbook of Tswana Law and Custom*, London, Frank Cass.
[6] Gulbrandsen, O. (1995), "The King is King by the Grace of the People: The Exercise and Control of Power in Subject-Ruler Relations", *Comparative Studies in Society and History*, Vol. 37, No. 3, pp. 415-444.
[7] Ibid, p. 416.

着，通过Kgosi，人们可以在Kgolta向任何政府官员诉诸他们的疑问或是冤情。在大多数民事案件之中，其解决的方式很类似于恢复性司法。恢复性司法旨在赋予受害者、社群、罪犯以及家庭以权利来修复危害事件的不良影响，进而恢复社群生活。[1]尽管极少数的案件会具有惩罚性，但是那些具有惩罚性的案件也大多都是属于刑事案件。按照博茨瓦纳宪法的规定，成文的或是统一的习惯法在这个国家之中都会被Kgotla或是习惯法院的司法程序所采用。而这些法律被整理记录为习惯刑法典。这些对于Tswana社会的民众来说本来就都是当地的东西，因为在英式法律出现之前，它们就已经存在了，尽管在那个时候习惯法则还没有成文化。"在贝专纳保护领（博茨瓦纳）建立之前，在部落区域就存在着各种各样的本土化的法律体系，现在这些法律被统称为习惯法。"[2]因此，即使它们还没有被纳入到这个国家的一般法律体系之中，这些法律也得到了执政当局的认可。博茨瓦纳1966年的宪法也并没有改变这一立场，这使得它时至今日保持不变。在博茨瓦纳，习惯刑法典适用于所有的不同种族或部落族群，也被所有的Kgotla所实施和执行。

尽管围绕着习惯法的定义存在着许多不同的解释，在博茨瓦纳的语境之中，习惯法被其司法部长Athalia定义为："传统规范、价值观、习惯以及其他的原则，而这些原则都会与不同的种族群体相联系。"[3]因而，习惯法只会在存在着Kgotla系统的地方才被适用。在Kgotla并不存在的部落族群之中，习惯法既不会被建立，也不会被这样一些社群在它们的聚居地所适用。在Kgotla之外的社群之中，习惯法并不存在。而Kgotla仅仅是在习惯法被适用的地区才具有的、在传统上被承认的法庭。尽管博茨瓦纳还存在着其他的社群，比如巴萨尔瓦（San族人），但是在那里并不存在着Kgotla，因而，习惯法也就并不存在。然而，今天在巴萨尔瓦的一些部族当中也存在了一些类似于Kgosi Beslag的部族首领。而另一方面，Tswana社会习惯法也并不能追溯到一些简单的宣言或是布告。它们在很大程度上是建立在Tswana社会习俗传统的基础之上的，换而言之，习俗习惯可以被称作是习惯法的基础。

尽管Kgotla法庭所施行的法律主治在前殖民地时代就已经存在了，但是这样一些法庭并不是依靠成文法来指引，它们参考的是在过去的案例当中所做出的判决。这些法庭并没有去创造出习惯习俗，它们仅仅是确认了习惯习俗，而通过这种方式，它们强化了一项既存的规则或法律的强制性特征。就这样，习惯刑法典也就诞生了。

---

[1] Walgrave, L. (2002), *Restorative justice and the law,* Cullompton, Willan, p. 6.

[2] Booi, L. (February 2010), "Botswana's Legal System and Legal Research Retrieved 17 October 2016", from http://www.nyulawglobal.org/globalex/Botswana1.html.

[3] Molokomme, A. (1994), *Customary Law in Botswana: Past, Present and Future*, Botswana in the 21st Century, p. 347.

九、Kgotla的首领和Kgotlana的首领

依据博茨瓦纳宪法的规定，首领（皇室世袭首领或是被选举产生的首领）领导是Kgotla。Kgotla这个词语，经常指代的是村庄里的最高级别的公共会议、社群理事会或是习惯法的法庭。Kgotla总是由村庄首领来领导，这既可以是最高的领导，也可以是代行其职权的领导（如摄政）。在一个村庄内，一些由Kgosana（头人）领导监护的群体，被称之为Kgotlana。一般来说，头人也是出自皇室家庭（出生就是首领）。这些族群可以被称之为是"生活在他们自己的村庄，并且生活在一起的农户，他们在一位世袭头人的领导和权威之下，形成了一个遥远的社会和政治单元，这位世袭头人则具备行政管理和司法裁决的权力和职能。"[1]每一个Kgotlana和它们的人民，以及他们的头人Kgosana都是在自我管理他们自己的事务，并且通过仲裁的方式解决与其人民相关联的任何纠纷和冲突。此外，任何一个在Kgotlana处理的案件都会经常被移交给Kgotla，因为所有的成员，也包括任何村庄的领导，他们都在Kgotla以及Kgosi的统一管辖之下。

在村庄里，与村庄有关的行政管理工作都在Kgotla来进行的。在每一个村庄，都会有一个Kgotla和许多个Kgotlana。作为首领的Kgosi，是所有政府事项的当然代表。正是通过这种方式，政府在各式各样的民主架构之中发挥着作用，而这些民主架构之中，既有传统的、作为当然代表的首领，同时也有通过选举产生的首领。

在现代博茨瓦纳，Kgotla机制在处理社群内部和社群之间的冲突这一领域发挥着重要的作用。一般说来，Kgotla社会机制为社群或是社会提供严肃的和公正的咨询意见，与此同时，它也为乡村和城镇的交流互动提供了一个可资借鉴的范本。而人的基本的社会性价值、尊重、包容就是被以这样一种方式描绘了出来，而这种方式使得诉讼程序比起轻微个人案件的司法裁决来说更具有社会层面的重要意义。

Kgotla系统在当地的民众中间发挥着解决冲突纠纷的重要功能。[2]部落民众可以把任何类型的案件提交到Kgotla，这也就是意味着，习惯法法庭的案件以及本地社群引发的纠纷和冲突，它们都可以在Kgotla的得到解决。这些案件主要是由Kgosi或是Kgosana来审理。他们主持诉讼程序，并且对所要审理的案件给出裁决。此外，Kgotla的案件审理对社群里的所有成员都是开放的，尽管在给出裁决的时候，这一决定是由小组做出的，但是，这些社群成员也还可以给出他们各自的意见。

举例来说，关于个人财产的民事案件，一个人偷了一头牛，那么，他可以赔偿给受害者两

---

[1] Schapera, I. (1970), *A Handbook of Tswana Law and Custom*, London, Frank Cass.
[2] *Bogosi Act* Chapter 41:01, Laws of Botswana Retrieved on October 5,2016, from http://www.laws.gov.bw/.

头或是更多牛,这取决于罪行的轻重程度。人们必须清楚,在Kgotla,其所做出的裁决是试图使罪犯和受害者和平共处的。因此,在任何一个Kgotla审理的案件之中,诉讼可以以一种公共服务、损害赔偿或者是肉刑体罚(比如当众鞭刑)的形式来了结,而这些则是由习惯法法庭的警察来实施执行的。[1]从某种程度上来说,这也就给予了罪犯一次机会,一方面他受到了惩戒谴责,同时他也获得了一种关于公认的道德行为的忠告和教导。因此,他还有机会能够重新融入社群。Kgotla所审理的案件,很少会将罪犯排除出他们所在的社群,而是旨在矫正错误行为,同时在整体上推进社群和社会的善。用这种方法处理各种案件的全部原则都具有其自身人性的根基。Botho这一术语与这一观念相联系,即"一个人的人性是与其他人的人性相互联系的",这一观念则是从实质上对人的刻画。[2]Botho的概念非常具有哲学意味,而它则是归因于人的一系列的行为,比如尊重、善行、乐于助人、承认、关注、同情、宽恕、真诚、慷慨、好客、兄弟情义、姊妹情义、关怀、分享以及其他更多的表达类似经历的观念。"这一原则在我们博茨瓦纳人的互动行为之中发挥了重要的作用。"正是通过这些原则,我们才能将道德作为一种行为意识,并以此区分好的或坏的意图、决定或是行为。[3]因此,一个正直的人需要恪守社群公认的行为。[4]这也就成为Kgotla发挥作用并与其所服务的社群相联系的一项基础。Botho观念作为博茨瓦纳五项民族原则中的一项,在社群层面也因此得到了更多的鼓励和推动。

事实上,Bogosi是博茨瓦纳文化以及这个国家政治生活的重要标志。博茨瓦纳政府在2016年的《博茨瓦纳愿景》之中已经认可了这些机制。在这份文件中,它明确指出:"传统首领将在民主过程之中扮演非常重要的角色,而这将会使Kgotla系统从一代人传承给下一代人,世代传承下去。而它也将在守护我们的文化以及传统的过程当中扮演重要的角色。"[5]

博茨瓦纳的Kgotla,通过对深深嵌刻于Tswana文化之中的古老习语、谜语以及谚语的传承使用,在推进社会融合的过程之中发挥了重要的作用。这些习语、谜语以及谚语则是通过很多方式来加以适用。它们被用来称赞、责骂或是评价人们的行为,也正是通过这种方式,它们推动或是迫使人们去接受良好的品行。这些习语、谜语以及谚语鼓励人们恪守和发扬良好

---

[1] Schapera, I. (1970), *A Handbook of Tswana Law and Custom*, London, Frank Cass.

[2] Kimmerle, H. & Wimmer, F. M. (1997), *Philosophy and Democracy in Intercultural Perspective*, Amsterdam, Rodopi.

[3] *Botho & Vision 2016*, UBotho Public Retrieved on October 10, 2016, from http://www.ubotho.net/BothoVision 2016.

[4] Boulle, L., Harris, B. & Hoexter, C. (1989), *Constitutional and Administrative Law: Basic Principles*, Cape Town, Juta.

[5] *Botho & Vision* 2016, UBotho Public Retrieved on October 10, 2016, from http://www.ubotho.net/BothoVision2016, p. 11.

的社会价值观，这些社会价值观对于营造人们之间的彼此宽容大有裨益。在博茨瓦纳，这种修饰性语言的使用，无论是在家庭层面还是在社会层面，都是非常普遍的。因此，Kgotla正是利用了这一特点，通过推进良好的道德行为并且通过这些良好的道德行为，在社会集聚过程之中，对平等机会施加控制，并以此使整个的社群得到了巩固和强化。

博茨瓦纳的文化和生活方式在谚语、习语和谜语之中得到了保存和刻画，而这些谚语、习语和谜语也被作为社会化教育和威慑阻吓教育的部分内容。这些谚语、习语和谜语以比喻的形式在自然、动物、人类、树木、山冈等基础上被创造出来。它们建立在比喻、明喻、暗喻、夸张、转喻的基础之上，所有这些表达都指代了人，比如首领、领袖或是社群。比如, Kgosi ke modisa wa batho, 这句话表达就是，首领是他的属民的牧人。[1]这其实就是以一种间接的、强制性方式来告诉首领，他肩负着平等地或是没有偏私或是歧视地推进人民利益的主要职责。而另一句谚语，Kgosi ke letlharapa le kotanngwa ke dinonyane taotlhe, 这句话表达的就是，首领好似一棵大树的枝干，所有的鸟儿都栖息于此。[2]与此相类似的一句谚语的含义则是，"首领就是蒙受人民恩典的首领。"这句话的意思就是，首领不能成为一个孤岛，他需要接受和容纳所有的人，如果不能这样，他就没有资格领导人民。反之亦然，人民也需要辅助首领使之更有成效。

其他的谚语，比如"Mmuale o a be a bua la gagwe"[3]，则是鼓励言论自由并且在民众之中推动民主价值观念的。即使是普通的民众，通过这句谚语，也要鼓励他们在决策制定的过程当中发出他们自己的声音。因此，人们可以看到，这些谚语被用来阻止人们做坏事，或是把首领摆到了调解人的位置上，Kgotla和积极地维护和平被联系在一起。例如，在谚语之中有一个信念，即 "molemo wa kgang ke go buiwa"[4]，它的意思就是"冲突带来的好处就是讨论。"通过这一谚语，这就意味着，如果一个人对其他人做了坏事，那么，他们应该和其他的人比如调解人一起坐下来讨论商量，直到纠纷得以解决。而另一句谚语是 "ntwa kgolo key a molomo"[5]，它的意思就是"言语是最大的打击。"这一谚语实际上也就为讨论提供了平台，同时它还强调了要避免动手打架。这些谚语的表达，涉及了社群、家庭、领袖、团队合作、行为、款待宾客、食品营养、动机动力、局面情况和人之本性等各种事项。因此，当一个人侵害到另一个人的时候，人们来到Kgotla，他们讨论这一案件并且最终会找到一个解决方案，这种做法极大地推动了在社群之间和平与和谐的构建，正如前面所述：没有人是一座孤岛，人们都是

---

[1] Mabena, O. C. (1997), *The Decline of the Power of the Tswana Chiefs 1885-1934*.
[2] Ibid, p. 4.
[3] Ibid, p. 8.
[4] Ibid, p. 14.
[5] Ibid, p. 18.

彼此需要。

在博茨瓦纳，一组家庭构成了一小片区域，而许多不同的区域则构成了村庄里的社群。因此，家庭之中的纠纷一般都会在家庭层面上得到解决，如果解决不了，案件就将会被移送到Kgotlana来进行仲裁。但是，这并不排除这样的事实，即一些人会向Kgotlana报告他们的不同意见。因此，Odinkalu注意到[1]，在博茨瓦纳，在传统的法庭之中所进行的纠纷解决，在矫正错误以外，另一个目的是防止人们关系的破裂。这一诉讼过程，从家庭层面开始，而在这一层面的当事方的家人或是亲属则是竭力防止冲突失控，进而演变成为一个众人皆知的公共事件。如果纠纷不能够在家庭层面得到解决，那么，案件将会被移送到这一小片区域的Kgotla，而这里的传统法庭也就是被告人所居住的区域的当地的法庭。假如事情仍然还无法在这一小片区域内的Kgotla得到解决，那么，案件将会被移送到由首领所领导的上一层级的Kgotla。而这一层级的Kgotla对大量的刑事案件都享有法定的管辖权，最多可以做出四年有期徒刑的判决。由此可见，Kgotla的宗旨就是追求人民的团结、和解、关系的协调以及复原。为了团结统一它所在的当地社群，Kgotla积极地参与到了社群建设的过程之中。由此，博茨瓦纳政府甚至在城市中心就开始设置习惯法法庭，以此化解矛盾冲突或处理轻微案件；这其实也是对Kgotla重要地位和作用的一种肯认。

就是这样，Kgotla具有一个对于每一个都包容开放的、开放型的结构。在Kgotla，在审理案件或是举行任何会议的过程当中，首领和头人坐成一个半圆弧形。这样的座位安排预示着在Kgotla内地位平等和面面相对的对话和交谈。这体现了一种"Mafoko a matlhong"的信念，这也就是，只有当彼此面面相对的时候，话才更容易被说出口。[2]

Kgotla，按照它的结构性的定义，它服务于所有的人，无论男女老幼，不管种族、部落、语言或是其他人种。首领按照工作要求在Kgotla开展工作，在Kgotla里，他的社群可以直接找到他。人们可以带着消息、诉求或是抱怨来找他。除此之外，政府官员也可以找到首领来讨论他所在的村庄的事宜。首领乃是他所在的部落的所有对外关系的代表和发言人。因此，社群对他们的首领都倍加尊重。首领有权力来处理纠纷和冲突，以及依据习惯法在Kgotla里面审理在他的管辖范围之内的案件。除此以外，副首领、首领代表以及其他的管理人员也会与首领在一起每日携手工作。而头人则在他们下面的Kgotlana开展工作。同时，首领可以委派头人来辅助他审理案件或是民事纠纷，审理根据下级法庭裁决上诉的案件等。

实际上，人们经常会去Kgotla寻求服务，比如找首领签字、取得确认文书、报告案情、报告死亡等等，也来到Kgotla集会或是开会。通过这种方式，人们依据不同的事项来Kgotla寻求服

---

[1] Odinkalu, C. (2005), *Pluralism and the Fulfilment of the Need in Africa*, unpublished manuscript.

[2] Mabena, O. C. (1997), *The Decline of the Power of the Tswana Chiefs 1885-1934*.

务或帮助。尽管Tswana传统社会由男性主宰，但一个显著的变化是，女性在有些地方也开始担任首领了。在大多数的情况下，女性也会来到Kgotla寻求服务。她们来到这里报告案情或是向首领寻求帮助来解决她们面临的纠纷。大多数妇女都会参加Kgotla会议以及在Kgotla举行的其他活动，比如婚礼。然而，在Kgotla举行的案件或是纠纷的审理，考虑到其所牵涉的社群，来自社群的参加者每天都会有变化。尽管Kgotla的审理过程对所有社群成员都是开放的公开的，但参加与否取决于案件本身以及谁对案件有兴趣。

十、由Kgotla所审理的案件示例

正是由于博茨瓦纳的双重法院系统，大部分的案件尤其是严重的刑事案件和严重的民事案件被提交到地方治安法庭来处理。而这种情况主要是由于现代习惯法法庭所享有的有限的管辖权。不仅如此，习惯法法庭能否审理案件，还取决于案件所涉及的人以及案件类型。在习惯法法庭，习惯法警察被用来对触犯法律的罪犯实施抓捕。如果案件是在Kgotla里宣判的，那么通常来说，当地警察就会传唤罪犯。传票会通知受到指控的人在何时、何地、将会受到何人的审理。而在一些需要调查的情况下，当地警察也会对案件展开调查，并且也会对罪犯提出指控，而罪犯也会被传唤到Kgotla出庭。申诉人和证人随着日期的更迭，也会被传唤到庭。如下就是一些案件的范例：

案例1：盗窃案

如果一个人盗窃了另外一个人的牲畜，或是犯下了其他的普通的扒窃罪行，牲畜或者是财物的所有人就会将案件报告给Kgotlana的头人或者是Kgotla的首领。然后，如果谁是罪犯，这已经被知晓了，那么，罪犯就会被带到Kgotla等候判决。在Kogtla，物主将会陈述他的案件，而在此之前，罪犯也会做出陈述。如果这个案件还有证人，他也会被要求做出有关案件情况的陈述。问题将会由Lekgotla通过交叉询问寻求真相的方式来提出，在此之后，Lekgotla将会进行判断。如果被告人被认为有罪，他将会被命令偿还被偷的财物。比如，一只羊将会用另外一只羊来偿还，而有的时候，罪犯会被命令偿还两只羊，这取决于案件本身。如果家庭用品被盗窃了，那么，罪犯就会被命令把失窃物品还回来归还失主。但是，如果财物被损毁了，那么，罪犯就需要进行赔偿。在大多数情况下，案件解决方案的重点是恢复原状。从某种程度上来说，这其实也就是对罪犯的一种谴责和申斥，使之受到教训而不再犯同样的错误。让罪犯恢复原状，这是势在必行、非常必要的，因为只有这样做，他才能够对社群表达出他的忏悔之情，同时他也能因此得到宽恕。只有这样，社群就会接纳他，让过去的事情过去了，不会再用其他方式使他受到羞辱。

案例2：吵架斗殴案[1]

男人或是女人往往会使用一些粗鄙下流的语言，有时还会为一些事情争吵打架，打架可能会导致身体受伤。受害者则会将这些情况报告给Kgotla的头人或是首领。案件会被记录在案，同时，罪犯也会被传唤到Kgotla来出庭。双方当事人都会陈述案情，而首领和lekgotla也会旁听审理。被认定有罪的罪犯将会被判处社群服务，比如清理和打扫Kgotla至少三十天。而有的时候，处罚也会以罚金的形式做出，罚金将会保存在习惯法法庭，以备村庄发展或是其他社群需要。与之相反，如果罪犯是男性，那么，他可能会被判罚鞭打两下或四下。鞭刑由习惯法警察实施执行，他们会使用特定的新折的树枝，鞭打在罪犯的裸背上面。

案例3：家庭冲突案[2]

家庭有时候会产生矛盾、发生冲突。这些冲突可能是会与孩子的监护权或是各种关系等有关。矛盾当事人也许会希望首领或是头人来作为第三方的介入矛盾冲突。一方当事人（往往是受害者，原告）向首领或是头人报告案情之后，首领或是头人会传唤另一方当事人。在大多数情况之下，这些案件的处理不会有外人介入（这有时还会取决于事情的敏感程度）。因此，首领或是头人只能成为这些事情的唯一的裁决者。双方当事人各自陈述案情之后，陪审团将会对案情进行评估并且做出裁判。案件评估可以以对一方当事人或是对双方当事人的忠告或建议的形式来做出。如果陪审团认为有必要分开存在关系的那个人，那么法庭就有权这么处理。如果案件还牵涉到了家族成员，那么他们也会加入到讨论之中。有的时候，家族成员也会出庭，要求获得首领关于家庭案件的表态，或是他们被告知要停止他们的影响。在这里，正如一句谚语所言："首领的话语是需要被留意和受到尊重的。"从上面的案件当中可以看出来，Kgotla往往被用来处理不同类型的案件，但是这些案件往往都是轻微案件或是民事案件。当地社群的民众更加青睐于习惯法法庭，因为它是本土化的、是当地的。同时，民众可以直接走到他们的Kgotlana或是Kgotla那里，而无须差旅的支出。除此之外，习惯法法庭审理也能够迅捷地把报告的问题处理好，因为在大多数时间里，首领和头人都待在Kgotla。因此，当人们需要他们的案件被处理解决的时候，这种方式就会非常高效。不仅如此，Kgotla的服务无须任何费用。案件的处理和解决是免费的，审理的参加和旁听也是免费的。

习惯法法庭很是重视通过和平的方式来建设社群。首领和头人们也会与他们所在社群的幸福安宁有关系。一些个头人会在区域内四处拜访民众。他们也会积极参与到社群活动之中，比如婚丧嫁娶，通过这种方式，他们和社群里面的民众相熟识。再比如，如果有人要申请博茨瓦纳的国民身份证，那么申请表格就需要首领或是头人们的签字。换而言之，政府也将首领或

---

[1] Odinkalu, C. (2005), *Pluralism and the Fulfilment of the Need in Africa*, unpublished manuscript.
[2] Odinkalu, C. (2005), *Pluralism and the Fulfilment of the Need in Africa*, unpublished manuscript.

是头人视为是社群的守护者。

Dikgosi（首领）、Dikgosana（头人）或是Lekgotla在纠纷的仲裁过程之中都会促成讨论的开展和进行。他们不仅试图解决人们的难题，同时他们也试图阻止难题的产生，通过这种方式，他们期望人们能够和谐地生活在一起。如果争端得不到解决，那么，这就会使得民众之间的关系受到瓦解，甚至会引发敌意和对抗。如果这种行为在社群里发生，那么，在社群里这种行为也不会得到尊重。实际上，Gluckkman注意到[1]，在一个村庄里，旷日持久的敌对行为将会完全破坏村庄的生活。相反，首领和头人们通过参与社群项目，比如犯罪预防项目等[2]，也会参与到社群的整合过程之中来。这些项目促使社群成员能够在他们的社群里找到打击越轨行为方法。

因此，作为传统机制的Kgotla系统在博茨瓦纳的乡村以及城市地区依旧发挥着保护人权、推进社会公正、和平以及社会团结统一的重要作用。Kgosi是Bogosi以及Kgotla系统的塔尖。实际上，Bogosi是Tswana文化的不可分割的一个部分，同时它也是博茨瓦纳习俗与传统的重要标志。除此之外，Kgotlana距离民众是最近的，换句话说，社群就在Kgotlana里。由此，社群周围的案件首先是被提交到Kgotlana来处理解决，如果失败了，那么这些案件会被移交到上一个层级Kgotla来解决。不过，其他一些案子可以直接提交到Kgotla，而无须经过Kgotlana处理。这些实际上完全取决于个人。换句话来说，对于小范围的民众来说，Kgotlana就好像是民众的人权法庭，因此，案件在它们被提交到上一级的Kgotla之前在小的社群里就比较容易解决，因为Kgotla会牵涉到更大的社群，由此，它会更加吸引别人的关注。实际上，按照Bonta的说法[3]，和平不仅仅是没有冲突，同时，它也需要一种积极的、动态的参与进程。在这一进程之中，对话交流是被鼓励开展的，而矛盾冲突也会在相互理解和合作的精神之下得到解决。Kgotlay依据其开放讨论的本性，彰显出在Kgotla集会过程中的言论自由，而这一特征则在Tswana社会的警句之中有所反映："mmualebe o a bo a bua la gagwe"。这也就是说，每一个都有表达自己观点的权利，而另外一句警句 "mafoko a kgotla a mantle otlhe" 则表明，在Kgotla之中所说的每一句话都是值得去认真对待的。[4]因此，在博茨瓦纳，Kgotla这样一种社会机制保护了人权，同时也推动了社会的公正与和谐。

---

[1] Gluckman, M. (1965a), *The Ideas in Barotse Jurisprudence*, New Haven, Yale University Press, p. 125.

[2] Ibid, p. 128.

[3] Bonta, B. D. (1996), "Conflict Resolution among Peaceful Societies: The Culture of Peacefulness", *Journal of Peace Research*, 33(4), PP. 403-420.

[4] Ibid, p. 410.

十一、埃塞俄比亚的Gadaa社会机制

按照Workneh的说法[1]，Gadaa体系在埃塞俄比亚是一个属于Oromo族人的民主化的政治和社会机制；这一机制被应用于水资源等重要资源的利用以及保护人权、推进社会公正、解决个人与社群之间的纠纷冲突等领域。Workneh注意到[2]，在波拉纳区域之中解决纠纷冲突以及管理自然资源（包括水、土地和森林等）的传统机制发端于Oromo族人的社会机制Gadaa，Aadaa, Seera以及Safuu，并且与其文化管理结构相联系。

Desalegn等人注意到[3]，Gadaa是一种社会组织系统，这一系统以不同年龄阶段的男性人口为基础，它每八年传承一次，移交相应的经济、政治、军事以及社会责任。一个完整的Gadaa周期，由五个到六个年龄段的男性组成，不包括那些追随Luba阶层的人。[4]Gadaa系统围绕一系列的代际标准来组织Omoro族人的社会生活，并且把权利和义务分配给社会之中的所有男性。每一个人要么是生来如此，要么是由父母自动地把他们的生活按照一种现成的模式加以设置并且要经历这种模式，他们为公众提供各种各样的服务同时也会获得一定的特权。同时，每一个人也在向社会整体以不同的形式来贡献他的劳动力。

实际上，年龄阶段同样也是启蒙和训练的阶段，同时也还是工作和表现的阶段。年龄阶段系统所附随的角色和规则同时也正是调整和管理Gadaa系统的最为重要的元素。每一个处于特定年龄阶段的Oromo族人，按照特定的规则和条例，都需要发挥一些特定的作用。当一个Oromo族男人，从一个年龄阶段而步入另一年龄阶段的时候，他的职责以及其在社会之中的生活方式也都会发生变化。举例而言，处于Qondaala, Kuusaa以及Raabaa doorii年龄阶段的时候，每一个人的职责是去学习战争技巧、Oromo族历史、政治技艺、仪式规矩、律法以及管理，而学习这些需要24年的时间。[5]当他们在大约40岁的时候，步入到Gadaa阶层或是Luba阶层，他们就已经获得了担负起管理社会以及举行仪式庆典等这些职责所要求的所有必备的知识。

这一过程以整个老年人群体的半退休状态作为结束，他们还保有咨询和司法的职能。按照Hussein的说法[6]，追随着Luba阶层，男人自动地从Gadaa退休，同时进入到被称之为Yuba的

---

[1] Workneh, K. (2001), *Traditional Oromo Attitudes towards the Environment: an Argument for Environmentally Sound Development*, Social Science Research Report Series, No. 19, OSSREA, Addis Ababa, Ethiopia.

[2] Ibid, p. 18.

[3] Desalegn, Ch.E., Babel, M. S., Das Gupta, A., Seleshi, B. A. and Merrey, D. (2004), "Farmers' Perception about Water Management under Drought Conditions in the Awash River Basin, Ethiopia", *International Journal of Water Resources Development*, 22 (4), PP. 589-602.

[4] Ibid, p. 590.

[5] Hussein, J. W. (2004), "A Cultural Representation of Women in Oromo Society", *African Study Monograph*, 25 (3), PP. 103-147.

[6] Ibid, p. 106.

咨询角色之中。到了那个时候，这些人，将会因为他们的睿智、富有经验、颇具权威以及丰富的律法知识而获得极大的尊崇。但是，他们的决定也不再是终局决定了，这不像以前的时候，他们的决定是最终的。到了那时，他们将会把他们的注意力倾注到家族生意或是宗教活动之中，与此同时，他们的子孙后代将会进入Gadaa为公众服务。

Luba处于统治阶层，它的成员享有全部的政治权威，能够选举代表来参加全国性的大会Caffee。在那里，有关土地的法律，会根据数万Lubas的投票被修订；在那里，官员会被选举出来，以一种更为全面且多样的能力来管理社会。Caffee大会选举产生9名Gadaa官员。按照Woekneh的说法，下面这些内容就是Gadaa官员的职位以及他们的职责：

Abbaa bokkuu或Abbaa gadaa——总统；

AbbaabokkuuI——副总统；

AbbaabokkuuII——副总统；

Abbaacaffee——大会（Caffee）主席；

Abbaadubbii——发布大会常委会决定的发言人；

Abbaaseeraa——律法以及大会决定的记录官；

Abbaa alangaa——执行决定的法官；

Abbaa duulaa——掌管军队；

Abbaasa'aa——负责经济事务。

这些Gadaa领导人是根据他们的智识水平、勇敢程度、健康状况以及身体力量而选举产生的。[1]在Oromia地区不同的Oromo族社群之中，Gadaa产生和运作的方式会有些许不同。需要注意的是，Boran族人在其他地方，比起Oromo族人更加完整地保留了Gadaa系统，这是因为他们相对地与外界的影响更加隔绝。在Boran族人的情况下，按照Dejene的说法[2]，整个的Gadaa常委会由9名成员组成，它们被称之为Saglan Yaa'ii Boran（Boran族大会的九个人）。如果Gadaa官员不能履行自己的职责，那么Caffee大会有权力以在同样的Gadaa阶层中的其他族群来替换他们。这被证明问责制度在管理体系之中是如何确立起来并且发挥效用的。

Watson注意到[3]，Gadaa的一项主要的经济职能就是资源的分配，这一职能是通过设立

---

[1] Ibid, p. 26.

[2] Dejene, A. (2004), "*Fuzzy Access Rights in Pastoral Economies: Case Studies from Ethiopia*", The Tenth Biennial Conference of the International Association for the Study of Common Property, URL, http://www.iascp2004.org.mx/downloads/paper_109a.pdf, accessed October 20, 2016.

[3] Watson, E. (2001), "Inter Institutional Alliances and Conflicts in Natural Resources Management: Preliminary Research Findings from Borana, Oromiya region", *Working Paper* No.4, Department for International Development, UK.

某人帮助某人的义务以及这项义务的时间、理由，通过解决家庭之间关于财物的纠纷冲突，通过制定律法等等来实现的。Gadaa系统管理着Boran族人对自然资源的使用，同时，它也使不同的族群协调他们对重要资源（比如水资源）的使用。Desalegn等人认为[1]，按照Gadaa的运作方式，那些已经步入到了Luba阶层的人（年龄在40岁到48岁之间的个人）都可以被视为是年长者。因此，这些年长者可以解决族群之间和个人之间的纠纷冲突，可以适用律法来处理资源分配的问题，可以处理人权侵犯、刑事犯款和处罚、财产保护、扒窃偷盗等各种问题。就是这样，族群之中的这些年长者构成了自然资源管理和纠纷冲突管控的习俗传统机制之中处于支配地位的重要组成部分。[2][3][4]

这些年长者所享有的权威，来源于在Gadaa系统之中他们所处的地位。当Gadaa设定了规则和条例之后，这些传统也都必须被所有的年长者理事会所尊重。那些有关资源使用的问题，如果还是不能被这些年长者所解决，那么它们将会被处于更高层级的Gadaa首领们来处理。实际上，Waston[5]和Dejene[6]强调的则是abbaa gadaa在处理资源纠纷问题上所扮演的重要角色。他们都看出来，abbaa gadaa只是作为整个Boran民族的挂名的首领，尽管他往往被描述为总统。除了履行典礼仪式以外，当一项决定不能在低一层级来做出的时候，相关事项也会转交给他和他的理事会。当冲突在ollaas之间或是araddaas之间又或是maddaas之间爆发的时候，abbaa gadda就会来处理这些案件。如果冲突在不同的种族之间爆发，那么，他也会被召唤去帮助讲和。由于abbaa gadda负责处理有关Boran族人的各种事项，同时，又由于这些事项往往与资源（水、土地和森林）的使用相关联，abbaa gadaa因此处于波拉纳地区自然资源管理机

---

[1] Desalegn, Ch.E., Babel, M. S., Das Gupta, A., Seleshi, B. A. and Merrey, D. (2004), "Farmers' Perception about Water Management under Drought Conditions in the Awash River Basin Ethiopia." *International Journal of Water Resources Development*, 22 (4), PP. 589-602.

[2] Watson, E. (2001), "Inter Institutional Alliances and Conflicts in Natural Resources Management: Preliminary Research Findings from Borana, Oromiya region", Working Paper No.4, Department for International Development, UK.

[3] Dejene, A. and Abdurahman, A. (2002), *The Root Causes of Conflict Among the Southern Pastoral Communities of Ethiopia: a Case Study of Borana and Degodia*. Paper presented at *The Second Annual Workshop on "Conflict in the Horn: Prevention and Resolution"*, Addis Ababa, Ethiopia.

[4] Desalegn, Ch.E., Babel, M. S., Das Gupta, A., Seleshi, B. A. and Merrey, D. (2004), "Farmers' Perception about Water Management under Drought Conditions in the Awash River Basin", Ethiopia *International Journal of Water Resources Development*, 22 (4), PP. 589-602.

[5] Watson, E. (2001), "Inter Institutional Alliances and Conflicts in Natural Resources Management: Preliminary Research Findings from Borana, Oromiya region, Ethiopia", Working Paper No.4, Department for International Development, UK.

[6] Dejene, A. (2004), "Fuzzy Access Rights in Pastoral Economies: Case Studies from Ethiopia", The Tenth Biennial Conference of the International Association for the Study of Common Property, URL, http://www.iascp2004.org.mx/downloads/paper_109a.pdf, accessed October 20, 2016.

制的最高层级。

Dejene和Abudurahman[1]也展示了相关证据,他们想以此表明,多元化的当地社群,包括Oromo族群以及非Oromo族群,是怎样在奥罗米亚州的波拉纳区域,在传统的、协商性的、共同管理自然资源的系统之下相互共存的。通过传统纠纷冲突解决机制,人权侵犯和矛盾冲突也将会迅速地得到解决。

按照Waston的说法[2],Gadaa系统的基础乃是建立在非正式的或是传统的Oromo族的aadaa(习俗和传统)、seera(Boran族律法)、safuu(Oromo族关于伦理的观念)以及heera(正义)等之上的。而这些机制则形成了本土的知识系统,并且也包含了有关自然资源使用的规则和条例。它们定义了一个族群对自然资源的拥有及其使用的权利。在波拉纳地区,个人、族群以及组织在涉资源的拥有及其使用权利的问题上都享有不同的地位,这些机制则界定了它们各自的拥有和使用。这些土著的机制既有规律性又有严谨性,同时还有亲属网络的支持,并且还在会议和仪式的过程之中完成了其制度化建构。因此,按照Hussein的说法[3],自然资源的享有,受到了这些不同的机制联合体的管理,而这些不同的机制也是纠纷和冲突的解决机制,同时,它们也独一无二地辅助性地来处理环境、福利以及冲突等彼此相互联系的各种问题。此外,按照Workneh的说法[4],aadaa和seera在波拉纳地区每八年举行的会议之中才会被阐释和复述。而aadaa则鼓励不同的战略,这些策略比如在不同层面的Boran族机制批准并且限制使用那些在它们的管辖范围之内的牧场等。

相对于Gadaa也存在着面向女性的、平行的机制,这被称之为ateetee以及siiqqee机制。[5][6]Oromo族妇女曾经把ateetee作为增进她们的团结的一种方式,同时它也被作为对抗男性暴行的一种工具。同样地,作为一种制衡和分权的机制,siiqqee也被制度化、机构化,由此,

---

[1] Dejene, A. and Abdurahman, A. (2002), *The Root Causes of Conflict Among the Southern Pastoral Communities of Ethiopia: a Case Study of Borana and Degodia*. Paper presented at The Second Annual Workshop on "Conflict in the Horn: Prevention and Resolution", Addis Ababa, Ethiopia.

[2] Watson, E. (2001), "Inter Institutional Alliances and Conflicts in Natural Resources Management: Preliminary Research Findings from Borana, Oromiya region, Ethiopia", Working Paper No.4, Department for International Development, UK.

[3] Hussein, J. W. (2004), "A Cultural Representation of Women in Oromo Society", *African Study Monograph* 25 (3), pp. 103-147.

[4] Workneh, K. (2001), *Traditional Oromo Attitudes towards the Environment: an Argument for Environmentally Sound Development. Social Science Research Report Series*, No. 19, OSSREA, Addis Ababa, Ethiopia.

[5] Dejene, A. and Abdurahman, A. (2002), *The Root Causes of Conflict Among the Southern Pastoral Communities of Ethiopia: a Case Study of Borana and Degodia*. Paper presented at The Second Annual Workshop on "Conflict in the Horn: Prevention and Resolution", Addis Ababa, Ethiopia.

[6] Hussein, J. W. (2004), "A Cultural Representation of Women in Oromo Society", *African Study Monograph* 25 (3), Ibid, p. 110, pp. 103-147.

妇女形成了她们自己的、主动排除男性的平行组织。[1]

按照Workneh的说法[2]，另一种重要的、与保护人权、推进社会正义以及解决纠纷冲突相关联的非正式的机制就是Araara机制（和解）以及jaarsummaa（冲突的个人或族群之间通过一群Jaarsaas年长者来达成的和解的进程）。Dejene[3]则报道了Upper Awash的Karrayyu Oromo族群与它的临近的族群比如Afar和Aegoba之间Araara机制的有效性。按照Watson的说法[4]，Araara是保护人权和冲突管理的过程，而这些冲突则涉及社群内外的各个宗族。Dejene注意到[5]，这些问题主要还是由社群里的长者理事会来处理，而这会与Gadaa系统相联系，并且这在一些地方被称之为jaarsummaa。Dejene注意到[6]，jaarsa这一术语乃是Oromo族对于年长者的称呼，而jaarsummaa则是冲突的个人或族群之间由年长者主持的和解进程。

十二、波拉纳地区的结构

除了规则、律法、规范、习俗以及伦理价值观以外，存在着一套完整的、调整水、土地以及森林等资源使用的文化管理的结构深深地嵌入在Gadaa系统之中。水资源作为一种共同的财产，对于它的管理，在波拉纳地区，直到今天，依旧相对较为完善。[7]尽管在过去的30年的时间里大多数Boran族土著的社会机制早已经消亡了，而那些与水资源管理相关的社会机制依旧保持了它们的重要地位。[8]需要注意的是，由于波拉纳地区生态环境的固有性质，享有水资源和牧场土地，这对于Boran族牧民的生活来说是至关重要的。因此，Gadaa系统对于水资源和土地的管理职能依旧相对强大。

---

[1] Ibid, p. 110.

[2] Workneh, K. (2001), *Traditional Oromo Attitudes towards the Environment: an Argument for Environmentally Sound Development*. Social Science Research Report Series, No. 19, OSSREA, Addis Ababa, Ethiopia.

[3] Dejene, A. (2004), "Fuzzy Access Rights in Pastoral Economies: Case Studies from Ethiopia", The Tenth Biennial Conference of the International Association for the Study of Common Property, URL, http://www.iascp2004.org.mx/downloads/paper_109a.pdf, accessed February 20, 2014.

[4] Watson, E. (2001), "Inter Institutional Alliances and Conflicts in Natural Resources Management: Preliminary Research Findings from Borana, Oromiya region, Ethiopia", Working Paper No.4, Department for International Development, UK.

[5] Dejene, A. (2004), "Fuzzy Access Rights in Pastoral Economies: Case Studies from Ethiopia", The Tenth Biennial Conference of the International Association for the Study of Common Property, URL, http://www.iascp2004.org.mx/downloads/paper_109a.pdf, accessed February 20, 2014.

[6] Ibid, p. 25.

[7] Workneh, K. (2001), "Traditional Oromo Attitudes towards the Environment: an Argument for Environmentally Sound Development", Social Science Research Report Series, No. 19, OSSREA, Addis Ababa, Ethiopia.

[8] Homann, S., Dalle, G. and Rischkowsky, B. (2004), *Potentials and Constraints of Indigenous Knowledge for Sustainable Range and Water Development in Pastoral Land Use Systems of Africa: a Case Study in the Borana Lowlands of Southern Ethiopia*, GTZ, Tropical Ecology Support Programme (TOEB), Germany.

按照Dejene的说法[1]，以下这些内容就是一套完整的文化管理结构，它调整了水、土地和森林等自然资源的使用和享有：

（1）Warra——Warra是家庭；它由家庭中的男主人来管理。Abbaawarra，指的就是家长、家庭之中的父亲。

（2）Ollaa——Ollaa是居所的最小单位。它是由30个到100个家庭组成的。Ollaa的首领被称为abbaaollaa，他往往是ollaa建立以来的第一位男性，或者这位男性最年长的后代。

（3）Araddaa——这是由ollaa组成的小组，通常它由2个或者3个ollaa组成。他们往往在放牧的方式上共同合作；也可以联合起来圈定或隔开放牧的区域。

（4）Madda——这是由放牧区所环绕的取水点。取水点被那些使用水资源的人所使用。Abbaamadaa，即水资源的管理人，在水资源方面具有管理的职权。他也往往是那位最早找到并且挖掘水资源的人的最为年长的后代。他拥有这片水资源，同时他也享有优先的权利来使用水资源。他可以决定谁可以、谁不可以使用水资源。与之相关联的是abbaakonfi，即通过挖掘而开发了水资源的人；以及abbaaherregaa，即负责每日监督取水过程的官员，取水过程包括了对井口的维护和打扫、对取水点的圈占和环绕等。这一职位是在宗族理事会koraeelaa的会议上被任命的。

（5）Dheeda——这是一个广阔的牧场单位，它会由不同的ollaas和araddaas所使用。这种空间的管理单位，则是由年长者理事会jaarsadheedaa或者是某个人比如abbaadheedaa所管理的。Madda和dheedaa的面积各不相同，而且它们的边界可能会重叠。

（6）Borana-wide——abbaagadaa和他的议员则是波拉纳地区的管理机构。Abbaagadda则是经由选举产生的领导波拉纳地区的人。

种族和种族之间（宏观的）以及同一种族之内（微观的）的冲突、人权的侵害以及社会的不公正还有自然资源的过度使用等，这些问题在波拉纳地区都非常普遍。上述这些矛盾冲突往往是由当地年长者运用Gadaa系统的各项原则来处理和解决。实际上，按照Gadaa年龄阶段这一系统，年龄在40岁到48岁之间的男性被称之为Luba并且被视作是年长者。他们肩负着维持和平与稳定、在当地社群之内保护人权、推动社会公正的重要义务。而这些本土社会机制在处理那些可能是由于自然资源使用所引发的冲突的时候的相关性以及适用性，已经得到了很多学者的评估。按照Boran族的传统，人权保护与自然资源的管理以及纠纷冲突的解决，这些都是相互结合在一起的。同时，年长者由于得到了极大的尊崇，从当地社群获得的习俗机制，这

---

[1] Dejene, A. (2004), "Fuzzy Access Rights in Pastoral Economies: Case Studies from Ethiopia", The Tenth Biennial Conference of the International Association for the Study of Common Property, URL, http://www.iascp2004.org.mx/downloads/paper_109a.pdf, accessed February 20, 2014.

是一种最好的机制。在埃塞俄比亚，这一机制可以很好地处理和解决自然资源支配权的运作和管理方面以及人权保护等方面的问题。

十三、结论

综上所述，例如乌干达的Ekika、卢旺达的Abunzi、苏丹的Judiyya、博茨瓦纳的Kgotla以及埃塞俄比亚的Gadaa等，这些非洲传统的社会机制之所以非常重要，是因为它们都能够推进和保护人权。

乌班图（Ubuntu）：在现代南非推进人权的一种工具

Ubuntu as A Tool to Advance Human Rights in Modern-day Southern Africa

Mofihli Teleki*

马　原译

摘要： "乌班图"（Ubuntu）是一种产生和实践于非洲南部的非洲哲学。许多世纪以来，其悠久价值凸显在非洲生活的文化、人文与道德观念之中。本文旨在发掘"乌班图"的价值精神，并评价这些价值如何推动南非人权。当今的非洲正不断尝试摆脱有关自身文化的误解和迷思，因此重新评价"乌班图"对于在人权框架下重塑其目标尤为重要。尽管过去一直存在有关非洲文化的种种误解，然而非洲文化为人权理论建构、特别是集体权利和社会权利领域作出了贡献。本文的核心观点是，促进人权对于当代非洲国家而言已势在必行，而"乌班图"等非洲文化概念可以起到积极推动作用。

一、导言

面对非洲大陆的经济-社会挑战，来自非洲本土的认识论原理不断回归到我们的视线。同时，一些认识论方面的概念也渗透了非洲社会生活的古代知识，"乌班图"就是其中之一。

"乌班图"是一种非洲哲学，无论在过去或是现在，其主体价值和原则体系都被用来解决与人权相关的问题。在非洲大陆的南部地区，乌班图是一个基于各类目标和行动而被广泛实践的概念。例如南非民主制度建立之初，对"乌班图"的应用就成为构建民主制度的关键（Enslin & Horsthemke, 2004：548）。在更加深刻的社会层面上，"乌班图"也是为南非后种族隔离时期"真相与和解"（Truth and Reconciliation）进程提供必要性支撑的指导原则

---

* Mr. Mofihli Teleki is Head of Communications Unit at the Commission for Gender Equality.

(Nabudere, 2005:01)。

对"乌班图"价值观和原则更为详细的评价可以发现它和普遍人权原则的相似之处。例如，当代的人权原则推崇尊严和人性的理念（《世界人权宣言》，1948），这与"乌班图"激发人们对尊严的需要与认同的内在伦理异曲同工。[1]

本文并不主张用"乌班图"等非洲传统价值来取代常规、普遍的国际人权准则，也不尝试评判"乌班图"同传统人权规范及价值观的优劣，而在于解释"乌班图"在当前非洲民主国家、特别是那些认同普遍人权的国家中的位置及在其宪法与国内法中的体现。为什么这一问题很重要？

世界各国在不断增长的压力下，都在寻求在非西方语境下适用人权准则的适当性，这使对于"乌班图"的探索具有重要意义。Murithi (Murithi, 2007:277) 提出，一些非洲国家领导人出于对国外、特别是对西方世界干涉的恐惧，似乎在抵触对国内人权保护情况的外部评估。他们进一步认为，解决这一挑战的办法或许可以通过确保非洲国家使用类似"乌班图"的概念，作为对国际普遍人权准则的回应。有一个问题有力支持了这一观点，即："人权规范在全球各国实现程度的多样性体现在哪里？"（Ikenberry et al.1999: 01）。如果我们考虑到人权理论体系所认可的普遍主义和相对主义的存在，这就可能是一个重要的问题。从本质上说，在非洲语境下"相对"的问题或许不能体现出普遍主义，反之亦然。因此来自非洲的认识论可能为我们穿越普遍主义人权的复杂迷宫提供一种解决方案。

本文希望大家关注历史问题，尤其是非洲社会背景下人权的历史特征。因此，在发掘"乌班图"价值的同时，也应当考虑到非洲各国所应当执行的人权规范和原则。

本文运用南非的案例来论证和说明"乌班图"的概念如何被塑造、定位，及其与南非宪法和普遍法之中的人权规范一同在实践中的运用。当前南非社会问题的现状是本文讨论"乌班图"问题的社会背景。一些学者建议在其他手段失效或非洲机构和领导人可能违背普遍人权原则的时候适用"乌班图"（Mokgoro&Woolman, 2010）。而本文的核心内容不在于"乌班图"是否必要，而在于从意识形态的角度审视其自然属性，将其作为一个解决当今南非社会问题的人权工具来看待。尽管本文将南非视为一个整体，但也应当指出，南非各国在社会情境、权力机制、政治与社会问题方面均存在差异，就这一意义而言，各国的具体情境与社会动力具有至关重要的意义。

---

[1] A broader definition of the meaning of Ubuntu is explored in the section "Brief description of Ubuntu", under point 2.

二、"乌班图"的简要介绍

"乌班图"的概念可以通过许多定义和方法来解释,也有很多学者对"乌班图"的内涵做了界定和描述。

Hailey 发现,在语言学方面,"乌班图"一词是在非洲大陆的班图语中出现的,"在撒哈拉以南非洲地区可以发现具有类似涵义的词语"。例如塞索托(Sesotho)或塞茨瓦纳(Setswana)语中的"botho",坦桑尼亚苏库玛语中的"bumuntu",刚果布班基语中的"bomoto"和安哥拉语中的"gimuntu",肯尼亚语中的"umundu",乌干达语中的"umuntu",马拉维语中的"umunthu"和莫桑比克语中的"vumuntu"。Hailey 提到的这些地区和国家是大量班图人自古以来居住的地区。因此,Mberia(2015:109)指出,在许多讲班图语的非洲地区,都有"乌班图"的同义词。在所有班图语中都可以发现与"乌班图"具有相同名词根的同源词,"因此可以判断,祖鲁(Zulu)和科萨(Xhosa)发现的乌班图是其发源地喀麦隆所使用的原始班图语的变体。"根据"乌班图"这一词汇本身的实际翻译,可以对它作出直接明确的解释。穆奇纳(2013:21)指出,非洲的黑人认为"自己和地球上的其他人都是班图(Bantu),瓦图(Watu)或阿班图(Abantu)"。这些词汇的直接含义就是"人类"。此外,也有学者认为"乌班图"是一个意义超越了"人类"的概念。

尽管一些学者认为"乌班图"的哲学或原理很难界定,但也有许多学者尝试赋予它意义,并分析它适用于人权原则的方式。

"这一概念通常被描述为非洲社会的世界观以及形成影响社会行为的观念的决定因素之一。同时,它体现为一种生活哲学,本质上代表人、人文,人性和道德;它是一个刻画群体团结的比喻,这种团结对于资源稀缺社区的生存而言至关重要,其根本的信念是"mothokemothobabathobabangwe / umuntungunguntungabantu"。字面意义是任何人只有通过他人才能成为一个真正的人。换句话说,个人的存在与群体的存在是相关联的。这一特征体现在,个体要生存,就必须通过各种反对个人主义行为来确保集体生存。对于各位同胞来说,这是一个基本的人文主义方向。"(Mokgoro, 1997:02)

上文列举的定义清晰表明,"乌班图"哲学鼓励社区主义精神,承认人类并非孤立的个体,而更应被看作所属社区成员。同样重要的是,对这种现象的描述体现出个人应当明白如何对待和了解他人,并从这一角度突出了人性。作者认为,这种了解和自觉可以增进非洲人在如何相互理解、维护尊严、人道主义和同情心方面对以往和当前的认识。在上文概念界定的基础上很容易发现,人们对他人的同情、尊重等善行是值得鼓励的行为。

三、"乌班图"、相对主义与普遍主义

目前联合国人权文书和适用的法律体现了普遍性的理念（UN.org, 2016）。这种立场容易被解释或误解为，目前人权法律制度以"一刀切"的普遍主义人权框架为前提。一些学者主张，"普遍人权如果加以适当理解，可以为国家、区域、文化特殊性和其他形式的多样性和相对性赋予相当大的空间"（Donnelly, 2007: 282）。

人权的普遍主义原则得到了一些国际人权文书的呼应，特别是在1948年"世界人权宣言"中得到充分的诠释；其中，一些原则对国家具有约束力，另一些则不具有。长久以来，研究者一直在人权法框架下探讨文化相对主义和普遍主义领域的重要问题。在人权理论体系中出现了一些受西方自由主义影响的论断，即所谓普遍人权在本质上是西方的，并不能涵盖非西方国家的许多重要文化特征。一些学者认为，普遍主义在本质上是基于人权不受国家意识形态束缚的信念，这种界限也是不应存在的（McGinnis&Somin, 2007: 1184）。另一些学者认为，文化相对主义与国际法中个体的基本权利之间存在不可调和的矛盾，原因在于积极国际法不承认文化多样性（Teson, 1985: 875）。学者们有关文化相对主义的观点形成了一个连续统，其中一端体现为"文化决定权利"的观点，另一端的观点认为，若不存在反例，则应当承认普遍人权的存在（Donnelly, 1984: 401）。

值得指出的是，在世界各国人权研究根深蒂固的当今，作为非洲文化概念的"乌班图"不是"不存在"的，也不会受殖民主义影响而消失，然而同时，它也承受着殖民势力的压制和破坏。这种破坏的方式体现为，将非洲视为一个在文化上古老落后的大陆，因此，与"乌班图"类似的文化在殖民时期都无法得到进一步发展（Brantlinger, 1985: 166）。尽管存在对非洲文化的种种误解，但非洲文化仍然为权利理论框架、特别是集体和社会权利作出了贡献，例如其中包括"乌班图"和"乌贾玛"（Ujamaa）的一些概念。"乌班图"是位于非洲土著文化中的概念。它的特征在于"为建设和维护社区而表达同情、互惠、尊严、和谐与人性"（Nussbaum 2003: 21）。"乌贾玛"的含义是"非洲社会主义"，它通常被描述为一种同时强调"家庭主义"和"社区主义"（Chacha 2002: 23）的非洲哲学。这个概念建立在涉及自由、平等与团结三个方面发展的细微差别上（Ibhawoh&Dibua 2003: 63）。

一些学者基于各种理由，明确主张"乌班图"应当成为现代非洲不可撼动的思想。例如，Masango等学者介绍如下：

"现代社会正在重新发掘这个旧概念，以便纠正丢失的'乌班图'价值和尊严。为什么？在种族隔离时期，当南非人为自由而战时，他们失去了对'乌班图'的观念。在那段时期，生命失去了意义——尤其失去了使人们相互尊重的上帝的形象。新民主体制强调人的尊严和人权，而社区正在努

力修复使村民互相尊重的旧观念。这就是我们为什么要重新评价或审视'乌班图'概念的理由。"

从上述各段的讨论中可以看出,"乌班图"似乎存在于融合了普遍主义和相对主义的法律空间内。一些精神、文化和认识论概念与法律或宪法并存,这是非西方国家独有的特征。换句话说,类似"乌班图"的文化概念既不是政治手段,也不是法律手段,相反,他们的哲学是内在精神方面的,在社会内部对于社会行为模式的塑造也起到辅助作用。

在某些方面,此类文化信仰可以为制定法律和国家宪法的进程提供指引,在南非各国也正是如此。如果参考精神或信仰来制定法律是严谨的,那意味着无论法律由于任何原因被破坏,"乌班图"的概念在制裁不法行为时都不会失灵,但其相对的适用性会接受社会的讨论。实质上,对法律的适用并不必然代表"乌班图"被破坏,相反,后者会促进法律以某种方式在社会中创造可预期的社会秩序。因此,适用普遍人权的同时,对历史特殊性的考虑具有重要意义,尤其是在非西方国家。有理由相信,即使在法律未能以其应有方式运作的情况下,"乌班图"也仍然能保持完整。

四、"乌班图"、人权与法

非洲法律中有关权利的设定体现出了塑造非洲思想和哲学的文化面向。例如,在殖民时代与此前,在南非拥有土地的权利是根据他们占有的需要,甚至是基于他们的贫困状况。例如南非莱索托的一些案例中,莫索索霍国王(King Moshoeshoe)曾向在1822年前后因莱索托战争而陷入贫困的人口提供土地(Laydevant&Tjokosela, 1965)。

同样应当引起注意的是,占据土地的权利也伴随着使用自己文化和语言的权利,即使在国外的环境下也是如此(Du Preez, 2016)。这意味着,南非人权在形态、内在理性和正当性方面,都是一种是通过土地和文化为生存发展面临困境的人们表达同情的方式。

"乌班图"所具有的"同情"与帮助困境群体的面向与其悠久历史相互呼应。作为应对不平等现象的方式之一,"同情"可能被看作是一个社会议题,但也可以由此推断出背后的人权理念。正是这一背景,使历史特殊性的细微差别在南非等国家显得非常重要。这种特殊性可能与西方和非西方国家之间的人权适用程度形成鲜明的对照。发展权就是一个例子。应该指出,发展可以被看作是在全球范围内解决不平等现象的工具。在联合国章程的若干文本中都出现了发展权的表述。尽管如此,一些联合国的缔约国家仍然不承认发展权是一项基本人权(Marks 2004: 144)。具有反讽意味的是,一些国际法将种族隔离认定为危害人类罪,原因在于种族隔离政策及其实施违反了现行的人权议定书。(Ohchr.org, 2016)

值得注意的是,种族隔离的概念是根据种族的划分实现"隔离发展"(Gibson 2004: 3)。

换句话说，种族隔离斗争不仅是争取政治自由的斗争，还涉及大多数南非人的经济自由和发展，这体现在曾经贯彻"隔离发展"的法律中（Aliber, 2003: 474）。

如果世界承认种族隔离是一种反对"人性"的罪行，也就意味着联合国或缔约国也秉承种族隔离本身具有不道德性的准则。基于特殊性的考虑，这里的"人性"概念应当结合非洲生活的背景来看待。

我认为在种族隔离时期，"人性"的概念绝不是源于南非大多数公民所享有的全球权利框架。假如人性在当时得到了广泛体现，"隔离发展"的观念就不会在南非的法律中得到确认。可以说，对于大多数人而言，人性、人权与发展权之间的缺乏联系得到了立法和强制的支持，因此在当时全国各地的法庭中经常可以见到种族隔离法律的滥用。

这段时期，南非法律与人权之间的联系并没有反映出"乌班图"的核心原则，特别是"乌班图"在前殖民时代所促进的各项权利。在殖民时代之前，"乌班图"实际上通过为公民赋予土地使用权的方式保障了他们的发展权，甚至包括因部落战争迁移或流亡到南非的公民。

在民主时代，非洲各国的法治具备了宪法支持，而人权、法治与认识论实践之间的联系由于本文所提到的历史特殊性而愈发重要。作为一项普遍原则的人权可以获得宪法的支持，并通过法治来推进。

法治应当强化法律制度以支持人权（Joireman, 2001: 575）。法律制度运行的背景仍然至关重要。众所周知，南非的法律制度是殖民主义的遗产，然而更重要的是，这一遗产建立在"对抗性司法"（adversarial system of justice）体系的基础之上，尽管就某些方面而言，南非在开始民主制度之后也在不断探索"恢复性司法"（restorative justice）（Joireman, 2001: 580）。

作为认识论概念的"乌班图"如果处于这样的司法体系之内，或许有助于获得一个更为调和的接近正义的方式。Allen认为应当在"对抗性司法"与创造秩序的和解性手段之间寻求平衡，以此实现社会团结。

Freiberg认为，非对抗性的司法体系能够在社会冲突中达成协商意见，实质上可以在处理复杂且涉及重大社会问题的社会问题时发挥重要作用。这与南非在种族隔离制度解体后的"真相委员会"期间，通过"乌班图"来实现和平与秩序的国家政策非常相似。

五、南非以往对人权的应用：南非"真相与和解委员会"的案例

根据前文的阐述，"乌班图"由一系列原则和哲学思想所构成，鼓励社区及其成员彼此行善，从而实现社会整体的良好福祉。

在后种族隔离时期的南非,"乌班图"被用于审视对人权的侵犯。南非的后种族隔离时代是一个反思的时代,也是国家追问过去,并重建种族隔离时期所发生的侵犯人权行为的真相。

在南非,"乌班图"作为一种工具,通过受害者家人和作恶者家人一同参加听证会的方式,鼓励公开讲出他们侵犯人权的行为。

1993年左右,在南非种族隔离制度解体之后,国家成立了"真相与和解委员会"(Truth and Reconciliation Commission),用于了解侵犯人权的情况及其他可能被隐藏的重要信息(Swanson 2007:53)。真相与和解委员会以"乌班图"的原则作为发现事实、促进和解以及安抚受害者、赦免作恶者的指导原则。"乌班图"的非洲哲学实质上承担了揭示旧政权所犯下的种族隔离行为事实的"法医"功能。(Swanson 2007:55)。

"真相与和解委员会"鼓励作恶者通过对话平台进行自我陈述,以促进受害者和施暴者家庭的和解(Swanson 2007:58)。这种对话与典型的法庭审判并不相同,"乌班图"鼓励陈述人以坦白真相换取赦免。在这种情况下,"乌班图"的理念被用来增进参与者之间的善意,特别是那些在法庭上本应因自己的行为而被判有罪的人。

南非的"真相与和解委员会"发扬了"乌班图"伦理的精髓,鼓励所有参与者认识到他们彼此的生活存在不可分割的联系,使宽恕成为达成和解的关键因素。正因如此,Nagel认为它是一种全世界普遍适用的本土司法实践。

乌班图与被种族隔离所压抑的非洲本土制度与传统生活方式相类似,都是受压迫的南非人民在集体反抗压迫政权的过程中所坚持的原则(Masango, 2006:932)。

后种族隔离时代的南非充满和解、和平与宽恕的氛围以及善意的共识。与此相对立的情形则可能是仇恨、国家分裂甚至内战,倘若这种情形进一步恶化,则可能出现非洲其他内战地区所出现的侵犯人权现象。

南非在完成首次民主选举之后,以"乌班图"为背景起草了临时宪法,为社会-政治转型铺设了道路。Mokgoro认为:"南非的临时宪法为所有南非人民创造了一个从充满斗争、冲突、无限痛苦与不公的高度分裂的社会,迈向一个认同和平共处的未来的历史桥梁。"

六、乌班图在当代南非的实践

本文前几节探讨了乌班图与人权、法律以及"真相与和解委员会"时期的实践应用,描述了如何以对话的形式发现侵犯人权的行为,平复大规模动乱为国家所造成的创伤。一些学者认为,如果没有真相与和解委员会,南非可能会卷入内战(Posel 2008:119)。对于南非"真相与和解委员会"而言，乌班图是一种通过削弱对立的方式解决人权问题的工具，这种对抗性较弱的过程奠定了作恶者获得赦免的可行性 (Mamdani, 2002: 33f)。

然而乌班图并不总是能够与"真相与和解委员会"的程序完美契合，其适用或结果都难以避免一些缺陷。乌班图等文化概念所适用的司法之外的程序也招致许多批判。值得指出的是，尽管一些人相信世界各地的"真相与和解委员会"与南非一样，对于过渡政府时期重建社会秩序具有积极贡献，但人们也关心这种司法观念是否永远不会构成对人权的侵犯 (Avruch & Vejaran 2001: 49)。在世界各地，真相委员会面临的另一挑战是对于真相概念的主观认知，这种情况下，对"讲述真相"的认识可能因权力关系的影响而遭到破坏 (Posel, 2008: 119)。

对南非真相委员会程序的另一重要批判在于，作恶者被假定为个人，而不是施加压制和不公正法律的政府体制，正是由于这一原因，真相委员会可能无法真正触及致使人权受到侵犯的结构性问题 (Mandani 2002: 33f)。

涉及南非政治的当前状况时，可以肯定的是"乌班图"的概念能够在上世纪90年代中期真相委员会的实践中接受进一步检验，完善其适用过程。

目前，南非政治和社会生活的现状促使我们重新发掘"乌班图"哲学思想，实现社会的有序，这与22年前、真相委员会制度设立的目标非常类似。例如难以负担的高等教育导致社会不满日益加剧 (Anon, 2016)，导致争取免费教育的冲突和紧张，这一现象受到南非当地和国际媒体的广泛报道。根据这一事项的相关媒体报道，尽管当前的问题是免费教育的需求，但"教育费用必须下降"的运动诉求也扩展到与南非高等教育"去殖民化"相关的权利领域。(Anon, 2016) 为回应这些问题，南非政府承诺相关费用的规定接受委员会的调查 (Manyathela, 2016)。同时，南非高等教育部长Blade Nzimande先生公开宣布国家计划为穷人和非家庭富裕的学生提供免费教育 (ENCA.com, 2016)。

尽管政府正在寻找解决问题的方案，并取得了一些进展，但是学生们不认可政府提出的条件，全国各地的抗议活动仍在继续发生 (Wire, 2016)。

财政部长Pravin Gordhan先生在中期预算政策报告中进一步回应了随之而来的危机，许多人认为其措辞实际上是针对这场席卷国家的混乱 (CapeTalk, 2016)。在讲话中，部长说：

"历史上经常出现的情形是，少数精英占据了发展所获得的利益。战争与征服、殖民化、独家贸易许可、行业保护、垄断市场、秘密卡特尔和歧视性法律——各种方式使财富聚集在少数人手中，使不平等和阶级分化根深蒂固。但是，我们不应失去对更公正社会的信心、期待以及实现这一目标的决心。每一个人都不应被抛弃。社会进步是复杂的，各国对正义与平等的追求也经历了许多不同的道路。

包容性增长取决于这些结构如何改变。它取决于社会网络和行政系统领域的法律和政策，以及市场的组织方式。教育有助于实现平等，城市能促进社会和经济流动，市场会扩大机会，公共服务会满足所有人的需求——如果社会结构是包容的，如果领导者具有远见，如果政府行为透明，如果价值观能够共享……

这影响到我们实现社会正义和转型的方式。在积极纠正过去的不公正现象时，我们可以在"为少数人提供特权和财富"与"实现更广泛的参与和赋权"之间做出选择。我们可以在"仅实现财富的转移"与"创造新企业、新资产、新就业岗位和更开放的增长路径的方式"之间做出选择……

作为我们民主的基本制度，宪法阐述了我们必须确立的原则……宪法第二章所保障的权利包含了人的尊严、自由与安全、隐私、自由迁徙与贸易、合理的雇佣劳工、获得住房、医疗卫生和社会服务，以及教育和行政权力的公正行使……我们必须在全国加强对话，为应对增长缓慢和贫困而寻求普遍的解决办法和具体措施。我们需要像历史上一样，进行切实、集体的努力。我们必须让希望和韧性战胜绝望和分裂。这取决于我们……"（Treasury.gov.za, 2016）

财政部长的讲话尽管没有明确提及"乌班图"，但他提到的包容性、团结性以及南非各界人士共同努力解决当前社会-政治领域挑战的能力，实际上体现了"乌班图"的特征。

在提及南非宪法时，财政部长强调，促进社会领域的平等是弥补过去和当前灾难所造成的损失的前提（Treasury.gov.za, 2016）。联合国"千年宣言"（2000年）中也列出了平等的关键原则，阐明"我们有在全球维护人的尊严、平等与公平原则的集体责任。因此，作为领导人，我们对世界所有人民，特别易受伤害的人，尤其是拥有未来的全球儿童，负有责任"。

财政部长讲话中提到"优质教育"是建设包容性的关键因素。一部分学生要求免费教育和去殖民化教育（Pather, 2016）。我认为，免费教育和去殖民化教育不仅涉及国家负担的免费教育问题，也包括使因社会不平等而无法负担教育费用的人仍然能够接受教育，正如一些全球人权规章中所要求保障的受教育权问题。

在一些国际人权议定书中可以看到"殖民化"与"去殖民化"的概念，例如1960年《去殖民化宣言》（第1514号决议），南非宪法密切遵循该宣言，也规定了优质教育和受教育机会（South Africa.info, 2016）。

1986年《非洲人权和人民权利宪章》（1986, art.2）肯定了非洲国家应当消除一切形式的殖民化，这是宪章序言中的重要条款。因此我认为，免费和去殖民化教育与目前普遍人权的话语有直接或间接的联系。很明显，部长讲话中提到的不平等也涉及人权问题。

正如前文所述，财政部长的讲话间接体现出了"乌班图"特征。正是就这种意义而言，他提出南非需要通过对话的方式解决当前面临的社会-政治或社会-经济问题，这些问题一定程度上是由于不平等造成的，导致被不平等剥夺的公众产生愤怒。

在本文其他章节，我提到"乌班图"以往的实践中，过去的统治者自然会满足社区成员或村民的需要，使陷入生活和生存困境的人能够享有获得生计支持的权利。正是基于这种精神，"乌班图"可以在全国范围的对话中得到体现，应对国内面临的社会政治和经济政治灾难。换句话说，如果我们认为抗议学生在争取南非宪法所保护的利益，那也应当注意，这些要求同样得到了"乌班图"伦理的充分保护，即团结、同情困境人群、包容与社区指向而非个人主义。因此我认为，乌班图伦理推动了对困境群体的帮助，在一定程度上提升了他们对于跨越不平等的认知，因为缺乏平等的情况会不断加剧人们的愤怒。

在南非目前的情况下，"乌班图"与人权之间存在联系。前文提到财政部长呼吁通过全国范围的对话来解决当前的问题，或许这种对话可以在"乌班图"的背景之下展开。乌班图也可以为将来可能开展的任何社会或国家对话提供参考。在通过对话寻求解决的过程中，对于"乌班图"原则的社会认知有助于引导人们的思维框架，帮助参与者在思考中做出决断，使人们认识到，任何国家层面的解决方案都应当遵循"乌班图"伦理所包含的同情、关怀、团结、包容以及帮助困境群体的原则。

"乌班图"伦理曾被誉为"真相与和解委员会"展开全国对话的重要前提，在现今也有望达到同样的目标。

财政部长演讲之后几天，宪法法院大法官Mogoeng公开谈到学生们争取免费教育的抗议所造成混乱的解决方案。他说："对于在宪法中已有解决方案的诉求，学生们没有必要通过暴力方式提出。"（ENCA 8.30 Live News Broadcast 2016）。根据大法官的言论可以推断，这些学生的要求受到宪法的保护和支持。南非宪法是体现"乌班图"精神的宪法。正是出于这个原因，我认为目前在南非等国家可以同时推动人权和"乌班图"以解决涉及个人和集体权利的问题。

七、结论

本文讨论了法律、人权和"乌班图"的功能。对于负责调解人权争端的调解者而言，应当重视从"乌班图"的实践中所获得的经验。这可以确保我们在不断重新调试和开发"乌班图"在人权领域应用的过程中，能够考虑到当前和未来不断变化的社会景观。这样，"乌班图"将成为一种能够适应社会环境的、有生命的理念。

权利的文化协商：民族国家语境下理解人权生活的基本工具

Cultural Negotiation of Rights: An Essential Tool for Understanding the Life of Human Rights in National Contexts

Ramona Biholar*

孟李冕 译

王瑞雪 校

摘要：文化协商过程对于充分理解一国人权及其实践具有重要意义，它是将人权转换为地方话语的过程（人权本地化（Merry 2006；Biholar 2013），将国际上产生的人权理念在当地转化，以便在不同的文化、政治和法律语境中相互联系并富有意义。这一点需要特别地考虑，因为权利的多元话语体系已经开始在实施过程中发挥作用。基于在牙买加的社会法律研究我指出，权利人（Rights-holders）根据当地社会和文化结构，通过人权价值观念的协商，从而参与人权理念及其实施工作。他们积极修改，重新诠释，从而翻译/本地化这些价值观念，并根据他们的生活观点和理解来调整它们。在这个过程中，权利人利用吸引人的社会表达方式、流行做法及精神文化价值观，如戏剧/通俗剧场、音乐、视觉手段等，即文化符号。最后，他们产生并传达了与其社会和文化现实相共鸣的权利含义。例如，在牙买加，塔法里（Rastafari）的精神价值与这次讨论尤其相关。通过所谓的"有意识的雷鬼音乐"，塔法里的社会文化表现形式从而载有权利、平等和正义的语义。

一、文化协商和人权

2009—2012年期间，我在牙买加进行人权实践研究，更具体地说是《消除对妇女一切形式歧视公约》5（a）条，不可避免地，调查工作的重点超出对国家进行宏观分析（抽象），集中

---

* Ms. Ramona Biholar is a lecturer at Faculty of Law, University of the West Indies.

于案例研究方法和"协调注意微观层面的相互作用"。[1]我从实地研究得出的结论表明,国际人权规定和上文提到的《消除对妇女一切形式歧视公约》5 (a) 条所述的社会和文化变革的义务并非简单地被各国所采用。这些国际规范和义务被争论、被修订,[2]就像民族国家的措施被创造和(或)调整以符合国际义务一样。人权的实施和实现包括一个从国际国家到权利人等方面不断调整和转换的动态过程,同样,在法律和政策的国家层面,更进一步来说,还有国际层面通过民族国家行动者推行"人权产品"的情形。[3]

对充分理解人权及其在国家管辖内的实施具有重要意义的是这种文化协商过程——一个将人权转换为本地话的过程(人权本地化)[4],通过将国际上产生人权理念在当地转化,为了让它们与不同的文化、政治和法律语境相互联系并变得有意义。根据针对妇女暴力问题的联合国特别报告员Yakin Erturk的说法,文化协商意味着利用某种文化的积极因素来提升认识的策略。[5]

文化协商也指明,在人权的实施和实现的过程中,权利的多元话语框架开始发挥作用。这意味着,除了传统的实施角色、义务的承担者,权利人根据社会的地方、社会和文化结构进行人权价值协商的进程,参与人权理念及其实施工作。

二、作为积极人权行动者的权利人

我理解权利人是那些产生与其社会和文化现实有共鸣的权利行动者。牙买加的案例研究结果表明,权利人有可能进一步传播这些含义,并推动其语境中有关人权实施的行动。根据这些结果,这项研究证明权利人必须被考虑为实施和实现人权的主体,而不仅仅是接受国际编撰的规范、思想和价值观念的客体。换句话说,他们是以下工作的积极行动者。

Merry指出,政治、经济和文化形式的产生取决于创造地方、社区和身份的个人,这也决

---

[1] Hirsch, S. F. (2003), "Problems of Cross-Cultural Comparison: Analysing Linguistic Strategies in Tanzanian Domestic Violence Workshops", *Law and Social Inquiry*, 28 (4), p. 4.

[2] Lazarus-Black, M., and Merry, S. E. (2003), "The Politics of Gender Violence: Law Reform in Local and Global Places", *Law and Social Inquiry*, 28 (2), p. 933.

[3] "人权产品"(Human rights production)是Merry提出的术语,指向定义人权和性别正义的文件或决议的产物:国际会议产生的主要的条约、政策文件,联合国大会或其委员会(如妇女地位委员会、人权委员会等)的决议或宣言。Merry, 2009, p. 19。

[4] Merry, S.E., 2006, *Human Rights and Gender Violence: Translating International Law into Local Justice*, Chicago/London: University of Chicago Press; Biholar, R., (2013), *Transforming Discriminatory Sex Roles and Gender Stereotyping: The implementation of Article 5(a) CEDAW for the realisation of women's right to be free from gender-based violence in Jamaica*, Intersentia/School of Human Rights Research.

[5] CHR, 2003, UN Doc.E/CN.4/2004/66, para. 55.

定了个人间的深层次交互。[1]当受到文化和社会文化变革，个体也是变革的媒介，[2]因为他们"不断地承载着改造社会的能力"。[3]

在实施和实现的过程中，个人作为这个过程的最终目标，接受本地化的人权理念、价值观念、准则或方案。如上所述，当人们把熟悉的当地价值观念和意义作为行动战略的出发点时，人们就可以接受并能够调整和适应国际人权理念、价值观念和准则，使其成为日常做法。[4]在本地化的这个过程中，个人根据他们的生活观点和理解，积极地重新翻译和定义这些理念。Swidler在这方面的解释值得一提：

"人们不会从头开始构建行动线、不会一次一次地选择行动并以其作为实现目标的有效手段。相反，他们构建一系列在开始时至少有一些预制链接的行动……为了他们的文化设备相当适合，人们将会而来到价值终端。"[5]

权利人因此变成人权协商的场所。这个理解也得到了Levi-Strauss工作的支持，除了仅仅（被动的）遵守者，个人也是其自身文化中的积极行动者。[6]相类似，An-Na'im和Hammond解释到，个人"在改变自身文化的过程中，是不同程度的变化推动者。"[7]因此，他们承载着创造并改造文化和社会的能力。这样的理解为在权利实施过程中将权利人作为积极行动者的思想提供了基础。权利人在日常社会实践中培养人权理念、价值观念和规范。An-Na'im和Hammond指出处于这样位置的个人，作为一个"非精英的社会层"，可以通过隐性行为带来文化改变。[8]通过日常的强化，主要是被忽视的态度和行为，这些"非精英的社会层"有助于社会和文化变革，赋予"用来改变歧视性观念、规范和做法的合法分量和更大支持"。[9]

牙买加的案例研究表明，权利人的现实证明了人权的不断问题就是，将其纳入法律和政策文书是不能自动引导其走向成功的实践。相同地，权利人的现实提供了宝贵的知识，关于如何使权利在现实中充分有意义，并采取使人权付诸实践的行动。面对日常需求，人们知道

---

[1] Merry, S. (2003), *Human Rights Law and the Demonization of Culture,* Polar; Comaroff John L., and Comaroff Jean, 1999, *Civil Society and Political Imagination in Africa: Critical Perspectives*, Chicago: University of Chicago Press; Trompenaars, F., and Hampden-Turner, C., 1998, *Riding the Waves of Culture: Understanding Cultural Diversity in Global Business,* New York and etc.: McGraw-Hill.

[2] An-Na'im and Hammond (2002), p. 24, see also Lévi-Strauss, C. and Eribon, D., 1991, *Conversations with Claude Lévi-Strauss*, Chicago, University of Chicago Press.

[3] Austin-Bross, D. J. (ed.) (1987), *Creating Culture: Profiles in the Study of Culture*, Boston, MA, Allen and Unwin, p. 21.

[4] An-Na'im and Hammond, 2002, p. 24-25.

[5] Swidler, A. (1986), "Culture in Action: Symbols and Strategies", 51 *American Sociological Review*, p. 277.

[6] See Lévi-Strauss and Eribon, 1991.

[7] An-Na'im and Hammond, 2002, pp. 13-14.

[8] An-Na'im and Hammond, 2002, p. 13.

[9] Holtmaat and Naber, 2009, p. 17.

在其环境中什么才是可行的。因此，他们不仅是理念、价值观念和规范的被动接受者角色，还可以积极参与这些想法在其所在地的转化，从而活跃权利的实施和实现过程。这一点尤其重要，如果有这样一个对当地人有文化、精神和意识形态影响力的群体，这个群体使用充斥着人权、平等和正义信息的语言以及在当地语境中强大的工具，并以此来传达这些信息，那就是音乐。这个群体就是塔法里。

三、塔法里

在牙买加的语境中，塔法里教尤其重要。塔法里通常被认为是一种宗教、高度的精神意识形态、神秘的哲学、教义、运动和生活方式。

"塔法里的种子根植于奴隶贸易和随后的牙买加其他加勒比群岛殖民化的土壤中。在西方历史上，这一事件为非人道和压迫性的环境创造了舞台，在这种情况下，不仅牙买加，还有非洲散居地的其他幸存者，将遭受种植园生活的暴行和世世代代在贫穷、身份分裂和社会经济剥夺的熔炉中斗争。在这个熔炉里，宗教世界观将成为抵抗、颠覆和赋予权力的最重要途径之一。"[1]

通过所谓的"有意识的雷鬼音乐"，塔法里的社会文化表现是一种对社会压迫制度的批判。它是一种抵抗压迫和解放精神、心灵和肉体的音乐。毫不奇怪的是，纵观塔法里音乐，它充斥着权利、平等和正义的语言。正如Prahlad指出，塔法里音乐是"被概念化为一种精神和药物力量……歌词反映了精神和社会的关注，这通常来源于塔法里的思想视角。总的来说，这些歌服务于社会批判和重建、灵感和指导，并基于冥想理念作为社会行动的前兆仪式"。[2]谈到Turner, Prahlad强调，在牙买加、加勒比和世界，塔法里是一个"错综复杂的政治倡导和社会节目"的运动，[3]在牙买加和国外，他们的雷鬼音乐被视为传播其教义的主要工具。

举个例子，Peter Tosh在他的一首名为《平等权利》的歌中写道：

"每个人都呼唤着和平/没有人为正义呐喊/……/我需要平等的权利和正义/得到它，平等的权利和正义。"

Bob Marley在他的名为《战争》的歌中强调：

"直到拥有一个种族优越的哲学/和其他/下等/是最终/和永恒/抹黑/和被遗弃的/到处都是战争/直到再也没有/国家的一等和二等公民/直到人们的肤色/没有比他眼睛的颜色重要/我说战争/直到基本人权/所有人都平等地享有/不用考虑种族/这是战争/直到那一天/永远和平的梦/世界公民/国际道德规则/将继续存在于追求一个稍纵即逝的幻觉/但从未达到/现在到处都是战争。"

---

[1] Sw. Anand Prahlad, *Reggae Wisdom:Proverbs in Jamaican Music*, University Press of Mississippi, 2001, p. 11.
[2] Prahlad, 2001, p. 21.
[3] Prahlad, 2001, p. 30.

像Bob Marley, Peter Tosh, Bunny Wailer, Culture, the Abyssinians, Burning Spear, the Congos和Meditations这样的艺术家，还有许多其他艺术家，被牙买加、国际听众甚至包括他们自己当作塔法里的使者。

Bob Marley在他的专辑《对抗》中一首《Trenchtown Rock》中提出了这个问题："我们能用音乐解放人们吗？"这个问题展示了其音乐的基本意图：将人权、平等和自由的信息传递给国际人权法中的核心人权条约。

四、艺术表现与人权及其在牙买加的执行情况

在牙买加，雷鬼音乐成为塑造心态和态度的有力手段。雷鬼音乐被认为影响社会化进程的一个因素，因此也被确定为牙买加的文化特征，在这方面可得出有意义的信息，例如消除对妇女的暴力行为。一名答复人提到：

"我们得到了一些流行艺术家……人们倾向于听舞厅乐的艺术家。我们希望通过……他们的积极性，我们可以使得他们中的一些人对国民说：'看，不要打女人，不要侵犯她们的权力，不要再虐待她们了！'"

另一个答复人强调，音乐是让人们首先注意国际人权理念的最好方法。

"我们喜欢跳舞，我们喜欢唱歌，我们喜欢表演。表演是一个日常的事，甚至是在社区也是如此。不论是在角落里、在街道或者小团体，我认为这就是最好的方法。"

塔法里的音乐及其精神内容已经被非政府组织所采用于人权培训过程，和权利人一起参考这些已经表达出权利、平等、无歧视和自由的国际价值观念和标准的积极文化理念，利用电视、电台或街头的音乐和戏剧化等艺术表现形式，作为影响牙买加人口的强大策略。显然，对于权利的当地适应和合并，本地化技术需要量身定做，以直接关系权利人在社区的工作和生活，以及为满足参与者的背景而制定的活动，以便传达新知识。当人们将熟悉的当地价值观念和意义作为行动战略的出发点时，在日常实践中，个人就会接受并愿意适应和容纳国际人权理念、价值观念和规范。[1]

我的实地研究结果证实，权利人可以通过文化协商来发挥制定规则的权力。[2]个人接受、修改和翻译来自上述的理念、价值观念和规范，使它们适应他们的语境，以使它们在社会上和文化上都有相关性，从而可以被采纳和内化。通过授权机制，在这个本地化的情况下，权利人在社区一级，可以导向态度和生活展望，以促进消极的社会文化价值观转变为积极的价值观。

---

[1] An-Na'im and Hammond, 2002, pp. 24-25.
[2] CHR, 2003, UN Doc.E/CN.4/2004/66, para. 55 (b).

社区或者权利人的群体利用本地化的策略,例如音乐、流行电影和戏剧,促进对暴力或导致侵犯人权的价值观念、态度和行为的改变。

因此,在本地化的过程中,权利人就全球、全国和当地的理念、价值观念、规范和执行行动进行协商。他们积极修订、重新诠释,从而翻译/本地化这些价值观念,并根据他们的生活观点和理解来调整它们。最后,他们产生并传达了与其社会和文化现实相共鸣的权利含义。在这个方面,当地的价值观念和社会实践变成了人权转化社会知识的催化剂,而不是"普遍人权概念遇到实际道德或法律制度的简单试验场"。(Goodale, M., 2007, pp. 8-9) 通过权利人的积极参与而产生的社会和文化共鸣,代表了克服制度障碍的"推动力"。[1]

最后,我认为,权利人必须被考虑作为权利的有效执行者,而不仅仅是国际层级产生和带来价值观的被动接受者。对于人权的有效实施来说,他们对于其自身社会文化语境的理解是一个重要投入。因此,我也认为,对于那些人权法旨在影响其生活的当地人民,文化协商的过程能够弥合法律的抽象叙述与其现实生活之间的脱节。

---

[1] De Gaay Fortman, B. (2011), *Political Economy of Human Rights: Rights, Realities and Realization*, Abingdon/New York, Routledge Frontiers of Political Economy, p. 12.

作为人权源头的传统精神和文化价值观念

Traditional Spiritual and Cultural Values as Sources of Human Rights

Vidette Adjorlolo[*]

孟李冕 译

王瑞雪 校

摘要：如果没有文化相对主义，与文化和传统人权源头相关的讨论便无法被承认。支持文化相对主义的观点在今天依然存在，它反对西方关于人权是适用于每个人的普遍概念这一主流观点。然而在非洲的语境下讨论人权问题，争议的焦点就出现了。人们常常强调，西方文化鼓励自治，但非洲文化恰恰相反，它强调社区与和谐。在加纳阿克拉为期一个月的法律实习，我亲眼目睹了社区在处理与人权有关事物时的中心地位。当我在老法达玛（Old Fadama，加纳当时最大的贫民窟）实习时，很明显的是，被认为好的东西是那些适用于整个社区的。在教育和执行人权方面，更多的是通过社区的互动实现的，鼓励不同团体（如市场妇女、酋长和老师）的参与以帮助我们实现人权。本文旨在深入讨论非洲文化中的社区中心地位，以及它为什么应当被作为人权执行的机制。通过总结我在加纳的经验和其他研究实例，这些将得到证明。

一、引言

在非洲文化中，最基本的价值观念之一就是社区，个人不仅仅是独立存在的，社区的影响是非洲文化体验的固有部分。通过社区，注意力不应该仅仅放在群体上，也应该放在群体中那些能够在很大程度上领导和影响人们的关键影响人上。在非洲文化中，社区的重要性与经常把个人放在中心地位的西方价值观念形成对比。当讨论人权时，社区的中心地位不应该被忽略，主要是因为它依然是一个强大的工具，人权能够通过它获得支持。通过像教会和学校这

---

[*] Ms. Vidette Ajorlolo is an LLB Law and European Legal Studies student at Queen Mary University of London.

样的机构,人权议程得以在不与人们意愿截然相反的情况下实施,非洲文化中的社区中心地位减少了人们对人权是外国概念的恐惧。社区被作为执行人权的一种方法,我在文章中讨论了关于此方法的各种实现方式,首先简要讨论了普遍主义和文化相对性,及其与如何实现非洲人权的关系。

二、人权的普遍性

人权普遍性的概念根植于自然法理论当中,该理论认为,所有人生来就具有某些不可剥夺的权利。正是这种思潮影响着启蒙思想家,在许多宪法文本中都清晰地体现出来,其中包括法国大革命期间通过的《人权宣言》第1条[1]。它指出"人人生而自由且权利平等"。自然法理论被认为鼓励个人主义,尤其是确保每个人都能得到尊严的需求。人们普遍接受,自然主义的方法在国际层面已经很好地确立,《世界人权宣言》就是这种观点的最大拥护者之一,从它的名字就可以得到证明。它申明基本人权和人的尊严之间的联系,与《人权宣言》相似,在第1条中指出"人人生而自由,在尊严和权利上一律平等",这是对启蒙自然法学说的更高级编纂。它强调人的尊严要求普遍适用。这种观点在《维也纳宣言和行动纲领》中也得到了进一步回应,它指出"所有人权来源于尊严和固有价值,人是人权和基本自由的中心主体"[2]。两个宪章都明确规定,把人放在中心地位来实现人的尊严,对本文来说更重要的是,它支持了这样的观点,即人权不是一个西方发明,而是适用于每一个人。关于人权是西方概念这一特殊问题,触发了许多争论,它被看作一种激进的普遍性观点,即认为确保人类尊严的文化是不相干的,因为人权被视为具有跨越语言障碍、社区和人们的内在能力,因此,无论文化差异如何,它都存在。这当然挑战了某些文化原则的效力,以及实际上挑战了文化相对主义。

三、文化相对主义

Oliver Wendell Holmes对自然法理论的批判可能充分体现了文化相对主义的观点,他将自然法的作者形容为一种天真的心态,即正义在任何地方对任何人都必须有一定的普遍应用[3]。Holmes的陈述和文化相对主义所提出论点的相似之处在于,法律是相对的,因此它必须考虑其主体事物的文化差异。当西方自由主义法学强调个体时,南方和东方社会通常会注重社区。这对于人权的意义在于,在实施这些权利时,需要更加关注差异,盲目地注重平等可

---

[1] Massimo Iovane, "The Universality of Human Rights and the International Protection of Cultural Diversity: Some Theoretical and Practical Considerations", *International Journal on Minority & Group Rights*, p. 2.

[2] *Vienna Declaration and Programme of Action*, Preamble.

[3] Heinrich Rommen (1936), *The natural Law: A Study in Legal and Social History and Philosophy*.

能会在这种文化中造成重大冲突。当盲目推进普遍主义的议程时,它极易远离当地的价值观念。普遍主义最强烈的主张之一就是,人性是普遍存在的,因此人权也是普遍存在的,然而可争辩的是,人性是文化相对的。人性在很大程度上是由文化价值观念所塑造的,毫无疑问,西方社会成长的个体与伊斯兰社会成长的个体会有差异。[1]由于人类的文化差异,所以,要求对人权采取跨文化的方式,其中考虑到其主体所固有的根本差异。这就是说,人们仍然必须对文化相对主义采取激进的态度保持相当警惕,主要是因为它有时候会被政府当成为不服从和不民主的制裁进行辩护的工具。在非洲许多国家,堕胎仍然是一个有争议的问题,主要是因为传统和宗教的观点认为,不论情况如何,妇女必须生育孩子。[2]对于很多人来说,这样的理由可以看成对文化相对性的一种错误使用,必须谨慎对待,避免严重暴行的发生。

非洲文化和西方文化之间最显著的区别之一就是社区的重要性,在前者个人被视为通过社区找到其身份,因此,在这一领域实施人权时,西方文化所采取的个人主义方法被认为是不充分的[3]。

四、非洲的社区价值观念

"走许多人走的路吧;如果你单独走的话,你将有理由悲叹。"[4]洛齐的一首诗充分地捕获了社区在非洲文化中的重要性。据观察,个人身份认同的观念深深根植于社区,正是通过社区,一个人才对其人生真谛有了理解。进一步观察,"人由于他人才是人,在一起的时候才是生活,单独的时候,就是动物。"这些谚语似乎与卢梭的"共同意志"概念相一致,认为个人只有在服从共同意愿或社区时才能找到意义。[5]

在伊博文化(Igbo,尼日利亚的一个种族)中,人们认为只有在社区环境中,个人的存在才有意义。在人与竹子及绿柄桑树的比较中可得到解释,即绿柄桑树无法抵抗强风,而站在一起的竹林却能够承受旋风[6]。

在作出重要决定时,社区继续保持着非常重要的地位,而并非仅仅是个人。因为有些人认为,在非洲民主政体中存在着一定程度的雅典式民主要素,个人被视为"直到他们同意才说

---

[1] Jack Donnelly (1984), *Cultural Relativism and Universal Human Rights*, p. 402.
[2] See http://www.hli.org/2012/10/abortion-is-foreign-to-african-culture/, accessed November 2016.
[3] Arvin Sharma (2006), *Are Human Rights Western?: A Contribution to the Dialogue of Civilizations*, The Argument via individualism.
[4] Basil Davidson (1969), *The African Genius: An Introduction to African Cultural and Social History*, p. 31.
[5] Christopher Agulanna (2010), *Community and Human Well-being in an African Culture*, p. 284.
[6] http://www.emeka.at/african_cultural_vaules.pdf, accessed October 15, 2016.

话"[1]。在非洲,诸如教会、清真寺、学校和任何其他在社区内发挥重要作用的社会机构,都是一个有用的途径,可以通过它来执行人权,因为它们保持着非洲的社区文化。

举个例子,地方教会在非洲社区中的作用,CNGO(教会非政府机构)的快速崛起,其目的不仅是传播基督教义,也是为了确保实现正义。在重要讨论中,通过正确辨认地方教会的中心地位,非政府组织以教会为途径,已经能够在战术上确保某些目标的实现。例如,有证据表明,在确保非洲获得基本人权上,CNGO发挥了重要作用(确保布基纳法索的教育,通过在肯尼亚建立基督教医院和诊所以及在马拉维的共同努力防治艾滋病毒教会,以获得保健服务的途径[2])。

最近,马拉维的教会领导人[3]集聚在一起,对该国的堕胎合法化表示了支持,这肯定会对社区中许多人的观念产生重大影响,尤其是因为教会依然是非洲社区生活的一个重要特征,这是一个与大多数社区成员经常互动的日常社会结构。教会当局能够与社区成员进行互动,大多数政治领导人都无法做到这一点,所以,这些机构继续作为一个有用的方式,通过它,人权能够在社区得到实施。

五、在加纳的经验

在加纳的这段时间,我在法达玛法律中心作为法律实习生进行工作,该中心位于老法达玛中心地带一所开放法律服务的社区。在那段时间,老法达玛是加纳最大的贫民窟,也是世界上最大的电子垃圾倾倒地之一。

在法达玛法律中心的那段时间,我相当清楚地认识到了利用社区作为实施人权途径的影响。利用社区机构有很多好处,原因很多;社区成员间的语言障碍意味着机构的领导人可以代表我们交流,社区会议(和市场妇女、教会和清真寺等)也提供了一个极好的交流平台。

在许多不同的场合,为了确保能够实现我们的目标,我们和社区不同的领导人进行交流。在法律小组里,我们有一位酋长、一位阿訇和一位牧师与我们合作,就人权问题进行对话,并作为维护人权事业的捍卫者,这当然有助于实现我们的目标,这些行动者是主要社区机构的领导人,他们的意见受到高度重视。许多地方校长参与我们的工作,使得我们能够进入学校,教孩子了解他们最初不知道的基本人权知识。另外,当举行有关妇女权利的讨论时,不仅仅有助于向市场妇女通报我们的倡议,而且还是个滚雪球效应,会导致参与的增加。这种关于妇

---

[1] Christopher Agulanna (2010), *Community and Human Well-being in an African Culture*, p. 288.

[2] Brian Woolnough (2014), *Good News From Africa: Community Transformation Through the Church*, pp. 3-4.

[3] See http://www.nyasatimes.com/malawi-churches-back-abortion-bill-pastors-ask-mps-approve-termination-pregancy-law/, accessed November 1, 2016.

女权利会议的召开，且允许大群体参加，最终对她们最初不了解的几个问题给予启发。

在一个特例中，我们护送了一个被母亲遗弃数月的年幼女孩去她母亲的新家进行调解。找到特定的地点是十分困难，如果没有许多市场妇女的帮助，与我们合作，以确保这个孩子得到她的权利，我们不会找到这个房子的位置，更不用说调解成功了。这仅仅是其中一个例子，即社区中的人们如何作为一个整体帮助我们实现人权。

六、其他的例子

在马拉维，该地一位名为Theresa Kachindamoto的高级酋长，成功地阻止了840个童婚，并将年幼女孩送回学校。着手这项工作使她认识到女孩受教育权利的重要性，而不是在这么小的年龄就结婚。她把使之成为现实的能力多方面归结于她在社区中的酋长地位，通过这一点，她能够开始必要的对话，并确保充分处理重大人权问题。[1]

同样，通过让加纳传统领导人参与人权方面的对话，英联邦能够让他们承诺结束加纳的童婚，这一点特别重要，因为在加纳有四分之一的女性都是在18岁前结婚的。[2]我们再一次见证了，通过关键社区影响人物的参与，使人们注意到了人权，并采取步骤结束虐待行为。

七、结论

社会中存在的文化相对主义要求我们在处理非洲人权时应采取不同的方法。正如上文强调，与西方文化不同，非洲文化把社区放在中心位置，因此，社区依然被认为是确保人权实施的平台，这种自下而上的方法在许多情形中是有用的。通过让不同机构的参与及领导社区成员，我们保持了非洲的社区价值观念，并使个人易于接受人权，从长远来看，这将有益于社区成员。非洲文化价值观念的整体性不应该被忽略，并且在处理人权问题时应与其他方法携手并进。

---

[1] See http://www.huffingtonpost.com/entry/woman-chief-breaks-up-850-child-marriages-in-malawi_us_56fd51c2e4b0a06d580510da, accessed October 29, 2016.

[2] See http://thecommonwealth.org/media/news/traditional-leaders-commit-ending-child-marriage-ghana, accessed October 29, 2016.

作为法律渊源的文化价值：乌班图与南非经验

Cultural Values as a Source of Law: Ubuntu and the South African Experience

Serges Djoyou Kamga*

刘 明 译

摘要：自古以来，非洲的众多共同体（包括南非）中就一直存在着和睦团结与"互助互爱"这一文化价值，并一直是这些地方的生活方式。根据这类文化价值，一个人是其同胞的守护者。将这些文化价值发展为一种生活方式的哲学，在被视为人权话语开端的欧洲启蒙运动之前就已经存在了。换句话说，在启蒙时代之前，人权话语中"互助互爱"的体现形式在非洲的乌班图哲学中已经活生生地存在了。本文的目的是研究下面的问题：为了促进对现代人权的尊重或确保人权与本土文化的相融，非洲的乌班图观念是如何被纳入到南非的国家法律体系中的。选择南非模式进行案例研究有几个原因：南非通过和平方式由种族隔离过渡到民主体制后，开始适用乌班图的观念；南非在1996年通过了民主宪法，并且，南非的判例在许多判断中都依赖于乌班图。在讨论南非情况的时候，在将乌班图的应用视为南非法律背景下的一种文化渊源之前，本文将会首先解析乌班图这一概念。

一、导论

人们一般认为，人权的观念产生于欧洲和美国的启蒙运动时期。但在启蒙运动之前，包括非洲在内的世界很多地方，都已经拥有了"互助互爱"这样一种共同的文化，尤其是在南非这类非西方社会。在非洲，尤其是在南非，这种互助互爱的哲学被称之为乌班图，乌班图的观念起源于梭托语和祖鲁语中的下面著名语句：mothokemothokabathoba bang (Sesothointonation)/umuntungumuntungabantu (Isi-Zulu intonation)，这句话的字面意思是，一

---

* Mr. Serge Djoyou Kamga is an associate professor at the Thabo Mbeki African Leadership Institute, University of South Africa.

个人只有通过他人才能是一个人。[1]乌班图的观念反映了和谐的非洲共同体的生活方式，其中，个人的幸福与群体的幸福相关。康奈尔（Cornell）和范·默勒（Van Merle）认为："无论如何，乌班图在一种深层次的意义上意味着一种互动的伦理，或者说一种本体的（ontic）方向，其中，哪些人，以何种方式可以成为人类个体，一直是由我们与其他人的互动所塑造的。"[2]乌班图的哲学通过《非洲人权和民族权宪章》嵌入非洲人权体系，不仅规定了人民的权利或集体权利，而且还确保每个人都对共同体负有义务[3]，而不仅仅是规定了个人的权利。

虽然目前的"全球"人权架构受启蒙思想的启示，但古代非洲的价值观在解决一些国家法律制度方面可能仍较为重要。在回应马兹鲁（Mazrui）时，迈比格（Mbigi）写道："非洲永远不会完全回到其殖民地之前的起点，但可能有一种情况是，在本土化的推动下重建与现代化的熟悉特征之间的联系。"[4]在此背景下，本文探讨了乌班图在南非法律中的价值。南非被选为一个案例研究，是因为它的宪法被认为是世界上最好的宪法之一[5]，此外，还因为下面的事实，这个国家已经实现了从种族隔离制度向民主制度的和平过渡，南非的法律在推动社会的平等方面也有了显著的进步[6]。因此，本文旨在探索乌班图在南非的这一变化中作为一种法律渊源所具有的作用。

包括这个导论在内，本文一共分为四部分。文章的第二部分概述了乌班图的含义。第三部分探讨了乌班图在南非法律中的价值；在这一部分中，本文探讨了乌班图借助"真相与和解委员会"（TRC）在南非从种族隔离制度向民主过渡期间所发挥的作用；探索它在1996年"宪法"之中的位置，以及它在南非判例中的作用。第四部分，即最后一部分，以小结的形式对论文进行了总结。

二、乌班图的界定：一个简介

虽然"乌班图"这个词在南部非洲经常出现，但它并不容易定义，因为它在不同的上下文中被赋予了多种含义。在学术文献中很难给"乌班图"提供一个清晰的定义，究其原因是，将

---

[1] L. Mbigi and J. Maree, *Ubuntu: The Spirit of African Transformation Management*, Sigma Press Johannesburg, 1995, pp. 1-7.

[2] D. Corenell and K. Van merle, "Exploring ubuntu: Tentative reflections", *AHRLJ*, Vol. 5, No. 2, 2005.

[3] Art 27-29.

[4] L. Mbigi and J. Maree, *Ubuntu: The Spirit of African Transformation Management* (Sigma Press Johannesburg 1995) 5.

[5] J. C Mubangizi, *The Protection of Human Rights in South Africa: A legal and Practical Guide*, Juta, Cape Town, 2004, p. 71.

[6] M. Longford (2009), *Domestic Adjudication and Economic, Social and Cultural Rights: A Socio-Legal Review Sur International Journal on Human Rights*, 6(11), pp. 90-121.

它的意思直接转换成英语或其他西方语言是相当有挑战性的……[1]。因此，为了本文的目的，考虑到上下文，乌班图可以被解释如下：

"是一种人生哲学，其最根本的意义体现为人格（personhood）、人性（humanity）、慈悲之情（humaneness）和道德；是描述群体团结的一个语词，这样的群体团结对于一个资源稀缺的共同体的生存而言是至关重要的，期间的人不得不彼此依赖才能生存。"[2]

上述定义主要强调社会和谐、爱、团结和宽容等含义。在茨瓦特（Zwart）[3]看来，乌班图要求确保"集体生存权，而不是追求个人私利，因此它依赖于合作，相互依存和集体责任。"尽管存在众多的观点[4]将乌班图颂扬为一种道德理论，即认为乌班图"代表了一种逆境中具有凝聚力的道德价值"[5]，但这种看法却饱受批评，或因其含糊不清[6]，或因其构成对个人自由的威胁[7]，或因其过时和反性别平等[8]。

然而，正如哈莫格（Himonga）正确指出的，这一概念的模糊性恰恰是其优点，因为它为各种存在的习惯法提供了更好的调整途径，以便更好地促进人权[9]。据称，乌班图是非洲的一种现实存在[10]，其中，每一项都有可能促进人权以及促进包括性别公正在内的社会公正。对

---

[1] Y. Mokgoro, *Ubuntu and the law in South Africa*, paper delivered at the first Colloquium Constitution and Law held at Potchefstroom on October 31, 1997.

[2] Ibid, p. 2.

[3] T. Zwart (2012), "Using Local Culture to Further the Implementation of International Human Rights: The Receptor Approach", *Human Rights Quarterly*, 34 (2), p. 555.

[4] T. Metz, T. (2007), "Towards an African Moral Theory", *The Journal of Political Philosophy*, 15(3), pp. 321-341; T. Metz and J. B. R. Gaie (2010), "The African Ethic of Ubuntu/Botho: Implications for Research on Morality", *Journal of Moral Education*, 39(3), pp. 273-290; J. D. Bessler (2008), "In the Spirit of Ubuntu: Enforcing the Rights of Orphans and Vulnerable Children Affected by HIV/AIDS in South Africa", *Hastings International and Comparative Law Review*, 31(1), pp. 33-113; J. Broodryk, *Ubuntu: Life Lessons from Africa*, Pretoria, Ubuntu School of Philosophy, 2002; D. Tutu, *No Future without Forgiveness*, London, Rider, 1999; M. Letseka (2000), "African philosophy and educational discourse", in P. Higgs, N. C. G. Vakalisa, T. V. Mda & N. T. Assie-Lumumba (Eds.), *African voices in education*, Cape Town, Juta, 2000.

[5] M. Letseka (2012), "In Defence of Ubuntu", 31 *Studies In Philosophy and Education*, p. 4.

[6] T. Metz (2011), "Ubuntu as a Moral Theory and Human Rights in South Africa", *African Human Rights Law Journal*, 11 (2), p. 533; also P. Enslin, and K. Horsthemke (2004), "Can Ubuntu Provide a Model for Citizenship Education in African Democracies?", 40 *Comparative Education*, 40(4), pp. 545-558.

[7] G. M. Nkondo (2007), "Ubuntu as a Public Policy in South Africa: A Conceptual Framework", *International Journal of African Renaissance Studies*, 2 (1), p. 90.

[8] D. Cornell, "Is there a Difference that Makes a Difference between Ubuntu and Dignity?" In S. Woolman & D. Bilchitz (eds) (2012), *Is this Seat Taken? Conversations at the Bar, the Bench and the Academy about the South African Constitution,* Pretoria University Law Press, pp. 221-239.

[9] C. Himonga (2013), "The right to health in an African cultural context: The role of Ubuntu in the realization of the right to health with special reference to South Africa", *Journal of African Law*, 57 (2), p. 173.

[10] B. Chigara, "The Humwe Principle: A social-ordering Grundnorm for Zimbabwe and Africa", in R Home (ed.), *Essays in African Land Law,* Pretoria University Law Press (2011), p. 113.

于整个共同体来说,这的确是实现社会公正和平等的好时机。在梅斯(Metz)看来,乌班图是"相当精确的,因为它清楚地表明了个人自由的重要性,并且,在处理当前南非及其他社会的问题时,具有非常强的适用性"[1]。下一部分将集中讨论乌班图在南非法律中的地位。

三、乌班图在南非法律中的地位

本节探讨乌班图是如何影响南非的法律图景的。本节将进一步细分为三个小节:第一,探讨在民主过渡期间乌班图通过TRC所发挥的作用。第二,探讨乌班图在1996年宪法中的地位。第三,考察乌班图在南非判例中的作用。

1.乌班图和真相与和解委员会

种族隔离结束后,需要重建一个能够确保和谐的新南非,其中的黑人和白人能够共同生活在一个新的民主社会中。正是由于这个原因,1993年临时宪法明确强调需要解决过去的分歧,尤其需要"建立彼此间的理解,而不是复仇;需要修复,而不是报复;需要乌班图,而不是欺骗"[2]。正是在这种背景下,TRC在民族团结促进会与和解法案的推动下被建立起来。[3]紧系乌班图,TRC被认为是"是桥梁建设中的一环,旨在帮助国家摆脱四分五裂的过去,建立起一个尊重人权和民主的未来"[4]。从这个角度看,TRC是一个质询和发掘过去人权暴行的平台,通过反思,在寻求一致的过程中确立事实真相,促使凶手对过去的行为承担责任。所有利益相关者都依赖乌班图来发掘真相,促进和解,并治愈受害者和犯罪者。斯旺森(Swanson)观察到,在这一背景下,乌班图作为一种非洲哲学被用作超越事实的"司法"功能——发掘前政权犯下的暴行。[5]

除了揭露真相,乌班图中的和谐精神还促使人们明白他们是彼此联系的,不得不生活在同一片天空下,因此,作为一个社会,需要恢复完整状态。在描述TRC时,亨博瑞(Henebury)写道:

"作为程序的核心支柱和赦免先决条件的作证行为,不仅是为了受害者能够听到他们所爱之人的命运真相以及对种族隔离制度下普遍存在的侵犯人权行为的公开承认;而且,作为公共哀悼的共享空间,它也应该允许犯罪者恢复他们自己的人性(human being)。"[6]

---

[1] T. Metz (2011), "Ubuntu as a Moral Theory and Human Rights in South Africa", *African Human Rights Law Journal*, 11 (2), p. 534.

[2] *Constitution of the Republic of South Africa* Act 200 of 1993.

[3] *Promotion of National Unity and Reconciliation* Act 34 of 1995.

[4] *Truth and Reconciliation Commision Report* (1998), chap 4, p. 48.

[5] D. M. Swanson(2007), "Ubuntu: An African Contribution to (re)Search for / with a 'Humble Togetherness'", *Journal of Contemporary Issues in Education*, 2(2), p. 55.

[6] A. Henebury. Review of Cornell, Drucilla, *Law and Revolution in South Africa: uBuntu, Dignity, and the Struggle for Constitutional Transformation*, H-Socialisms, H-Net Reviews. June 2015, p. 2.

换句话说，每一个南非人要从过去的恐惧中恢复过来，乌班图哲学是一个治愈良药。事实上，在民主和平进程的过渡时期，被称之为南非奇迹的基石正是"建立在产生于非洲的乌班图这一观念之上，借助乌班图确立起一个人和一个国家的正义感，而这些都是先于欧洲而出现的"[1]。

虽然TRC关于赔偿条款的某些建议没有得到执行，进而没有导致正义的实现[2]，但是，在乌班图哲学的引导下，TRC在推动南非社会的团结、防止战争和报复以及建立今天被称之为多元主义的彩虹之国等方面，起到了重要的作用。归根结底，乌班图这一非洲文化价值产生了重要的意义，因为它将以上基石作为新南非的基础，并将其纳入1996年宪法。

2. 乌班图与1996年南非宪法

如前所述，1993年临时宪法明确提到了乌班图[3]，并呼吁建立一个人人平等的新南非，不允许任何歧视，且"为了促进国家统一和国家的改组以及随后的治理做出了相关规定"[4]。这向人们展示了后种族隔离时代的南非是什么样的。然而，在1996年南非宪法中，"乌班图"一词并没有出现。这使当时的人们认为，非洲的这一哲学观念被剥离了法律领域。穆萨（Moosa）写道：[5]

"因此，在宪法再次起草的过程中删除乌班图，必然意味着宪法是在去非洲化，非洲人民的宗教和文化价值观也随之被贬值了。因此，在南非制定一个包含多元价值体系的核心法律系统的愿望，并不一定要在最终宪法中完成。"

当前流行的看法是，乌班图被错误地从南非宪法中删除，这经常引起很多批评。在这方面，宪法似乎缺乏保障国家和谐和打击犯罪所需的道德维度，因此，"这是一张毫无价值的纸，它对我们民族造成的伤害比魔鬼般的种族隔离还要严重。"[6]对宪法删除"乌班图（主义）"[7]的这种强烈批评，其本身即表明了乌班图在南非社会中的意义。

然而，那种认为宪法删除了乌班图的观点可能是不成立的。尽管宪法没有明确提及乌班图，但关于宪法意图的目的论解释或调查表明，宪法带有乌班图的精神。在这一方面，它主张

---

[1] J. R. Saul, *On Equilibrium*, Penguin Toronto, 2001, p. 94.

[2] See "Traces of Truth-the South African TRC", available at http://truth.wwl.wits.ac.za/cat_descr.php?cat=4, accessed November 21, 2016; N. Ntuli, "'Government Failed Us' after TRC", July 22, 2014, available at http://www.iol.co.za/news/politics/government-failed-us-after-trc-1723369, accessed November 21.

[3] See the preamble of the *1993 Interim Constitution*.

[4] Ibid.

[5] E. Moosa, "Tensions in Legal and Religious Values in the 1996 South African Constitution", in M. Mamdani (ed), *Beyond Rights Talk and Culture Talk: Comparative Essays on the Politics of Rights and Culture* (2000), p. 131.

[6] C. Mogale, *We are Breeding a Generation of Scum*, City Press, October 25, 1997, as quoted by Mogkoro (note 8 above), p. 6.

[7] Ibid.

权利法案中所条陈的平等、尊严、非歧视和所有其他的基本权利。[1]它在宪法平等原则下调和南非人民的能力,使这部宪法具有"变革性"的特征。[2]宪法的转型目标是寻求推进乌班图(主义)的一种方式,没有它,社会就不能实现平等。莱斯卡(letseka)正确地指出:"在推动南非实现关于诸多宪法价值(宪法价值大体上以平等和对人权的尊重为核心)的共同理解方面,乌班图产生了重要的作用。"[3]与这一观点类似,梅斯(Metz)和盖伊(Gaie)认为:"宪法中的权利法案同乌班图哲学中的所有人的尊严实现了共鸣。"[4]

而且,乌班图的地位还被宪法提高了,因为在"法院服从宪法"的原则下,宪法明确承认习惯法的适用性。[5]这一进展说明了乌班图在南非法律领域中的重要位置。可以说,将习惯法隶属于宪法,目的是从国家法律中删除习惯法的消极方面,更重要的是防止各种习惯法的原则被边缘化。在这方面,宪法明确要求:"在解释任何立法,以及在制定普通法或习惯法时,各法院、法庭或论坛必须促进'权利法案'的精神、主旨和目标。"[6]

事实上,宪法和乌班图之间的价值并没有分歧。相反,两者是有联系的,并且,尽管南非的法律一般要"接受宪法的审查,但乌班图所包含的各种价值却能够提供必要的本土动力",[7]以促使南非法律使用摩卡格瑞(Mokgoro)的话语。

虽然本文的下一部分将集中关注乌班图和判例,但在这一小节,重要的一点是要说明,法官如何揭示那些与乌班图相呼应的习惯法的价值。在彼赫(Bhe)这一案件[8]中,在习惯法的继承问题上,宪法法院明确地强调了习惯法的价值,并指出习惯法存在灵活性,而这在解决冲突、维系家庭成员的凝聚力与和谐以及"培育乌班图这类健康的共同体传统"[9]等方面,都是非常重要的。类似的,在梅兰(Mayelane)诉尼格温亚姆(Ngwenyama)的案件[10]中,宪法法院重申了习惯法的价值,"将其视作为宪法之下的法律的一个主要源泉",这与彼赫案件中的立场是一致的。[11]

总之,尽管最终宪法没有明确提及乌班图,但这并不意味着非洲人的观念被这片大陆的

---

[1] See Chapter 2 of the *South African Constitution*.
[2] K. Klare, "Legal Culture and Transformative Constitutionalism", 14 *SAJHR* (1998), p. 146.
[3] M. Letseka (2012), "In Defence of Ubuntu", 31 *Studies In Philosophy and Education*, p. 48.
[4] T. Metz and J. B. R. Gaie (2010), "The African Ethic of Ubuntu/Botho: Implications for Research on Morality", *Journal of Moral Education*, 39(3), p. 281.
[5] Section 211 (3) of *the Constitution of the Republic of South Africa*, 1996.
[6] Sec 39 (2), my emphasis.
[7] Y. Mokgoro, *Ubuntu and the law in South Africa*, Paper delivered at the first Colloquium Constitution and Law held at Potchefstroom on October 31, 1997, p. 10.
[8] Bhe and Others v Magistrate, Khayelitsha and others, 212 AHRLR, SACC, 2004.
[9] Citing Mokgoro J in S. v Makwanyane, 1995, 3 SA 391 (CC), paras 307-308.
[10] Mayelane v Ngwenyama, 2013, 4 SA 415 (CC).
[11] Mayelane v Ngwenyama, 2013, 4 SA 415 (CC), para 24.

最高法所抛弃。相反,要想宪法成为一个革命性的文件,乌班图是其源泉和灵感。重要的是,宪法明文规定,与乌班图相呼应的习惯法具有法律效力[1],并由宪法法院赋予实效[2]。

3.乌班图与南非的判例

本节将说明:法庭是如何表明乌班图是法律的来源,并进一步帮助我们理解乌班图这一概念的含义或意义。称乌班图是法律的来源,意味着法官不能简单地依靠宪法做出判断,还应该考虑自己的环境或嵌入社会中的当地文化和价值观。欧洲人权法院的沃什(Walsh J)甚至认为还应超脱非洲而考虑,他写道:

"在民主政体中,法律不能忽视共同体的道德共识。如果法律与社会的道德共识脱节,无论是离道德共识太低还是太高,法律都会招致蔑视。"[3]

尽管沃什说这话的语境是呼吁尊重立法程序,但在非洲,这也等于呼吁尊重法律所依据的传统和社会现实;尊重作为法律渊源的当地现实。在这一方面,萨克斯(Sachs J)敦促法院将"非洲法律和法律思维作为法律观念、价值观和实践的源泉",并将其视作具备指导南非宪法判例的能力[4]:他认为,如果法院不考虑这个国家所有的正义源泉,不给予南非的法律传统以"早该得到的承认"[5],或者不承认乌班图是法律的一个源泉,那么,南非的法律体系就不会演化为合适的方式。因此,正如下文也将会进一步展示的,无论是在刑法、私法、驱逐法或其他各种法律领域,乌班图这一观念都写在南非的判例上。[6]

乌班图能够被人们视作法律的源泉,具有里程碑意义的事件是Makwanyane案件(State v Makwanyane)。[7]在这一案件中,死刑被宣布为违宪,因为死刑缺乏对同情、尊严、团结等理由的尊重。在这一重要的判决中,兰格[8](Langa)和摩卡格瑞[9](Mokgoro)解释道,乌班图是一种强调共同体、相互依存、团结、尊重、遵守基本规范和集体团结、彰显人性和道德的文化。此外,乌班图所包含的内容还包括对共同体所负的责任以及包括对所有人权利的共同义务和共享。乌班图的这些特征推动了死刑的废除,因为死刑在根本上违反了非洲的同情、友爱以及对所有人及其尊严的关怀等哲学理念。

---

[1] Sec 211.

[2] See the Mayelane v Ngwenyama, 2013, 4 SA 415 (CC), and Bhe and Others v Magistrate, Khayelitsha and Others; AHRLR 212 (SACC 2004)

[3] In Dudgeon v United Kingdom (1982), 4 EHRR 149, 184.

[4] S. v Makwanyane, 1995, 3 SA 391 (CC), para 365.

[5] S. v Makwanyane, 1995, 3 SA 391 (CC), para 365.

[6] See TW Bennett, "UBUNTU: AN AFRICAN EQUITY", 14(4) PER 2011.

[7] S. v Makwanyane, 1995, 3 SA 391 (CC).

[8] S. v Makwanyane, 1995, 3 SA 391 (CC), para 224.

[9] S. v Makwanyane, 1995, 3 SA 391 (CC), para 308.

另外一个彰显乌班图性质及其目的的宪法案件是阿扎尼亚人民组织诉真相与和解委员会(AZAPO and Others v TRC and Others) 的案子。[1]在这一案件中, 对于真相与和解委员会赦免那些制造种族隔离的罪犯, 一个黑人意识运动质疑了其合宪性。根据申请人的说法, 这种特赦是违宪的, 因为它阻止了种族隔离的受害者在宪法规定的权利遭受侵犯的时候寻求补救。法院不同意申请人的意见, 理由是, 真相与和解委员会的目的是"以理解的精神促进民族团结和和解, 这超越了过去的冲突和分裂"[2]。最终, 在这一案件中, 法院的判决将非洲文化中的理解、宽容与和谐注入进南非的法律体系。亨博瑞(Henebury) 指出, 这一案件中的判决"相当于一种驳斥报应性惩罚的修复性正义, 将乌班图的重要特征明确彰显出来"[3], 以谋求社会和谐, 为全体人民谋福利。

关于移民的权利, 一个富有启发性的案件是科萨诉社会发展部部长[4] (Khosa v Minister of Social Development) 的案子, 宪法法院依靠乌班图保护非南非公民的社会保障权[5]。事实上, 南非的一群常住居民质疑1992年《社会援助法》第59条以及1997年《福利法修正法案》第106条等条款的合宪性。这些条款规定只有南非公民可以获得社会保障。这类羞辱还将主要的儿童看护人排除在儿童抚养补助金之外, 特别是那些非南非公民的儿童。然而, 寄养父母不必符合公民身份的要求。因此, 不是南非公民的儿童将不得不离开他们的家庭加入寄养家庭, 以便从儿童补助金中受益。

法院承认常住居民的脆弱性, 并认为拒绝他们享受社会保障的利益与《宪法》第27 (1) (c) 条不一致, 宪法该条规定"每个人"都有权获得社会保障。法院进一步认为, 不包括常住儿童的社会补助金是一种不公平的歧视, 而应将包括常住居民在内的所有人囊括进来。法院的结论是, 包括常住居民在内, 这个国家的"每个人"都有获得社会保障的权利。这是乌班图的另一个应用。

以上推理同法院处理移民问题的另一个案件类似, 这个案件是难民妇女联合会诉私营保安业管理局主任[6] (Union of Refugee Women and Others v Director: Private Security Industry Regulatory Authority and Others)。本案的核心是禁止难民在南非的保安业就业。萨克斯(J

---

[1] AZAPO v TRC, 1996, 4 SA 671 (CC).
[2] AZAPO v TRC, 1996, 4 SA 671 (CC), para 677.
[3] A. Henebury. Review of Cornell, Drucilla, *Law and Revolution in South Africa: uBuntu, Dignity, and the Struggle for Constitutional Transformation*. H-Socialisms, H-Net Reviews. June 2015, p. 2.
[4] Khosa v Minister of Social Development, 2004, (6) SA 505 (CC).
[5] See sec 27 (1)(c) of the Constitution.
[6] Union of Refugee Women v Director: Private Security Industry Regulatory Authority, 2007, 4 SA395 (CC), para 145.

Sachs）在法院中认为这项禁令是一种不公平的歧视。[1]依托乌班图，萨克斯强调："南非文化为一无所有的陌生人提供了好客之义，以帮助他们在这个国家建立新的生活，这已经不是新鲜事。"[2]此外，在伊丽莎白港市政府诉各种侵占者[3]（Port Elizabeth Municipality v Various Occupiers）的案子中，萨克斯依托乌班图，提醒被告："我们的岛屿并不是私人的占有物。乌班图精神，作为多数人深厚文化遗产的一部分，弥漫在整个宪法秩序中。它将个人的权利同一种共同体的哲学相结合"。因此，在处理外国人的事情时，应该考虑乌班图。[4]

值得注意的是，伊丽莎白港市政府诉各种侵占者[5]的案件，涉及《预防从非法占有土地上被驱逐的法案》（PIE）[6]，是一类私人性的法律问题。这项立法的目的是保护那些无家可归而具有私人财产的人免受驱逐。在这一案件中，在收到1600名支持驱逐非法占领者的请愿书后，市政府要求向辖区内在私人土地上搭建棚屋的68人下达驱逐令。萨克斯（J sachs）提醒申请人：

"PIE明确要求法院在法律的正式构成中考虑慈悲和同情的成分。法律被要求应该以睦邻友好关系和共同关心为基础，以符合原则的方式平衡好竞争性的利益同建立互爱社会的宪政构想之间的关系"。[7]

在处理私有财产问题时，这显然是依赖了乌班图。对乌班图的这种依赖，促进了"有意义的参与"（meaningful engagement）的发展，人们所称之为的"有意义的参与"鼓励私人争端的各方通过相互交谈寻求解决冲突的适当办法。萨克斯[8]（Sachs）在呼吁"将慈悲和同情的元素注入正式的法律构成"和永记人们相互依赖的原理的时候，已经展示了这一点。[9]

最终，乌班图充斥在南非法院的判决中，并通过法庭判决证明自己是一个有价值的法律来源。事实上，不同于西方法律在公正（Equity）中寻其根源[10]，南非的法律超越了公正，而是为了和谐、社会正义和尊严，深入到当地的现实和乌班图当中。尽管尊严经常被等同于乌班图，但需要注意的一点是，正如班尼特（Bennett）所正确指出的："在西方，尊严被设想为个人

---

[1] Union of Refugee Women v Director: Private Security Industry Regulatory Authority, 2007, 4 SA395 (CC), para 147.
[2] Ibid, para 145.
[3] Port Elizabeth Municipality v Various Occupiers, 2005, 1 SA 217 (CC), para 37.
[4] Ibid. A similar conclusion decision was reached in Koyabe and Others v Minister for Home Affairs and Others (Lawyers for Human Rights as Amicus Curiae), 2010, 4 SA 327 (CC).
[5] Port Elizabeth Municipality v Various Occupiers, 2005, 1 SA 217 (CC), para 37.
[6] Prevention of Illegal Evictions from and Unlawful Occupation of Land Act 19 of 1998.
[7] Port Elizabeth Municipality v Various Occupiers, 2005, 1 SA 217 (CC), para 37.
[8] Ibid.
[9] Ibid.
[10] See TW Bennett, "UBUNTU: AN AFRICAN EQUITY", 14(4) *PER* 2011.

权利的载体,而乌班图则将个人视作是嵌入在一个共同体当中的。"[1]对乌班图的以上理解和运用,对于促进南非和非洲的人权而言非常重要,正如迈瑞(Merry)正确指出的:"为了使人权在文化上合法,它们必须符合现有的规范和思维方式。"[2]

四、结论性评价

本文的目的是评估包含共同体的团结、同情和对尊严的尊重等文化价值的乌班图,在多大程度上可被视作是南非法律的渊源。在探寻这一问题时,本文考察了乌班图在TRC中的作用,并考察了乌班图在南非宪法和判例中的地位。

从研究结果来看,第一,论文发现,在南非实现从种族隔离向民主国家的和平转变中,乌班图具有重要意义。按照乌班图的要求,这种转变建立在宽恕、宽容、和解和为整个国家恢复正义的需要之上。第二,本文还发现,在南非立宪的早期,临时宪法明确将乌班图视为建立一个公正的彩虹国度的工具。乌班图的概念虽然没有出现在最终宪法中,但最终宪法中基于平等、尊严、尊重人权和禁止歧视的变革态度呼应了乌班图中相互关爱的理念。此外,宪法明确承认习惯法作为法律的一个源泉并服从宪法,而且,宪法对习惯法的这种承认得到宪法法院的认可,彼赫[3]以及梅兰[4]等案件说明了这一点。

第三,乌班图的观念充斥在法院众多其他案件的判决当中,涉及刑法、移民、社会保障、驱逐等多个方面。本文发现,乌班图的文化价值确实是南非法律的一个源泉。我们希望,看待法律的这种思路能够鼓励非洲的其他国家从本土的现实出发来保护人权,因为这种思路能够将人权话语合法化,并促进那些嵌入在共同体当中的权利得到更好的实现。

---

[1] Ibid, p. 48.
[2] S. E. Marry (2006), *Human Rights and Gender Violence: Translating International Law into Local Justice*, The University of Chicago Press, p. 179.
[3] Bhe and Others v Magistrate, Khayelitsha and others, 212 AHRLR, SACC, 2004.
[4] Mayelane v Ngwenyama, 2013, 4 SA 415 (CC).